Mein großes Backbuch

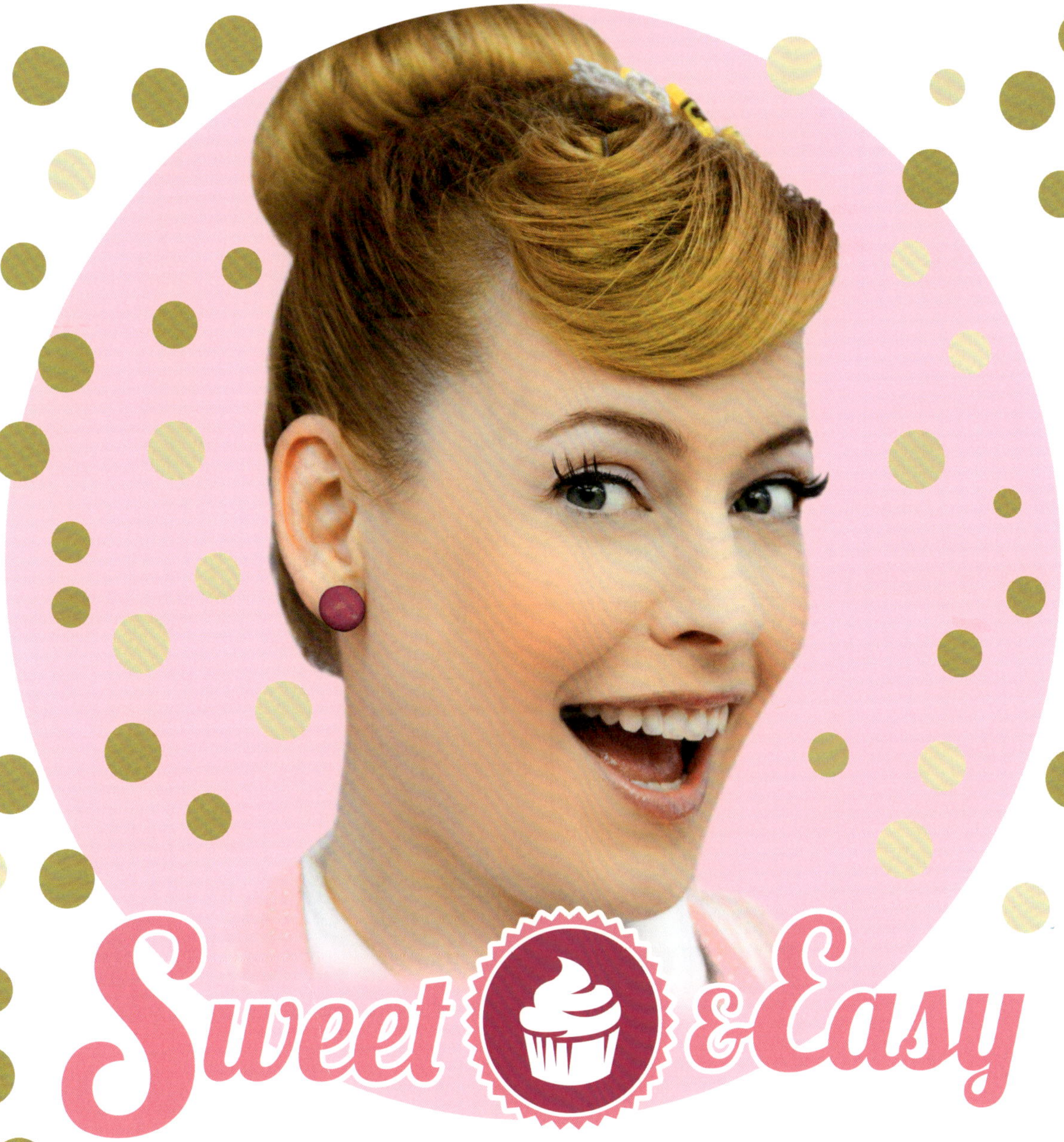

Sweet & Easy

ENIE BACKT

TRETORRI

Rezepte & mehr

Vorwort	4
Meine Backschule	6
Klein, aber fein	24
Kekse, Waffeln & Co.	58
Klassiker	90
Fruchtig, beerig, lecker	132
Chocoholic	170
Rund um die Welt	206
Feste & Feiern	252
Superfood, Vegan & Low Carb	292
Herzhaft genießen	330
Brot, Schrippen & Co.	372
Rezeptregister	410

Meine bunte Backwelt!

Als wir bei sixx mit der ersten Staffel „Sweet & Easy" anfingen, hätte wohl kaum jemand vermutet, dass aus einer Backshow eine Art Dauerbrenner werden könnte. Dass ich meine Leidenschaft seit Jahren mit einem geschätzten Publikum teilen darf, freut mich daher umso mehr!

Bereits in meinem ersten Buch habe ich erwähnt, dass ich schon als kleines Mädchen kaum etwas Schöneres kannte, als in Schüsselchen und Förmchen in meinem Kinderbackofen feine Köstlichkeiten zu produzieren. Ich liebe es bis heute, mit Zucker, Eiern, Mehl und Butter zu hantieren und zu experimentieren. Einen Hefeteig mit den Händen zu kneten, hat für mich etwas Beruhigendes, fast Meditatives.

Es gibt für mich nicht nur ein Lieblingsrezept. Ich habe so viele Favoriten, dass ich mich tatsächlich nicht entscheiden kann. Außerdem backe ich nicht ausschließlich für mich allein: Meine Lieblingsmenschen bekommen von mir das, was ihr Herz begehrt – für den einen ist das Pikantes (wie der kunterbunte Zwiebelkuchen), für andere Süßes (wie der unglaubliche Double Chocolate Cheesecake). Super finde ich, wenn sich Rezepte ganz easy abwandeln lassen und so aus einem einzigen Rührteig beispielsweise drei verschiedene kleine Kuchen werden (wie Marmor-, Zitronen- und Rotweinkuchen). Brot zu backen ist eine weitere meiner Leidenschaften, ganz genauso wie Leckeres und kleine Gaumenfreuden für festliche Anlässe wie Weihnachten und Geburtstage oder aber Ostern zu kreieren.

Bei der Auswahl der Rezepte für dieses Buch hätten wir locker auf 800 Seiten kommen können – was leider den Rahmen gesprengt hätte. Also haben wir, das Verlagsteam und ich, uns auf das „best of" konzentriert. Selbst das war nicht so leicht! Auf die eine oder andere Art und Weise ist nämlich jedes meiner Rezepte eine Herzensangelegenheit.

Was ist wohl euer Favorit? In jedem Fall viel Spaß beim Rühren, Probieren, Schüsseln ausschlecken, Backen und Dekorieren – und vor allem beim Genießen. Hmmmmm!

Eure

Meine Backschule

Bevor es los geht ...

Der Markt an Küchenutensilien aller Art ist schier unüberschaubar geworden. Zum Backen braucht man nicht viele, aber ein paar besonders sinnvolle Helferlein. Hier eine Vorschlagsliste zur Grundausstattung:

Rührschüsseln
Schüsseln sollten in verschiedenen Größen vorhanden sein. Die aus Glas und Metall sind sehr benutzerfreundlich und lassen sich auch erwärmen. Eine große Keramikschüssel macht Sinn, wenn man viel mit der Hand kneten möchte, weil sie durch ihr höheres Gewicht einen festen Stand hat.

Waage und Messbecher
Kaufen Sie sich eine gute digitale Waage, es muss aber keine Profi-Waage sein, die bis auf mehrere Stellen hinter dem Komma abwiegt. Ratsam sind auch Messbecher, um Backzutaten abmessen zu können.

Teigschaber
So lassen sich z.B. dickflüssige Teige, Cremes oder Eischnee bis auf den letzten Rest gut aus der Schüssel schaben.

Sieb
Hier ist es angebracht, ein großes und ein kleines Sieb zu haben, beide sollten feinmaschig sein. Sie sind nicht nur hilfreich zum Mehlsieben, sondern auch zum Abtropfen von eingemachtem Obst.

Wer sich keine große **Küchenmaschine** anschaffen möchte, sollte ein zuverlässiges **Handrührgerät** besitzen, mit dem man sowohl Sahne und Cremes aufschlagen als auch leichte Teige rühren kann.

Ganz egal wie aufgeräumt und sauber man arbeitet, eine **Schürze** und **Geschirrtücher** sollte man beim Backen immer zur Hand haben, und damit man sich nicht Hände und Unterarme verbrennt, braucht's ein Paar **Ofenhandschuhe**.

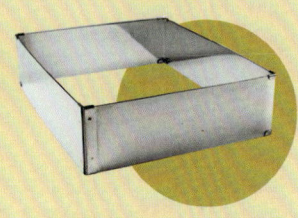

Backbleche
Hier reicht die Standardausstattung eines jeden Backofens: ein tiefes und ein flaches Backblech sowie ein Rostgitter. Wer möchte, besorgt sich einen verstellbaren Backrahmen dazu, der sich außer zum Backen auch als Tortenringersatz nutzen lässt.

Backformen
Es gibt eine große Auswahl an Metall- und Keramikformen in verschiedenen Größen, Formen und Farben. Es lohnt sich neben einer Springform auch mehrere kleine und ungewöhnlichere Formen zur Hand zu haben. Außerdem kann man in ofenfesten **Gläsern, Tassen** und **Tontöpfen** backen. Brot lässt sich wunderbar in einem gusseisernen Topf mit Deckel zubereiten.

Eieruhr oder Timer
Beim Backen kommt es nicht nur auf das genaue Einhalten des Rezepts und die Reihenfolge der Verwendung der Zutaten an, sondern vor allem auch auf die Zeit. Stellen Sie sich eine Eieruhr oder nutzen Sie die Timerfunktion Ihres Backofens oder Handys.

Kleine Pinsel
Zum Bestreichen von Gebäck und Kuchen sowie zum Einfetten von Backformen. Die Silikonpinsel lassen sich einfacher reinigen und in die Spülmaschine stecken.

Schneebesen
Hier sollte man zwei in unterschiedlicher Größe besitzen, einen kleinen und einen größeren. Achten Sie drauf, dass die Schneebesen einen guten Griff haben und angenehm in der Hand liegen. Von Hand rühren kann anstrengend werden.

Teigrolle
Auch Nudel- oder Rollholz genannt. Achten Sie darauf, dass Sie nicht zu viel Mehl zum Ausrollen verwenden, sonst kann es die Verhältnisse der Zutaten im Rezept verändern. Übrigens klappt es am einfachsten, wenn man den Teig zwischen zwei Bögen Backpapier oder Frischhaltefolie legt.

Rührteig

Meine herzhafte Variante
Zu einem Glas Wein in Würfel geschnitten auch pikant ein Genuss!

KRÄUTER-MORTADELLA-KUCHEN: Hierfür 180 g Weizenmehl, 1 Päckchen Backpulver, 50 g geriebenen Parmesan, 3 Eier, 100 ml Olivenöl und 100 ml Milch zu einem glatten Teig verrühren. 100 g klein geschnittene Mortadellascheiben, 1 Bund gehackte Petersilie und 50 g grob gehackten Rucola zugeben. Mit Salz, Pfeffer und frisch geriebener Muskatnuss abschmecken. Den Teig in einer gefetteten und gemehlten Kastenform (25 cm) im vorgeheizten Backofen bei 200 °C Ober- und Unterhitze ca. 40 Min. backen. Herausnehmen, stürzen und nach Belieben lauwarm oder auch kalt genießen.

Saftige Orangenkuchen

Für 3 Kuchen
Formen: 3 Kastenformen
(à 15 cm)
Backzeit: ca. 15–20 Min.

Rührteig
200 g weiche Butter
250 g Zucker
4 Eier
350 g Weizenmehl
150 ml Milch
Abrieb von 1 unbehandelten Orange

Sirup
2 Orangen
1 Zitrone
75 g Puderzucker

Außerdem
Butter und Weizenmehl
für die Formen

1. Den Backofen auf 180 °C Ober- und Unterhitze vorheizen. Die Kastenformen gut mit Butter einfetten und mit Mehl bestäuben, überschüssiges Mehl abklopfen. Alle Zutaten abwiegen und bereitstellen.

2. Butter, Zucker, Eier, Mehl, Milch und Orangenabrieb in die Rührschüssel einer Küchenmaschine geben und alles zu einem glatten Teig verrühren. Den Teig in die Kastenformen füllen, glatt streichen und auf dem Rost im unteren Drittel des Backofens ca. 15–20 Min. backen. Nach 5 Min. Backzeit den Teig mit einem nassen Messer längs von Rand zu Rand einschneiden, so garen die Kuchen schön gleichmäßig. Falls sie zu dunkel werden, einfach mit einem Bogen Backpapier abdecken.

3. Um zu testen, ob die Kuchen fertig sind, mit einem Holzspieß hineinstechen. Falls noch Teig daran klebt, die Kuchen noch wenige Minuten weiter backen und erneut die Holzspießprobe durchführen. Haftet nichts mehr am Spieß, sind die Kuchen fertig gebacken und können raus aus dem Ofen.

4. Für den Sirup beide Orangen und die Zitrone auspressen. Den Orangen- und Zitronensaft in einem Topf erwärmen und den Puderzucker darin unter Rühren auflösen.

5. Die fertig gebackenen Kuchen im heißen Zustand direkt noch in der Form mehrfach mit dem Sirup einpinseln. Dann aus der Form stürzen, die Ränder ebenfalls mit dem Sirup tränken und auskühlen lassen.

Mürbeteig

Mein Tipp
Wenn's mal schnell gehen muss, verwende ich statt der Mandelcreme auch gerne backfeste Puddingcreme. Die geht total easy, einfach nach Packungsanweisung zubereiten.

Meine herzhafte Variante
Hierfür lässt sich das Grundrezept kinderleicht abwandeln. Zucker und Vanillezucker weglassen, stattdessen 1 TL Salz und je nach Konsistenz noch 1–2 EL kaltes Wasser zugeben. Mit würzigem Kräuterfrischkäse füllen und nach Herzenslust mit vorgegartem Gemüse belegen oder was man sonst noch so im Kühlschrank findet.

Kleine Beerentartelettes

Für 10 Tartelettes
Formen: 10 Tartelettes-Förmchen (Ø 10 cm)
Backzeit: ca. 15–20 Min.
Standzeit: ca. 60 Min.

Mürbeteig
200 g weiche Butter
150 g Zucker
1 Päckchen Bourbon-vanillezucker
1 Prise Salz
1 Ei
350 g Weizenmehl

Belag
80 g Puderzucker
20 g Weizenmehl
100 g gemahlene Mandeln
100 g weiche Butter
1 Päckchen Bourbon-vanillezucker
1 TL Abrieb von 1 unbehandelten Zitrone
2 Eier
500 g gemischte Beeren (z. B. Erdbeeren, Himbeeren, Heidelbeeren, Brombeeren, Johannisbeeren, Physalis)

Außerdem
Butter für die Formen
Weizenmehl zum Bearbeiten
1 Päckchen klarer Tortenguss, nach Belieben

1. Für den Mürbeteig alle Zutaten abwiegen und bereitstellen. Mithilfe eines Handrührgeräts mit Knethaken alles zu einem glatten Teig verkneten. Zu einer Kugel formen, in Frischhaltefolie wickeln und mindestens 60 Min. im Kühlschrank ruhen lassen.

2. Den Backofen auf 180 °C Ober- und Unterhitze vorheizen. Die Förmchen mit Butter einfetten. Den Teig auf einer leicht bemehlten Arbeitsfläche nicht zu dünn ausrollen, 10 Kreise passend für die Formen ausstechen und die Mulden damit auslegen.

3. Für den Belag Puderzucker und Mehl sieben, dann mit den Mandeln mischen. Butter, Vanillezucker, Zitronenabrieb und die Eier mit einem Handrührgerät mit Rührbesen verrühren. Anschließend die Mehl-Mandelmischung untermischen. Die Mandelmasse in einen Spritzbeutel mit Lochtülle füllen und darauf spritzen oder mit einem Löffel gleichmäßig auf die Teigböden verteilen. Im Backofen auf dem Rost auf mittlerer Schiene ca. 15–20 Min. backen. Herausnehmen und auf Kuchengittern auskühlen lassen.

4. Die Beeren verlesen und gegebenenfalls waschen. Die erkalteten Tartelettes aus den Formen nehmen und dekorativ mit den Früchten belegen. Nach Belieben den Tortenguss nach Packungsangabe zubereiten und über den Früchten verteilen. Fest werden lassen und am besten sofort genießen.

Mein Hefe 1x1

Frische Hefe ist zwar eine Diva, aber wenn man einige ihrer Eigenarten beachtet, gelingt jedes Gebäck damit:

1. Sie liebt es temperiert. Sonst zieht sie sich zusammen und der Teig geht nicht auf. Also immer schön warm stellen, z.B. vor die Heizung oder bei 50°C Ober- und Unterhitze bei leicht geöffneter Tür im Backofen gehen lassen.

2. Wind bzw. Zug darf ebenfalls nicht sein, das kann sie nämlich gar nicht leiden!

3. Sie mag warme, aber keine HEISSE Milch! Mit lippenwarm temperierter Milch ist sie deshalb ganz zufrieden.

4. Eine weitere Todsünde wäre, ihr nicht genug Zeit zu lassen, denn die Hefe ruht gerne.

5. Wichtig ist, immer auf das Verfallsdatum zu schauen. Wenn es bereits verstrichen ist, kann es passieren, dass der Teig nicht mehr aufgeht.

6. Trockenhefe verhält sich ähnlich. Jedoch erzielt man mit frischer Hefe weitaus bessere Teigergebnisse!

Mein Tipp
Für den Cranberry-Zopf kann man die Füllung auch prima mit anderen getrockneten Beeren oder Nüssen variieren. Ganz lecker schmeckt er auch „pur" ohne Füllung.

Süßer Hefeteig
Cranberry-Zopf

Für 2 Zöpfe
Form: Backblech
Backzeit: ca. 35–40 Min.
Standzeit: ca. 75 Min.

Hefeteig
250 ml Milch
30 g frische Hefe
100 g weiche Butter
80 g Zucker
500 g Weizenmehl
Abrieb von 1 unbehandelten Zitrone
1 Päckchen Bourbonvanillezucker
2 Prisen Salz
2 Eier

Füllung
125 g getrocknete Cranberrys
6 EL Cranberry- oder Apfelsaft
100 g gehackte Haselnüsse
1 große reife Birne
3 EL Hagebuttenkonfitüre
3 EL flüssiger Honig

Außerdem
Weizenmehl zum Bearbeiten
1 Ei und 1 EL Sahne zum Bestreichen

1. Für den Hefeteig alle Zutaten abwiegen und bereitstellen. Die Milch in einem Topf nur leicht erwärmen, die Hefe hineinbröckeln und darin auflösen.

2. Die restlichen Zutaten für den Teig in die Rührschüssel einer Küchenmaschine geben. Wer keine hat, kann den Teig selbstverständlich auch mit einem Handrührgerät mit Knethaken zubereiten oder einfach mit den Händen verkneten. Die Milch-Hefe-Mischung zugeben und den Teig ca. 10 Min. kneten, bis er sich von der Schüssel löst. Den Teig mit etwas Mehl bestäuben und mit einem feuchten Küchenhandtuch oder einer Badehaube mit Löchern abgedeckt an einem warmen Ort ca. 60 Min. gehen lassen, bis er sich sichtbar vergrößert hat.

3. Für die Füllung die Cranberrys im Saft einweichen. Die Haselnüsse in einer Pfanne ohne Zugabe von Fett rösten, bis sie anfangen zu duften. Die Birne schälen, das Kerngehäuse entfernen und klein würfeln. Cranberrys gut abtropfen lassen und zusammen mit Birnenwürfeln, Hagebuttenkonfitüre, Honig und Haselnüssen vermischen.

4. Den Backofen auf 180 °C Ober- und Unterhitze vorheizen. Das Backblech mit Backpapier auslegen. Den Teig auf einer leicht bemehlten Arbeitsfläche nochmals durchkneten und ca. 1 cm dick in 4 gleich große Rechtecke ausrollen. Die Cranberry-Nuss-Mischung gleichmäßig auf den Rechtecken verteilen, dabei ca. 2 cm Rand frei lassen. Von der langen Seite her aufrollen. Jeweils zwei Teigstränge miteinander verschlingen.

5. Die Zöpfe auf das Backblech legen und nochmals ca. 15 Min. gehen lassen. Ei und Sahne verrühren und die Zöpfe damit bestreichen. Im Backofen auf mittlerer Schiene ca. 35–40 Min. backen. Falls die Zöpfe zu dunkel werden, einfach mit einem Bogen Backpapier abdecken. Herausnehmen, auskühlen lassen und genießen.

Pikanter Hefeteig

Mein Tipp
Ich belege meine Pizza am liebsten mit Salami, frischem Rucola und natürlich ganz viiiieeeel Käse!

Pizzateig

Für 2 Backbleche
Formen: Backbleche
Backzeit: ca. 12–15 Min.
Standzeit: ca. 60 Min.

Pizzateig
500 g Weizenmehl
1 gestrichener TL Salz
6 EL Olivenöl
½ Würfel (21 g) Hefe
1 kräftige Prise Zucker
400 ml lauwarmes Wasser

Schnelle Tomatensauce
1 Schalotte
4 Stängel frische Kräuter (z.B. Basilikum, Thymian, Oregano)
1 Dose (425 g) stückige Tomaten
2 EL Olivenöl
1 kräftige Prise Zucker
1 TL Salz
1 Prise getrocknete Chili-Flocken

Außerdem
Olivenöl für die Bleche
Weizenmehl zum Bearbeiten
Pizzabelag, nach Belieben (z.B. Käse, Salami, Schinken, Tomaten, Mozzarella, Schalotten, Rucola)

1. Für den Pizzateig alle Zutaten abwiegen und bereitstellen. Das Mehl mit Salz und Olivenöl in die Rührschüssel einer Küchenmaschine geben. Die Hefe mit dem Zucker im lauwarmen Wasser auflösen und zugießen. Alles mit der Küchenmaschine oder alternativ mit einem Handrührgerät mit Knethaken ca. 10 Min. zu einem glatten Teig verkneten, bis er sich von der Schüssel löst. Den Teig mit einem feuchten Küchenhandtuch abgedeckt an einem warmen Ort ca. 60 Min. gehen lassen, bis er sich sichtbar vergrößert hat.

2. Für die Tomatensauce die Schalotte schälen und grob würfeln. Die Kräuter waschen, trocken schütteln und die Blätter abzupfen. Alle vorbereiteten Zutaten mit den übrigen in einem hohen Gefäß mit einem Stabmixer pürieren, sodass eine glatte Sauce entsteht. Nochmals kräftig abschmecken.

3. Den Backofen auf 225 °C Ober- und Unterhitze vorheizen. Die Backbleche mit etwas Olivenöl einfetten. Den Teig auf einer leicht bemehlten Arbeitsfläche nochmals kurz durchkneten. In 2 gleich große Portionen teilen, passend für die Backbleche ausrollen und hineinlegen. Mit Tomatensauce bestreichen.

4. Die Pizzen nach Belieben belegen und blechweise nacheinander im Backofen auf einer der unteren Schienen ca. 12–15 Min. backen. Das zweite Backblech auf die gleiche Weise backen.

5. Die Pizza in Stücke schneiden, nach Wunsch noch mit frischem Rucola belegen.

Biskuitmasse Erdbeer-Charlotte

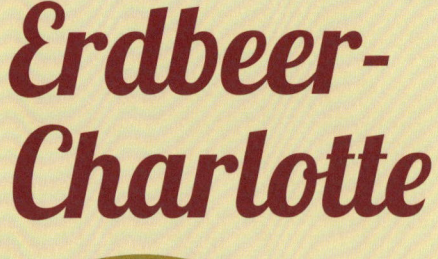

Für 16 Tortenstücke
Formen: Springform
(Ø 26 cm), tiefes Backblech,
runde Schüssel (Ø 25 cm)
Backzeit: ca. 18–22 Min.
Standzeit: ca. 4 Std.

Mürbeteig
½ Grundrezept Mürbeteig
(s. S. 13)

Biskuitmasse
4 Eier
60 g Zucker
1 Päckchen Bourbon-
vanillezucker
80 g Weizenmehl
½ gestrichener TL Backpulver
250 g Erdbeerkonfitüre

Füllung
15 Blatt weiße Gelatine
500 g Erdbeeren
500 g Naturjoghurt
120 g Zucker
2 Päckchen Bourbon-
vanillezucker
800 ml Sahne

Außerdem
Butter für die Formen
Zucker zum Bestreuen
1 Glas (340 g) Zitronengelee

1. Den Backofen auf 180 °C Ober- und Unterhitze vorheizen. Den Springformboden mit Butter einfetten. Das halbe Mürbeteigrezept wie auf Seite 13 beschrieben zubereiten. Den Mürbeteig direkt auf dem Boden ausrollen, mit einer Gabel mehrmals einstechen und mit dem Springformrand umstellen. Im Backofen auf dem Rost auf mittlerer Schiene ca. 10–12 Min. backen. Herausnehmen und erkalten lassen.

2. Für den Biskuit alle Zutaten abwiegen und bereitstellen. Das tiefe Backblech mit Butter einfetten und mit Backpapier belegen.

3. Eier in eine Schüssel geben und mit einem Handrührgerät mit Rührbesen ca. 1 Min. aufschlagen. Zucker und Vanillezucker unter Rühren zufügen und die Masse weitere 2 Min. schaumig schlagen. Mehl mit Backpulver mischen, darauf sieben und nur kurz unterheben.

4. Den Teig auf dem Backblech gleichmäßig verteilen und im Backofen auf mittlerer Schiene ca. 8–10 Min. backen. Einen Backpapierbogen mit Zucker bestreuen, den fertigen Biskuit darauf stürzen und erkalten lassen.

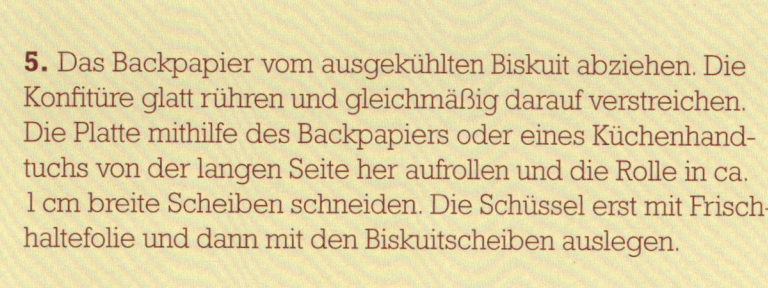

5. Das Backpapier vom ausgekühlten Biskuit abziehen. Die Konfitüre glatt rühren und gleichmäßig darauf verstreichen. Die Platte mithilfe des Backpapiers oder eines Küchenhandtuchs von der langen Seite her aufrollen und die Rolle in ca. 1 cm breite Scheiben schneiden. Die Schüssel erst mit Frischhaltefolie und dann mit den Biskuitscheiben auslegen.

6. Für die Füllung die Gelatine ca. 10 Min. in kaltem Wasser einweichen. Erdbeeren waschen, putzen und in kleine Würfel schneiden. Joghurt, Zucker und Vanillezucker gut miteinander verrühren. Gelatine ausdrücken und in einem kleinen Topf bei geringer Temperatur auflösen und mit 4 EL der Joghurtmasse verrühren. Dann mit einem Schneebesen unter die übrige Masse rühren. Sahne steif schlagen. Sobald die Joghurtmasse zu gelieren beginnt, Sahne mit einem Schneebesen unterheben. Zum Schluss die Erdbeerstücke vorsichtig unterrühren.

7. Die Creme in die Schüssel mit den Biskuitscheiben füllen und glatt streichen. Den Mürbeteigboden auflegen und leicht andrücken. Die Torte abgedeckt mindestens 3 Std. im Kühlschrank durchkühlen lassen.

8. Die Charlotte auf eine Tortenplatte stürzen, die Schüssel abnehmen und die Folie abziehen. Das Gelee aufkochen und die Charlotte gleichmäßig damit bestreichen.

Meine MINI-APRIKOSEN-ROLLEN: Die Biskuitmasse wie beschrieben backen und auskühlen lassen. Für die Füllung 2 Blatt Gelatine ca. 10 Min. in kaltem Wasser einweichen. 1 Dose (425 g) Aprikosen abtropfen lassen und in kleine Würfel schneiden. 175 g Mascarpone, 175 g Magerquark, 2 EL Zucker und Abrieb von 1 unbehandelten Zitrone verrühren. Gelatine mit 2 EL Aprikosenlikör erwärmen und in die Creme rühren. 100 ml Sahne steif schlagen und mit den Aprikosenwürfeln unterheben. Biskuitplatte quer halbieren. Creme auf die Hälften streichen und von der langen Seite her aufrollen. Rollen ca. 2 Std. kühl stellen. Dann in beliebig große Stücke schneiden.

Brandteig

Mein Tipp
Für einen lustigen Mädelsnachmittag mit den liebsten Freundinnen kommen auch aus dem Teig hergestellte Windbeutelchen, z. B. mit Espressocreme gefüllt, einfach gut an. Für die Creme 2–3 EL Instant-Espressopulver in 2–3 EL heißem Wasser auflösen. Abkühlen lassen, zu der Sahne geben, nach Geschmack noch etwas zuckern, mit einem Schuss Whiskey-Sahne-Likör verfeinern und wie im Rezept beschrieben steif schlagen. Kaffeeklatschgenuss vom Feinsten!

Beschwipste Schwäne

Für ca. 12 Schwäne
Formen: Backbleche
Backzeit: ca. 20 Min.

Brandteig
125 ml Milch
125 ml Wasser
1 TL Zucker
1 Prise Salz
1 Prise Muskatnuss
50 g Butter
200 g gesiebtes Weizenmehl
4 Eier

Eierlikörcreme
400 ml Sahne
2 Päckchen Sahnesteif
2 Päckchen Bourbonvanillezucker
100 ml Eierlikör

Außerdem
2–3 EL Aprikosenfruchtaufstrich (ohne Fruchtstücke)
Puderzucker zum Bestäuben, nach Belieben

1. Für den Brandteig alle Zutaten abwiegen und bereitstellen.

2. Milch, Wasser, Zucker, Salz, Muskatnuss und Butter in einem Topf aufkochen. Mehl auf einmal zufügen und mit einem Kochlöffel so lange rühren, bis sich der Teig als Kloß vom Topfboden löst. Diesen Vorgang nennt man „Abbrennen". Teig in eine Rührschüssel geben und etwas abkühlen lassen. Die Eier einzeln nacheinander unterrühren.

3. Den Backofen auf 200 °C Ober- und Unterhitze vorheizen. Backbleche mit Backpapier belegen. Den Brandteig in einen Spritzbeutel mit großer Sterntülle füllen. 12 Teigstreifen in S-Form als Hals sowie 12 ovale Windbeutel als Körper auf die Bleche spritzen. Im Backofen auf mittlerer Schiene ca. 20 Min. goldbraun backen. Sofort nach dem Backen die Windbeutel-Körper mit einer Schere oder einem Messer waagerecht halbieren. Die S-Formen auskühlen lassen.

4. Für die Eierlikörcreme die Sahne mit einem Handrührgerät mit Rührbesen aufschlagen, Sahnesteif sowie Vanillezucker einrieseln lassen und steif schlagen. Eierlikör unterheben und in einen Spritzbeutel mit großer Sterntülle füllen.

5. Für einen besseren Stand die Böden der Windbeutel an der Unterseite mit dem Aprikosenaufstrich einpinseln. Die Deckel halbieren. Eierlikör-Sahne auf die unteren Hälften der Windbeutel spritzen. Je eine S-Form als Hals am Rand in die Sahne stecken. Halbierte Deckel als Flügel auf die Creme setzen. Nach Belieben noch mit Puderzucker bestäuben.

Bier- oder Weinteig

Zutaten
1 Ei
125 ml Bier oder Weißwein
Salz, Pfeffer
125 g Weizenmehl

Das Ei trennen. Eiweiß mit einem Handrührgerät mit Rührbesen halbsteif schlagen und kalt stellen. Eigelb mit Bier oder Wein, je 1 kräftigen Prise Salz und Pfeffer vermischen. Mehl zum Schluss zugeben und alles zu einem glatten Teig verrühren. Abdecken und ca. 20 Min. quellen lassen. Nach der Quellzeit den Teig erneut gut durchrühren und das geschlagene Eiweiß unterheben.

Mein Tipp
Ideal für Kleines wie Champignonköpfe oder Wildkräuter zum Ausbacken! Auch toll für Obst, z. B. Apfelringe (siehe Foto) oder Bananenspalten. Anstelle von Salz und Pfeffer etwas Zucker zugeben und mit Vanille oder Zimtpulver verfeinern.

Tempurateig

Zutaten
80 g Weizenmehl
2 Prisen Salz
2 Prisen Zucker
1 Msp. Backpulver
125 ml eiskaltes Mineralwasser

Das Mehl mit Salz, Zucker und Backpulver mischen. Mineralwasser zugeben, gut verrühren und kurz im Kühlschrank quellen lassen.

Mein Tipp
Frittierte Garnelen, festfleischiger Fisch (siehe Foto) und Gemüse wie Karotten oder Zucchini gelingen mit dem Teig wunderbar.

Pakorateig

Zutaten
150 g Kichererbsenmehl
1 Msp. Backpulver
1 Msp. Kreuzkümmelpulver
150 ml kaltes Wasser
Salz

Kichererbsenmehl, Backpulver, Kreuzkümmel und kaltes Wasser zu einem glatten Teig verrühren. Mit Salz würzen und ca. 60 Min. quellen lassen.

Mein Tipp
Ein orientalischer Touch für Pilze, gekochte Kartoffeln, Gemüse wie Blumenkohl, Brokkoli (siehe Foto) oder Kürbis.

Fertigstellung

Zutaten
Pflanzenöl zum Frittieren
Weizenmehl zum Wenden

Ausreichend Pflanzenöl in einer Fritteuse oder – falls nicht vorhanden – in einem Topf zum Frittieren erhitzen. Um zu testen, ob das Öl heiß genug ist, einen Holzkochlöffelstiel oder Holzspieß in das Öl halten. Wenn sich daran kleine Bläschen bilden, ist die notwendige Temperatur erreicht.
Das Frittiergut in Mehl wenden, überschüssiges Mehl leicht abklopfen und mithilfe einer Gabel durch den Teig ziehen. Portionsweise in das heiße Öl geben und goldgelb ausbacken. Auf Küchenpapier abtropfen lassen.

Mein Tipp
Nicht jedes Öl eignet sich zum Frittieren! Am besten Sonnenblumen-, Maiskeim- oder Erdnussöl verwenden. Diese Öle kann man stark erhitzen, da ihr Rauchpunkt höher als bei anderen Ölen liegt. Vor dem Frittieren das Öl richtig gut erhitzen, so auf ca. 180 °C, dann wird das ausgebackene Frittiergut schnell knusprig und saugt sich nicht ganz so voll mit Fett.

Klein, aber fein

Blätterteig-Lollis

Für ca. 40 Stück
Formen/Materialien:
2 Backbleche 40 Holzspieße
Backzeit: ca. 12 Min.
Standzeit: ca. 30 Min.

Zuckerschnecken-Lollis
1 Packung (ca. 270 g)
Blätterteig aus dem Kühlregal
100 g Zucker
Streudekor zum Verzieren,
nach Belieben

Käseschnecken-Lollis
1 Ei
3 EL Milch
Salz, Pfeffer
edelsüßes Paprikapulver
75 g geriebener Käse

Mein Tipp
Ob herzhaft oder süß – diese Lollis sind tolle kleine Snacks zum Aperitif, zu einem Glas Wein oder zum Mitbringen zu einer Dinner-Einladung.

1. Den Blätterteig entrollen und halbieren. Eine Hälfte für die Käseschnecken-Lollis beiseite legen.

2. Für die Zuckerschnecken beide Blätterteigseiten mit Zucker bestreuen. Die Teigplatte von der langen Seite zu einer Rolle aufrollen. In Frischhaltefolie einwickeln und ca. 30 Min. im Kühlschrank ruhen lassen.

3. Für die Käseschnecken das Ei aufschlagen, mit der Milch verquirlen und kräftig mit Salz, Pfeffer und Paprikapulver würzen. Die Blätterteighälfte mit etwas Eiermilch einstreichen. Diese Seite mit ⅔ des geriebenen Käses bestreuen. Mithilfe einer Teigrolle über den Teig rollen, sodass der Käse auf dem Blätterteig haftet. Anschließend von der langen Seite zu einer Rolle aufrollen. In Frischhaltefolie einwickeln und ca. 30 Min. im Kühlschrank ruhen lassen.

4. Den Backofen auf 180 °C Ober- und Unterhitze vorheizen. Backbleche mit Backpapier auslegen.

5. Für die Zuckerschnecken den Teig aus der Folie nehmen und in dünne Scheiben schneiden. Mit der Schnittfläche nach unten mit etwas Abstand auf Backbleche legen. Holzspieße hineinstecken. Die Bleche nacheinander auf der mittleren Schiene ca. 8 Min. anbacken. Dann das Blech jeweils aus dem Ofen nehmen, die Schnecken wenden und auf der zweiten Seite weitere 4 Min. backen, damit der Zucker auf beiden Seiten karamellisieren kann. Nach Belieben mit buntem Zuckerdekor verzieren und auskühlen lassen.

6. Die Rolle für die Käseschnecken aus der Folie wickeln, mit der restlichen Eiermilch bestreichen und in dünne Scheiben schneiden. Holzspieße hineinstecken. Die Käseschnecken auf die Backbleche legen, mit dem restlichen Käse bestreuen und ca. 10 Min. backen. Dann auskühlen lassen.

Parmesan-Lollis

Für 10 Stück
Formen/Materialien: 2 Backbleche, 10 Holzspieße,
1 Servierring (Ø 9 cm)
Backzeit: ca. 4–5 Min.

Zutaten
Butter zum Einfetten
100 g Parmesan
2 TL geröstete Pinienkerne
1 TL schwarze Sesamsaat

1. Den Backofen auf 200 °C Ober- und Unterhitze vorheizen. Die Backbleche mit Backpapier auslegen und mit etwas Butter einfetten.

2. Den Parmesan reiben und ⅔ des Parmesans mit den übrigen Zutaten in einer Schüssel mischen. Den Servierring auf ein Backblech legen, eine kleine Handvoll Käsemischung dünn einstreuen. Vorsichtig den Ring abziehen und einen Holzspieß so platzieren, dass das Ende in der Mitte des Parmesankreises liegt.

3. Im Abstand von ca. 3 cm weitere Lollis herstellen. Mit dem restlichen Parmesan die Spieße, die im Kreis liegen, bedecken.

4. Die Bleche im Backofen ca. 4–5 Min. backen. Nach der Hälfte der Zeit die Backbleche tauschen. Der Käse sollte leicht goldbraun sein und Blasen werfen.

5. Aus dem Ofen nehmen und die Lollis vorsichtig mit dem Backpapier auf ein Gitter ziehen, um sie schneller abzukühlen. 1–2 Min. auskühlen lassen, bis der Käse knusprig und hart geworden ist. Die Lollis vom Backpapier lösen.

6. Zum Servieren zum Beispiel in ein Glas oder in die Löcher einer Schachtel stecken.

Mein Tipp
Hier lässt sich herrlich experimentieren: Die Lollis funktionieren auch mit anderen Käsesorten, z. B. Greyerzer, Bergkäse, Pecorino oder Cheddar. Probieren Sie Varianten in anderen Formen und Ringen, auch mit getrockneter Chili, gehackten Walnüssen, fein gehackten Oliven oder frischem Rosmarin.

Klein, aber fein

Apple-Pie-Pops

Für 10 Pie-Pops
Formen/Materialien:
Backblech, runder
Ausstecher (Ø 7 cm),
10 Eisstiele aus Holz
Backzeit: ca. 20–25 Min.
Standzeit: ca. 2 Std.

Mürbeteig
180 g weiche Butter
1 Prise Salz
250 g Weizenmehl
4–6 EL kaltes Wasser

Füllung
1 großer Apfel
3 EL Zucker
1 Schuss Calvados
2 TL Speisestärke
1 EL kaltes Wasser
Abrieb von ½ unbehandelten Zitrone

Außerdem
Weizenmehl zum Bearbeiten
1 Ei zum Bestreichen
2 EL Zucker
½ TL Zimtpulver

1. Für den Mürbeteig Butter und Salz mit einem Handrührgerät mit Knethaken verrühren. Das Mehl unterkneten und nach und nach das kalte Wasser zugeben. Zu einem glatten Teig verkneten und zu einer Kugel formen. In Frischhaltefolie wickeln und ca. 2 Std. kalt stellen.

2. Für die Füllung den Apfel schälen, vierteln, Kerngehäuse entfernen und in kleine Würfel schneiden. In einem Topf die Apfelstücke mit Zucker und Calvados ca. 5–8 Min. dünsten, bis sie weich sind. Speisestärke mit Wasser anrühren, zugeben und aufkochen. Zitronenabrieb zugeben und alles vollständig abkühlen lassen.

3. Den Backofen auf 200 °C Ober- und Unterhitze vorheizen. Ein Backblech mit Backpapier auslegen.

4. Den Teig auf einer leicht bemehlten Arbeitsfläche ca. 5 mm dünn ausrollen, mit einem runden Ausstecher 20 Kreise ausstechen und 10 davon auf das Backblech legen. Die Eisstiele mittig auf jeden Kreis geben und leicht andrücken. Jeweils mit 1 EL Füllung belegen, dabei ca. 1 cm Rand lassen. Diesen mit Wasser bepinseln, jeweils einen Teigkreis darüber legen und mit einer Gabel die Ränder andrücken.

5. Das Ei verquirlen. Zucker und Zimt vermischen. Die Pie-Pops mit Ei bestreichen und mit der Zucker-Zimt-Mischung bestreuen. Im Backofen auf mittlerer Schiene ca. 20–25 Min. backen. Herausnehmen, abkühlen lassen und noch warm oder auch kalt genießen.

Mein Tipp
Die kleinen, aber feinen Pie-Pops am Stiel lassen sich ganz einfach mit dem Lieblingsobst der Saison abwandeln, z. B. mit Birnen oder Heidelbeeren. Wenn's mal schnell gehen muss, als Füllung eine stückige Fruchtkonfitüre oder Kompott verwenden.

Karibische Push-up-Cake-Pops

Für 10 Pops
Formen/Materialien: 10 Push-up-Cake-Pops-Formen, Ausstecher (Ø 4 cm)
Backzeit: 8–10 Min.

Zutaten
½ Grundrezept Biskuitmasse (s. S. 18) oder 1 fertiger Biskuitboden (100 g)
1 unbehandelte Limette
2 Stängel Minze
250 g Mascarpone
1 EL brauner Zucker
1 Kiwi
½ Mango
¼ Papaya

1. Das halbe Rezept der Biskuitmasse auf dem halben Backblech zubereiten, hierzu das Backpapier in der Hälfte zu einer stabilen Kante falten. Den Teig backen und auskühlen lassen. Daraus oder aus dem fertigen Boden 20 Teigkreise mit ca. 4 cm Durchmesser ausstechen.

2. Die Limette heiß abwaschen, gut trocknen, die Schale abreiben und von einer Hälfte den Saft auspressen. Die Minze waschen, trocken schütteln, Blätter abzupfen und hacken. Alles mit Mascarpone und braunem Zucker verrühren. Kiwi, Mango und Papaya schälen und alles in kleine Würfel schneiden.

3. Die verschiedenen Zutaten abwechselnd in die Formen schichten. Zuerst mit einem Biskuitkreis beginnen, etwas Creme hineingeben, mit Obstwürfeln belegen und so ein zweites Mal fortfahren. Mit Obstwürfeln abschließen.

Mein Tipp
Für noch mehr süße karibische Träume sorgt ein Schuss guter Rum für die Creme.

Roastbeef-Push-up-Cake-Pops

Für 4 Pops
Formen/Materialien: 4 Push-up-Cake-Pops-Formen, Ausstecher (Ø 4 cm)

Zutaten
2 Cornichons
1 TL Kapern
2 EL Mayonnaise mit Joghurt
Salz, Pfeffer
2 hart gekochte Eier
4 Scheiben Vollkorntoast
4 Scheiben Roastbeef
½ Kästchen Kresse

1. Für die Remoulade die Cornichons und die Kapern fein hacken. Alles mit Mayonnaise vermischen und mit Salz und Pfeffer abschmecken. Die Eier pellen und fein hacken.

2. Aus jeder Toastscheibe 2 Kreise ausstechen. Die Roastbeefscheiben halbieren. Erst eine Toastscheibe in die Form hineingeben, mit einer Roastbeefscheibe belegen und etwas Remoulade darauf geben. Mit Ei und Kresse bestreuen. So ein zweites Mal fortfahren und mit Ei und Kresse abschließen.

Mein Tipp
Statt nussigem Vollkorntoastbrot schmecken auch Pumpernickeltaler einfach gut zu dieser Kombination.

Klein, aber fein

Knallige Petit Fours

Für ca. 16 Petit Fours
Form: tiefes Backblech
Backzeit: ca. 8–10 Min.
Standzeit: ca. 2 Std.

Biskuitmasse
Grundrezept Biskuitmasse
(s. S. 18)

Füllung
1 Glas (270 g) roter Fruchtaufstrich (ohne Fruchtstücke)
200 g zimmerwarme Marzipanrohmasse
100 g weiche Butter

Glasur und Deko
500 g Puderzucker
Wasser
einige Tropfen Lebensmittelfarbe (z. B. rosa, grün)
essbare bunte Blüten
gemischte Beeren
(z. B. Johannisbeeren, Heidelbeeren, Physalis)

1. Die Biskuitmasse wie beschrieben zubereiten und ca. 8–10 Min. backen. Das Backpapier vom ausgekühlten Biskuit abziehen und die Teigplatte der Breite nach zweimal durchschneiden.

2. Eine Platte mit Fruchtaufstrich bestreichen, die zweite darauflegen. Das Marzipan mit der Butter verkneten, zwischen zwei Bahnen Frischhaltefolie in der Größe einer Platte ausrollen und auf die zweite legen. Mit der letzten Biskuitplatte belegen und alles ca. 60 Min. kalt stellen. Dann in (ca. 5 × 5 cm) gleich große Würfel schneiden.

3. Für die Glasur den Puderzucker vorsichtig löffelweise mit Wasser verrühren, bis eine cremig flüssige Konsistenz entstanden ist. Nach Belieben den Guss teilen und mit unterschiedlichen Lebensmittelfarben einfärben.

4. Die Biskuitwürfel auf ein Kuchengitter stellen, den Zuckerguss gleichmäßig darüber gießen und verstreichen. Durch leichtes Aufklopfen des Kuchengitters auf der Arbeitsfläche verteilt sich der Guss schön gleichmäßig. Den Guss leicht antrocknen lassen.

5. Dekorativ mit Blüten und Beeren verzieren. Weitere 60 Min. kalt stellen und fest werden lassen.

Mein Tipp
Ein bisschen Wumms bekommen die Petit Fours, wenn man die Biskuitplatten noch ein wenig mit Maraschino oder Mandellikör beträufelt. Der Biskuit lässt sich übrigens noch besser zu Würfeln schneiden, wenn man die geschichteten Lagen über Nacht im Kühlschrank durchziehen lässt. Übrigens, diese Petit Fours sind auch als Geschenk bzw. Mitbringsel der Knaller!

Ingwer-Shortbread-Fingers

Für ca. 20 Shortbread-Fingers
Form: Backblech
Backzeit: ca. 35–40 Min.

Shortbread
100 g kandierter Ingwer
250 g weiche Butter
80 g Puderzucker
1 Ei
250 g Weizenmehl
1 TL Ingwerpulver

Außerdem
Zucker zum Wenden

1. Den Backofen auf 150 °C Ober- und Unterhitze vorheizen. Das Backblech mit Backpapier auslegen.

2. Den Ingwer fein hacken. Die Butter mit den Rührbesen des Handrührgerätes schaumig schlagen. Nach und nach den Puderzucker und das Ei zugeben und zu einer hellgelben Creme aufschlagen. Dann das Mehl mit dem gemahlenen Ingwer mischen und unter die Creme rühren. Zum Schluss den gehackten Ingwer unterheben.

3. Den Teig gleichmäßig auf das Backblech streichen. Im Backofen ca. 35–40 Min. backen. Nach etwa 20 Min. mit einer Gabel einige Male in die Oberfläche stechen. Das heiße Shortbread in längliche Stücke („Fingers") schneiden, in Zucker wenden und auskühlen lassen.

Gut zu wissen!
Die Shortbreads werden schon seit Jahrhunderten in ganz Großbritannien gebacken, aber eine ganz besondere Verbindung haben die Schotten zu dieser krümeligen Delikatesse. So verwundert es nicht, dass das vermutlich erste schriftlich überlieferte Rezept auch von einer Schottin stammt. Klar ist aber: Weder in Schottland noch bei uns dürfen sie als Bestandteil einer echten Tea Time fehlen!

Schneebälle

Für ca. 25 Stück
Formen: bunte Papierbackförmchen
Standzeit: ca. 60 Min.

Zutaten
1 Packung (400 g) heller Wiener Boden
125 ml Amaretto oder Apfelsaft
400 ml Sahne
2 Päckchen Sahnesteif
250 g Magerquark
150 g Crème fraîche
50 g Puderzucker
200 g geröstete Kokosraspel

Außerdem
bunter Zucker

1. Den Tortenboden mit den Händen fein zerkrümeln und die Krümel mit dem Amaretto bzw. Apfelsaft mischen.

2. Die Sahne mit dem Sahnesteif mithilfe eines Handrührgeräts mit Rührbesen steif schlagen. Den Quark mit Crème fraîche und Puderzucker verrühren. Die geschlagene Sahne unterheben. Die Biskuitbrösel mit der Creme vermischen.

3. Aus der Masse ca. 25 Bälle formen und in den gerösteten Kokosraspeln wenden. Dann ca. 60 Min. kalt stellen. Nach Belieben mit buntem Zucker verzieren und die fertigen Bälle in bunte Papierförmchen setzen.

Mein Tipp
Die kleinen Schneebälle lassen sich sehr gut vorbereiten und auch einfrieren. Für die Teigmasse der Schneebälle kann man alternativ auch sehr gut Kuchen- und Teigreste verwenden. Das Rezept funktioniert auch für die Herstellung von trendy Cake Pops, dafür steckt man sie auf Lolli-Stäbchen. Wenn es mal ganz schnell gehen soll, können die Schneebälle nach der Zubereitung direkt gegessen werden, gekühlt schmecken sie aber besser.

Käsekuchen-Mini-Gugels

Für ca. 18 Mini-Gugels
Formen: 18er-Mini-Gugelhupf-Form, Backblech
Backzeit: ca. 10–12 Min.

Zutaten
1 unbehandelte Zitrone
250 g Speisequark (20 %)
2 EL Sonnenblumenöl
1 Ei
25 g Puderzucker
1 ½ EL Weichweizengrieß
1 Päckchen Vanillepuddingpulver (ca. 37 g)

Außerdem
Butter und Weizenmehl für die Form
Puderzucker zum Bestäuben, nach Belieben

1. Den Backofen auf 180 °C Ober- und Unterhitze vorheizen. Die Mulden der Form mit Butter einfetten und mit Mehl bestäuben, dabei überschüssiges Mehl abklopfen.

2. Die Zitrone heiß abwaschen, trocknen und etwas Schale abreiben. Von einer Hälfte den Saft auspressen.

3. Zitronenschale und 1 EL Saft mit den restlichen Zutaten mit einem Handrührgerät mit Rührbesen zu einem glatten Teig verrühren. Den Teig mithilfe eines Spritzbeutels in die Mulden füllen und im Backofen auf einem Backblech auf mittlerer Schiene ca. 10–12 Min. backen. Herausnehmen, in der Form vollständig auskühlen lassen und herauslösen. Zum Schluss nach Belieben mit Puderzucker bestäuben.

Mein Tipp
Wer es schokoladiger möchte, gibt einige backfeste Schokoladentröpfchen in die Käsekuchenmasse. Toll sind die winzigen Mini-Gugels auch anstelle von Quark mit cremigem Ziegenfrischkäse, verfeinert durch frisch gehackten Thymian und einen Hauch Honig!

Klein, aber fein

Mini-Gugels Paprika & Olive

Für ca. 18 Gugels
Formen: 18er-Mini-Gugelhupf-Form, Backblech
Backzeit: ca. 8–10 Min.

Rührteig
50 g eingelegte rote Paprikaschoten
30 g entsteinte grüne Oliven
50 g weiche Butter
1 TL Salz
½ TL Kräuter der Provence
1 Ei
2 EL Milch
75 g Weizenmehl

Topping
10 g Rote-Bete-Sprossen
150 g Ziegenfrischkäse
1 EL Mineralwasser

Außerdem
Butter und Weizenmehl für die Form

1. Den Backofen auf 180 °C Ober- und Unterhitze vorheizen. Die Mulden der Form mit Butter einfetten und mit Mehl bestäuben, dabei überschüssiges Mehl abklopfen.

2. Paprika und Oliven fein hacken und mit den restlichen Zutaten mit einem Handrührgerät mit Rührbesen zu einem glatten Teig verrühren.

3. Den Teig mithilfe eines Spritzbeutels in die Mulden füllen und im Backofen auf einem Backblech auf mittlerer Schiene ca. 8–10 Min. backen. Herausnehmen, in der Form vollständig auskühlen lassen und herauslösen.

4. Für das Topping die Sprossen waschen und gut abtropfen lassen. Den Ziegenfrischkäse mit Mineralwasser cremig aufschlagen. In einen Spritzbeutel mit Sterntülle füllen, in die Vertiefung der Mini-Gugels spritzen und mit den Sprossen dekorieren. Gleich genießen!

Mein Tipp
Hmmm, auf einen Happs sind die kleinen Leckerchen gleich im Mund verschwunden. Eine Variante mit 1 gewürfelten Schalotte, 50 g klein geschnittenem Frühstücksbacon und 1 EL Schnittlauchröllchen schmeckt genauso gut!

Klein, aber fein

Mein Tipp
Wer von dem Eierlikör nicht genug kriegen kann, lässt die Himbeercreme einfach weg und bestreicht die Gugels stattdessen mit einer köstlichen Eierlikörglasur: Dafür 4 EL Eierlikör mit 100 g Puderzucker verrühren, die Gugels damit einstreichen und vor dem Servieren kurz trocknen lassen, fertig.

Eierlikörgugels mit Himbeersahne

Für ca. 12 Mini-Gugels
Form: Mini-Gugelhupf-Form
Backzeit: ca. 10 Min.

Eierlikörgugels
125 g weiche Butter
125 g Zucker
2 Eier
150 g Weizenmehl
1 TL Backpulver
75 ml Eierlikör

Himbeersahne
2 Blatt Gelatine
250 ml Sahne
Saft von 1 Zitrone
65 g Himbeerkonfitüre
65 g Zucker

Außerdem
Butter und Weizenmehl
für die Form
12 Minzblätter
blaue Zuckerperlen

1. Den Backofen auf 180 °C Ober und Unterhitze vorheizen. Die Mini-Gugelhupf-Form mit Butter einfetten und mit Mehl bestäuben, das überschüssige Mehl abklopfen.

2. Butter und Zucker verrühren und die Eier unterrühren. Das Mehl mit dem Backpulver mischen, nach und nach zur Butter-Eier-Mischung geben und zum Schluss den Eierlikör hinzufügen. Den Teig in die Form füllen und im Backofen ca. 10 Min. backen. Die Gugels nach der Backzeit auf ein Kuchengitter stürzen und auskühlen lassen.

3. Für die Himbeersahne die Gelatine in kaltem Wasser einweichen. Die Sahne steif schlagen. In einem Topf den Zitronensaft erwärmen und die ausgedrückte Gelatine darin auflösen. Die Himbeerkonfitüre mit dem Zucker mischen, dann die Gelatine zügig unterrühren und etwas abkühlen lassen. Einen Teil der geschlagenen Sahne mit der Himbeermasse vorsichtig verrühren, dann die restliche Sahne vorsichtig unterheben und kühl stellen.

4. Zum Füllen der Gugels die Himbeersahne in einen Spritzbeutel mit Sterntülle geben und die Hohlräume der Gugels damit füllen. Vor dem Servieren die Gugels mit Minzblättern und blauen Zuckerperlen dekorieren.

Klein, aber fein

Blitz-Orangen-Gugels

Für 36 Gugels
Form: 18er-Mini-Gugelhupf-Form
Backzeit: ca. 15 Min.

Zutaten
1 mittelgroße unbehandelte Orange
70 ml Sonnenblumenöl
150 g brauner Zucker
100 g Weizenmehl
1 TL Backpulver
3 Eier
1 Prise Salz
50 g gemahlene Mandeln

Außerdem
Butter und Weizenmehl für die Form
Puderzucker zum Bestäuben, nach Belieben

1. Den Backofen auf 180 °C Ober- und Unterhitze vorheizen. Die Form mit Butter einfetten und mit Mehl bestäuben, überschüssiges Mehl abklopfen.

2. Die Orange heiß abwaschen, trocknen, vierteln und die Kerne entfernen. Je nach gewünschter Bitterkeit die Orangenviertel mit oder ohne Schale mit den restlichen Zutaten, bis auf die Mandeln, in einen leistungsfähigen Standmixer geben und gut durchmixen. Die Mandeln zum Schluss nur kurz unterrühren. Den Teig in einen Spritzbeutel mit Lochtülle füllen.

3. Dann gleichmäßig in die Mulden verteilen und im Backofen ca. 15 Min. backen. Anschließend herausnehmen, die fertigen Gugels vollständig auskühlen lassen und herauslösen. Den restlichen Teig ebenso backen. Nach Belieben mit Puderzucker bestäuben und genießen.

Mein Tipp
Wer es nicht so eilig hat (oder keinen Standmixer), kann den Teig auch wie einen normalen Rührteig zubereiten.

Kleiner Ingwergugelhupf

Für 3 Stück
Formen: 3 kleine Backformen, z.B. Gugelhupf-Form (Ø 14 cm)
Backzeit: ca. 25–30 Min.

Zutaten
250 g weiche Butter
200 g Rohrzucker
Saft von 1 Zitrone
1 Päckchen Bourbonvanillezucker
4 Eier
250 g gemahlene Mandeln
180 g Maismehl
1 Päckchen Backpulver
1 Prise Salz
2 EL frisch geriebener Ingwer
100 g kandierte Ingwerwürfel
1 Prise Lebkuchengewürz

Zuckerguss
250 g Puderzucker
3–4 EL Zitronensaft
rote Lebensmittelfarbe, nach Belieben

Außerdem
Butter und Weizenmehl für die Formen

1. Den Backofen auf 180 °C Ober- und Unterhitze vorheizen. Die Backformen mit Butter einfetten und leicht mit Mehl bestäuben, überschüssiges Mehl abklopfen.

2. Die Butter und den Zucker in einer Küchenmaschine schaumig rühren. Zitronensaft und Vanillezucker zugeben. Dann die Eier nacheinander zufügen und alles gut verrühren. Gemahlene Mandeln, Maismehl, Backpulver, Salz, geriebener Ingwer, kandierter Ingwer und Lebkuchengewürz zugeben und zu einem geschmeidigen Teig verarbeiten.

3. Den Teig in die vorbereiteten Backformen füllen und alle auf einem Rost auf dem unteren Drittel im Backofen ca. 25–30 Min. backen. Die Kuchen aus dem Ofen nehmen, etwas abkühlen lassen, stürzen und vollständig auskühlen lassen.

4. Den Puderzucker mit dem Zitronensaft und nach Belieben einigen Tropfen Lebensmittelfarbe zu einem glatten Guss verrühren. Die abgekühlten Kuchen damit übergießen und trocknen lassen.

Mein Tipp
Ein Kuchen ohne Mehl – würzig, süß und schön saftig. Wer es auf die Spitze treiben möchte, macht noch eine feinherbe, dunkle Schokoglasur oder den süßsauren Zuckerguss aus frischem Limettensaft.

Klein, aber fein

Apfelkuchen im Glas

Für 6 Stück
Formen: 6 Einmach-Gläser (à 250 ml) mit Deckel, Gummiring und Klammern
Backzeit: ca. 30–35 Min.

Zutaten
2 Äpfel
Saft und Abrieb von ½ unbehandelten Zitrone
250 g Weizenmehl
3 TL Backpulver
125 g Zucker
1 Päckchen Bourbonvanillezucker
2 Eier
75 ml Sonnenblumenöl
125 ml Kefir

Außerdem
Butter und Weizenmehl für die Gläser

1. Den Backofen auf 180 °C Ober- und Unterhitze vorheizen. Die Gläser zu ⅔ mit Butter einfetten und mit Mehl ausstreuen, überschüssiges Mehl abklopfen. Die Gummiringe in kaltes Wasser legen.

2. Die Äpfel schälen, vierteln, Kerngehäuse entfernen und klein schneiden. Mit 2 EL Zitronensaft beträufeln.

3. Die restlichen Zutaten, bis auf die Äpfel in eine Rührschüssel geben, hierbei mit den trockenen Zutaten beginnen und mit den feuchten bzw. flüssigen Zutaten enden.

4. Alles mit einem Handrührgerät mit Rührbesen kurz auf niedrigster, dann auf höchster Stufe ca. 2 Min. zu einem glatten Teig verarbeiten. Äpfel nur kurz unterrühren.

5. Den Teig gleichmäßig auf die Gläser verteilen, dabei jedes Glas nur zur Hälfte füllen. Glasränder säubern. Gläser auf dem Rost auf mittlerer Schiene im Backofen ca. 30–35 Min. backen.

6. Die Gläser aus dem Ofen nehmen und sofort verschließen. Hierzu je einen nassen Gummiring auf die Innenseite eines Glasdeckels legen und den Deckel mit 2–3 Klammern am Glas fixieren. Die Mini-Kuchen in den verschlossenen Gläsern auf einem Kuchenrost erkalten lassen. Der Kuchen hält sich ca. 2 Monate im Glas.

Mein Tipp
Egal ob als Geschenk, als Rettung bei unangekündigtem Besuch oder als schneller Kuchen zum Mitnehmen – Kuchen im Glas, das sind kleine Köstlichkeiten, die man ohne viel Aufwand und ruckzuck backen kann. Probieren Sie Varianten mit Sauerkirschen aus dem Glas mit etwas gehacktem Rosmarin oder Aprikosen mit frischem Thymian.

Rüeblikuchen im Glas

Für ca. 12 Stück
Formen: 12 ofenfeste Gläser (à ca. 150 ml) mit Deckel, Gummiring und Klammern
Backzeit: ca. 15–20 Min.

Zutaten
250 g Möhren
5 Eier
200 g Zucker
1 Päckchen Bourbonvanillezucker
1 Prise Salz
3 EL Rum
60 g Weizenmehl
3 gestrichene TL Backpulver
400 g gemahlene geschälte Mandeln

Außerdem
Butter und Weizenmehl für die Gläser

1. Den Backofen auf 180 °C Ober- und Unterhitze vorheizen. Die Gläser zu ⅔ mit Butter einfetten und mit Mehl ausstreuen, überschüssiges Mehl abklopfen. Die Gummiringe in kaltes Wasser legen.

2. Für den Teig die Möhren schälen und fein raspeln. Die Eier trennen. Die Eiweiße steif schlagen. Eigelbe, Zucker, Vanillezucker und Salz mit einem Handrührgerät aufschlagen. Rum zugeben. Mehl mit Backpulver mischen und mit der Hälfte der gemahlenen Mandeln unterrühren. Eischnee unterheben, restliche Mandeln und Möhrenraspel ebenfalls unterheben.

3. Den Teig gleichmäßig auf die Gläser verteilen, dabei jedes Glas nur zur Hälfte füllen. Glasränder säubern. Gläser auf dem Rost auf mittlerer Schiene im Backofen ca. 15–20 Min. backen.

4. Die Gläser aus dem Ofen nehmen und sofort verschließen. Hierzu je einen nassen Gummiring auf die Innenseite eines Glasdeckels legen und den Deckel mit 2–3 Klammern am Glas fixieren. Die Mini-Kuchen in den verschlossenen Gläsern auf einem Kuchenrost erkalten lassen. Die Kuchen halten sich ca. 2 Monate.

Mein Tipp
Sollten Sie keine Gläser im Haus oder Lust auf einen großen Möhrenkuchen haben, können Sie den gesamten Teig auch in einer Springform mit 26 cm Durchmesser backen. Die Backzeit beträgt dann bei gleicher Ofentemperatur ca. 1 Stunde.

Klein, aber fein

Ziegige Käseküchlein

Für 16 Küchlein
Formen: 16 ofenfeste Gläser (à 65 ml), Auflaufform oder tiefes Backblech
Backzeit: ca. 15–20 Min.
Standzeit: ca. 60 Min.

Zutaten
300 g tiefgekühlte oder frische Beeren (z. B. Himbeeren)
100 g Amarettini
1 unbehandelte Zitrone
300 g Ziegenfrischkäse
75 g saure Sahne
130 g Puderzucker
3 Eigelb
1 gehäufter TL Speisestärke

Außerdem
frische Beeren, nach Belieben
gehackte Pistazien, nach Belieben

1. Die tiefgekühlten Himbeeren auftauen lassen, dabei 2 EL Saft auffangen. Frische Beeren verlesen. Den Backofen auf 180 °C Ober- und Unterhitze vorheizen.

2. Die Amarettini in einen Gefrierbeutel geben, verschließen und mit einer Teigrolle grob zerbröseln. Die Brösel gleichmäßig auf die Gläser verteilen.

3. Die Zitrone heiß abwaschen, trocknen und die Schale abreiben. Mit Ziegenfrischkäse, saurer Sahne, 100 g Puderzucker, Eigelben und Speisestärke zu einer glatten Masse verrühren. Die Frischkäsemasse auf den Amarettinibröseln verteilen und glatt streichen. Die Gläser in eine Auflaufform oder tiefes Backblech stellen und so viel kochendes Wasser auf das Blech oder die Form gießen, dass sie zur Hälfte im Wasser stehen. Im Backofen auf mittlerer Schiene ca. 15–20 Min. stocken lassen. Danach herausnehmen und auskühlen lassen.

4. Die aufgetauten Beeren mit Abtropfsaft oder die frischen Beeren mit 2 EL Wasser und restlichem Puderzucker pürieren und nach Belieben durch ein feines Sieb streichen. Die Beerensauce auf den Käseküchlein verteilen und ca. 60 Min. im Kühlschrank kalt stellen.

5. Vor dem Servieren ganz nach Belieben mit frischen Beeren und gehackten Pistazien dekorieren.

Mein Tipp
Wer die Beerensauce etwas fester mag, kocht sie in einem Topf auf und löst darin 3 Blatt zuvor in kaltem Wasser eingeweichte Gelatine auf. Gut verrühren! Anschließend auf den kalten Käseküchlein verteilen und fest werden lassen.

Klein, aber fein 45

Mein Tipp
Die köstlichen Biskuitreste kann man sehr gut einfrieren. Wenn sie gebraucht werden, einfach auftauen, zerbröseln und für weitere herrliche Desserts verwenden. Ob Trifle oder Quarkspeise, die Leckerchen sind das Tüpfelchen auf dem i.

Rhabarber-Joghurt-Törtchen

Für 8 Törtchen
Formen: Backblech,
8 Dessertringe (Ø 6 cm)
Backzeit: ca. 8–10 Min.
Standzeit: mind. 3 Std.

Rhabarberkompott
250 g geschälter Rhabarber
100 g Zucker

Biskuitboden
2 Eier
30 g Zucker
1 Päckchen Bourbon-vanillezucker
1 EL heißes Wasser
¼ TL Zitronenabrieb
50 g gesiebtes Weizenmehl
20 g flüssige Butter

Joghurtcreme
5 Blatt Gelatine
250 g Naturjoghurt
75 g Puderzucker
Saft von ½ Zitrone
Mark von 1 Vanilleschote
200 ml Sahne

Guss
Rhabarberabtropfsaft
Wasser
1 Päckchen roter Tortenguss mit Erdbeer-Geschmack

1. Den Rhabarber in kleine Stücke schneiden. Mit dem Zucker vermischen und ziehen lassen, dabei den Saft abtropfen lassen, auffangen und für den Guss beiseitestellen. In einem Topf den Rhabarber so lange kochen, bis er weich ist. Abkühlen lassen.

2. Den Backofen auf 180 °C Ober- und Unterhitze vorheizen. Das Backblech mit Backpapier auslegen, dabei das Backpapier von der Seite ziehharmonikaartig zu einer stabilen Kante falten, sodass es eine Größe von 30×30 cm hat. Die Ränder der Dessertringe mit zurechtgeschnittenen Backpapierstreifen auslegen.

3. Für den Boden zunächst die Eier trennen. Eiweiße mit Zucker mit einem Handrührgerät mit Rührbesen steif schlagen. Eigelbe mit Vanillezucker, Wasser und Zitronenabrieb cremig aufschlagen. Die Eigelbmasse mit einem Drittel Eischnee zügig verrühren und den restlichen Eischnee im Wechsel mit dem Mehl mit einem Teigschaber unterheben. Zum Schluss die flüssige Butter behutsam unterrühren. Den Biskuitteig auf dem Backpapier verstreichen und im Backofen auf mittlerer Schiene ca. 8–10 Min. backen. Den Boden mit dem Backpapier auf ein Kuchengitter ziehen und auskühlen lassen. Dann das Backpapier abziehen.

4. Für die Joghurtcreme die Gelatine ca. 10 Min. in kaltem Wasser einweichen. Joghurt, Puderzucker, Zitronensaft, Vanillemark sowie das Rhabarberkompott miteinander verrühren. Die Sahne steif schlagen. Die ausgedrückte Gelatine in einem Topf auflösen, mit 2 EL Joghurtcreme verrühren und flott unter die restliche Joghurtcreme rühren. Maximal ein Drittel der Sahne mit einem Schneebesen zügig unterrühren, dann den Rest unterheben.

5. Aus dem Biskuitboden mithilfe der Dessertringe Kreise ausstechen, dabei den Boden in den Ringen lassen. Die Rhabarber-Joghurtmasse hineinfüllen und ca. 2 Std. kalt stellen.

6. Den abgetropften Rhabarbersaft mit Wasser auf 200 ml Flüssigkeit auffüllen. Damit den Tortenguss nach Packungsanweisung zubereiten und auf die Törtchen geben. Vor dem Servieren nochmals ca. 1 Std. kalt stellen.

Cookie-Crumble
mit Äpfeln und Cranberrys

Für 6 Portionen
Formen: 6 ofenfeste Förmchen (Ø ca. 10 cm)
Backzeit: ca. 15–20 Min.

Streusel
250 g Haferflockenkekse
200 g kalte Butter
100 g Zucker
50 g Weizenmehl
100 g gemahlene Haselnüsse

Frucht
5 Äpfel
60 g getrocknete Cranberrys

Außerdem
Butter zum Einfetten
Puderzucker zum Bestäuben, nach Belieben

1. Den Backofen auf 180 °C Ober- und Unterhitze vorheizen. Die Förmchen dünn mit Butter einfetten.

2. Kekse in einen Gefrierbeutel geben und mit den Händen oder mit einer Teigrolle zerbröseln. Mit Butter, Zucker, Mehl und Nüssen zu Streuseln verkneten.

3. Äpfel schälen, entkernen und in gleich große Stücke schneiden. Zusammen mit den Cranberrys in die Formen geben. Streusel gleichmäßig darauf verteilen. Im Backofen auf dem Rost im unteren Drittel ca. 15–20 Min. backen. Aus dem Ofen nehmen, nach Belieben mit Puderzucker bestäuben und am besten noch warm genießen.

Mein Tipp
Der Cookie-Crumble mit Äpfeln lässt sich wunderbar mit Heidel-, Stachelbeeren oder auch Rhabarber variieren.

Birnen-Röllchen

Für 12 Stück
Form: Backblech
Backzeit: ca. 12–15 Min.

Zutaten
2 Dosen Hörnchenteig
(z. B. Knack & Back)
20 g flüssige Butter
50 g brauner Zucker
1 TL Zimtpulver
100 g gehackte Pekannüsse
2 reife Birnen, gewürfelt

1. Den Backofen auf 180 °C Ober- und Unterhitze vorheizen. Backblech mit Backpapier belegen.

2. Den Teig entrollen, in Dreiecke teilen und mit etwas Butter bestreichen. Zucker und Zimt mischen und die Dreiecke mit der Hälfte davon bestreuen. Gehackte Nüsse und Birnenwürfel ebenfalls darauf verteilen.

3. Die Dreiecke von der breiten Seite zur Spitze hin aufrollen und auf das Blech setzen. Mit übriger Butter bestreichen und restliche Zimt-Zucker-Mischung darauf streuen. Im Backofen im unteren Drittel ca. 12–15 Min. backen. Herausnehmen und lauwarm genießen.

Mein Tipp
Die Röllchen schmecken auch mit Apfel- statt Birnenwürfeln und Hasel- oder Walnüssen.

Klein, aber fein

Cheesecake Whoopies

Für 12 Whoopies
Formen/Materialien: 12er-Muffinform, Backbleche, Spritzbeutel
Backzeit: ca. 55 Min.

Cheesecake-Masse
200 g Magerquark
50 g Naturfrischkäse
50 g Puderzucker
1 Ei
1 TL Speisestärke
60 g Heidelbeerkonfitüre

Whoopie-Teig
100 g Butter
100 g Puderzucker
1 Ei
100 ml Buttermilch
200 g Weizenmehl
1½ TL Backpulver
1 gestrichener TL Natron
Abrieb von 2 unbehandelten Limetten

Außerdem
Butter und Weizenmehl für die Formen
60 g Aprikosenkonfitüre

1. Den Backofen auf 160 °C Ober- und Unterhitze vorheizen. Die Mulden der Muffinform mit Butter einfetten und mit Mehl bestäuben, überschüssiges Mehl abklopfen.

2. Für die Cheesecake-Füllung Quark, Frischkäse, Puderzucker, Ei und Speisestärke mit einem Handrührgerät mit Rührbesen verrühren. Die Creme gleichmäßig in den Mulden verteilen und das Blech auf die Arbeitsfläche klopfen, bis die Oberfläche glatt ist. Dann jeweils etwas Heidelbeerkonfitüre mittig darauf geben. Die Muffinform auf dem Rost in die mittlere Schiene des Backofens schieben und die Käsemasse ca. 25 Min. backen, danach auf einem Kuchengitter vollständig auskühlen lassen. Die Cheesecake-Masse herauslösen. Nach Belieben kalt stellen.

3. Inzwischen zwei Backbleche mit Backpapier belegen. Für den Teig Butter und Puderzucker mit einem Handrührgerät mit Rührbesen cremig rühren. Nacheinander Ei und Buttermilch einrühren. Mehl, Backpulver und Natron mit der Hälfte des Limettenabriebs zügig unterheben.

4. Mit dem Spritzbeutel ohne Tülle 24 gleich große Teigkreise auf die Bleche spritzen und 12 Kreise mit dem restlichen Limettenabrieb bestreuen. Nacheinander die Whoopies bei gleicher Temperatureinstellung wie für die Füllung auf mittlerer Schiene jeweils ca. 15 Min. backen, herausnehmen und vollständig auskühlen lassen. Zum Servieren auf die Whoopie-Hälften ohne Limettenabrieb etwas Aprikosenkonfitüre geben, je 1 Cheesecake darauf platzieren und mit einer Hälfte mit Limettendeko zusammensetzen.

Mein Tipp
Lässt sich super vorbereiten. Die Whoopie-Hälften lassen sich prima einfrieren und die Cheesecake-Füllung hält sich einige Tage im Kühlschrank. So kann man total easy und schnell eine Köstlichkeit für Gäste zaubern.

52 *Klein, aber fein*

Ricotta-Feigen-Tartes

Für 8 Stück
Formen: 8 kleine
Tarteförmchen (Ø 10 cm)
Backzeit: ca. 40 Min.
Standzeit: ca. 60 Min.

Mürbeteigboden
175 g weiche Butter
180 g Weizenmehl
120 g Zucker
45 g zarte Haferflocken

Belag
8 kleine Feigen
250 g Ricotta
3 Eier
3 EL Orangenblütenhonig
1 Prise Salz
1 Prise Ras el hanout
60 g Pinienkerne

Außerdem
Butter für die Förmchen
Weizenmehl zum Bearbeiten

1. Für den Mürbeteigboden die Butter mit Mehl, Zucker und Haferflocken zu einem glatten Teig verkneten. Zu einer Kugel formen, in Frischhaltefolie wickeln und ca. 60 Min. im Kühlschrank ruhen lassen.

2. Den Backofen auf 160 °C Ober- und Unterhitze vorheizen. Die Tarteförmchen mit Butter einfetten. Den Teig portionsweise auf einer leicht bemehlten Arbeitsfläche rund etwas größer als die Förmchen ausrollen und damit auslegen, sodass auch der Rand bedeckt ist.

3. Bei den Feigen den Stiel oben abschneiden und vierteln. Ricotta, Eier, Orangenblütenhonig, Salz und Ras el hanout zu einer glatten Masse verrühren und auf dem Teig verteilen.

4. Die Feigen sternförmig darauflegen und mit den Pinienkernen bestreuen. Die Törtchen im Backofen auf dem Rost im unteren Drittel ca. 40 Min. backen. Herausnehmen und auf einem Kuchengitter auskühlen lassen.

Mein Tipp
Wer es mit Glanz und Gloria mag, der kann die kleinen Tartes am Ende noch mal mit warmer Aprikosenkonfitüre bestreichen, für das gewisse Etwas.
Ras el hanout ist eine ursprünglich marokkanische Gewürzmischung, die je nach Mischung bis zu 25 verschiedene süße, scharfe und bittere Gewürze beinhalten kann. Man findet sie in Asia-Läden, Reformhäusern oder in gut sortierten Supermärkten.

Käse-Soufflés

Für 10 Soufflés
Formen: 10 Souffléförmchen oder ofenfeste Tassen, tiefes Backblech
Backzeit: ca. 30–35 Min.

Zutaten
50 g Butter
100 g Weizenmehl
250 ml Milch
4 Eier
100 g grob geraspelter Greyerzer
100 g gewürfelter Gouda
Salz, Pfeffer
Muskatnuss

Außerdem
Butter und Weizenmehl für die Formen

1. Den Backofen auf 200 °C Ober- und Unterhitze vorheizen. Förmchen mit Butter einfetten, mit Mehl bestäuben und überschüssiges Mehl abklopfen.

2. Die Butter in einem Topf schmelzen, das Mehl darin anschwitzen. Milch langsam zugießen und unter Rühren heiß werden lassen. Achtung, die Masse darf nicht zu heiß sein, da sonst das Eigelb gerinnt!

3. Die Eier trennen. Eigelbe nach und nach unter die Masse rühren. Käse zugeben, dabei etwas geraspelten Käse zum Bestreuen beiseitestellen, und alles gut verrühren. Kräftig mit Salz, Pfeffer und frisch geriebener Muskatnuss würzen.

4. Die Eiweiße mit einem Handrührgerät mit Rührbesen steif schlagen und vorsichtig unter die Masse heben. Die Käsemasse in die Förmchen füllen und mit dem restlichen Käse bestreuen. Die Soufflés in ein tiefes Backblech stellen und mit so viel heißem Wasser aufgießen, dass die Förmchen zur Hälfte im Wasser stehen. Im Backofen auf mittlerer Schiene ca. 30–35 Min. backen. Herausnehmen, nach Belieben stürzen oder im Förmchen sofort servieren.

Mein Tipp

Alles Käse oder was? Herzhafte, luftig leichte Soufflés sollten sofort serviert werden, denn sonst fallen sie gleich zusammen. Falls die Soufflés im Backofen zu braun werden, einfach mit etwas Backpapier abdecken. Dabei die Backofentür so schnell wie möglich wieder schließen. Die Soufflés mögen keinen Temperaturabfall.

Klein, aber fein

Klein, aber fein

Zigarrenröllchen süß & pikant

Für 40 Stück
Formen: Backbleche
Backzeit: ca. 10 Min.

Füllung pikant
½ Bund glatte Petersilie
½ Bund Dill
200 g Schafskäse
2 Eier

Füllung süß
200 g gemischtes Studentenfutter
1 gehäufter EL Sesampaste (Tahin)
1 TL flüssiger Honig

Teig
40 dreieckige Yufka-Teigblätter

Außerdem
Pflanzenöl zum Einpinseln

1. Den Backofen auf 180 °C Ober- und Unterhitze vorheizen. Die Backbleche mit Backpapier auslegen.

2. Für die pikante Füllung die Kräuter waschen, trocken schütteln, die Blättchen von den Stängeln zupfen und hacken. Den Schafskäse ebenfalls fein hacken und gut mit den Eiern und den Kräutern mischen.

3. Für die süße Füllung das Studentenfutter hacken und mit der Sesampaste und dem Honig vermischen.

4. Die Teigblätter mit Wasser einpinseln. Jeweils 1 gehäuften TL Masse auf die Teigblätter verteilen, die Seiten einschlagen und zur Spitze hin fest aufrollen. Die Spitze mit etwas Wasser befeuchten und andrücken.

5. Die Röllchen auf die Backbleche legen und gut mit Öl einpinseln. Die Zigarrenröllchen nacheinander im Backofen ca. 10 Min. backen. Herausnehmen und warm oder kalt genießen.

Mein Tipp
Für diese super Röllchen braucht man orientalische Yufka-Teigblätter, die es z. B. in türkischen Lebensmittelläden zu kaufen gibt. Alternativ können Sie Strudelteig, dünn ausgerollten Blätterteig oder Teig für asiatische Frühlingsrollen verwenden.

Kekse, Waffeln & Co.

Kekse, Waffeln & Co.

Chocolate-Chip-Banana-Mookies

Für ca. 10 Mookies
Form/Material: Backblech, Eisportionierer
Backzeit: ca. 12 Min.

Zutaten
1 Ei
150 g brauner Zucker
1 Päckchen Bourbon-vanillezucker
125 g weiche Butter
75 g ungesüßtes Apfelmus
1 reife Banane
150 g Weizenmehl
½ TL Backpulver
1 TL Salz
150 g Schoko-Tröpfchen
100 g Haferflocken

1. Ei, Zucker, Vanillezucker und Butter mit den Rührbesen des Handrührgerätes zu einer cremigen Masse verrühren. Apfelmus zugeben und unterrühren.

2. Den Backofen auf 175 °C Ober- und Unterhitze vorheizen. Das Backblech mit Backpapier auslegen.

3. Die Banane schälen, mit einer Gabel zerdrücken und zum Teig geben. Mehl, Backpulver und Salz mischen, zufügen und unterrühren. Zuletzt Schoko-Tröpfchen und Haferflocken unterheben.

4. Mit einem Eisportionierer Kugeln aus dem Teig abstechen und auf dem Backblech mit reichlich Abstand platzieren. Im Backofen ca. 12 Min. backen. Herausnehmen und auskühlen lassen.

Mein Tipp
Ganz schön raffiniert, dieser neue Backtrend! Mookies sind eine Mischung aus Muffins und Cookies: innen fluffig und außen schön knusprig! Chocoholics können das Gebäck noch mit weißer Kuvertüre besprenkeln.

Cranberry-Haferflocken-Cookies

Für ca. 70 Stück
Formen: ca. 3 Backbleche
Backzeit: ca. 10 Min.
Standzeit: ca. 2 Std.

Zutaten
200 g weiche Butter
75 g Rohrohrzucker
75 g Ahornsirup
1 Päckchen Bourbon-vanillezucker
100 g Vollkorn-Weizenmehl
1 gestrichener TL Backpulver
150 g feine Haferflocken
75 g Cranberrys
50 g gehackte Haselnüsse

1. Die Butter, den Zucker, den Ahornsirup und den Vanillezucker mit den Rührbesen eines Handrührgeräts schaumig rühren. Das Mehl und das Backpulver zur Buttermasse geben. Die Haferflocken, die Cranberrys und Nüsse untermischen und den Teig ca. 2 Std. kalt stellen.

2. Den Backofen auf 180 °C Ober- und Unterhitze vorheizen. Die Backbleche mit Backpapier auslegen.

3. Mit zwei Teelöffeln oder einem kleinen Eisportionierer etwa walnussgroße Kugeln abstechen und mit etwas Abstand auf die vorbereiteten Bleche setzen. Die Bleche nacheinander auf mittlerer Schiene in den Backofen schieben und die Cookies ca. 10 Min. backen. Anschließend herausnehmen und abkühlen lassen.

Mein Tipp
Mit den feinherb-süßsäuerlichen Cranberrys schmecken die Cookies am besten. Sie lassen sich aber natürlich abwandeln und auch mit jeder Art anderem getrockneten oder kandierten Obst ersetzen.

Kekse, Waffeln & Co.

Konfetti-Kekse

Für 2 Backbleche
Formen/Materialien:
Backbleche, runde Plätzchen-
ausstecher (unterschiedliche
Größen)
Backzeit: ca. 7 Min.
Standzeit: ca. 30 Min.

Mürbeteig
75 g kalte Butter
75 g Zucker
1 Päckchen Bourbon-
vanillezucker
100 g Doppelrahm-
Frischkäse
1 Ei
250 g Weizenmehl

Zuckerguss
500 g Puderzucker
3–4 EL Zitronensaft
blaue, rote, pinke und grüne
Lebensmittelfarbe

Außerdem
Weizenmehl zum Bearbeiten

1. Für den Mürbeteig die Butter in Stücke schneiden, mit Zucker, Vanillezucker, Frischkäse, Ei und Mehl erst mit den Knethaken des Handrührgerätes und dann mit den Händen schnell zu einem glatten Teig verkneten. In Frischhaltefolie gewickelt ca. 30 Min. kalt stellen.

2. In der Zwischenzeit den Backofen auf 200 °C Ober- und Unterhitze vorheizen. Die Backbleche mit Backpapier auslegen.

3. Den Teig auf einer bemehlten Arbeitsfläche ausrollen. Mit runden Plätzchenausstechern in unterschiedlichen Größen Kreise ausstechen. Die Kekse auf die Bleche legen und nacheinander im Backofen ca. 7 Min. backen. Herausnehmen und auskühlen lassen.

4. Für den Zuckerguss den Puderzucker mit dem Zitronensaft glatt rühren und in 4 Teile portionieren. Je eine Portion mit einer Lebensmittelfarbe einfärben. Die Kekse mit Zuckerguss in unterschiedlichen Farben bestreichen und trocknen lassen.

Mein Tipp
Helau und Alaaf! Die Konfetti-Kekse machen sich nicht nur in der fünften Jahreszeit gut und sind zugleich das perfekte Party-Accessoire. Aus dem Mürbeteig lassen sich natürlich auch andere Formen ausstechen. Toll sind z. B. auch Blumen im Frühling oder Sterne zur Weihnachtszeit. Sticht man vor dem Backen ein kleines Loch in den Keks, kann man sie nach dem Backen auf eine Schnur auffädeln und hat so eine essbare Partygirlande.

Marshmallow Cookie Sammies

Für 24 Sammies
Formen: Backbleche
Backzeit: ca. 10–12 Min.
Standzeit: ca. 2 Std.

Cookies
Cookie-Teig (Rezept s. S. 203)

Füllung
1 Becher (213 g)
Marshmallow-Creme

Glasur
200 g Zartbitterschokolade
2 EL Pflanzenöl

1. Den Cookie-Teig wie im Rezept beschrieben zubereiten, jedoch zu Rollen mit 5 cm Durchmesser formen, dann ca. 2 Std. kalt stellen.

2. Den Backofen auf 180 °C Ober- und Unterhitze vorheizen. Backbleche mit Backpapier belegen.

3. Nach Ende der Standzeit die Rollen in Scheiben schneiden und die Cookies auf die Backbleche verteilen. Nacheinander die Cookies im Backofen im unteren Drittel ca. 10–12 Min. backen. Herausnehmen und auf Kuchengittern auskühlen lassen. 24 Cookies abzählen und die restlichen zum Naschen in einer Blechdose aufbewahren.

4. Die Hälfte der Cookies mit Marshmallow-Creme bestreichen, dann mit einem nicht bestrichenen Cookie zusammensetzen.

5. Die Schokolade in einem Wasserbad schmelzen und das Öl einrühren. Die Cookies damit überziehen und die Schokolade bei Zimmertemperatur fest werden lassen.

6. Die Marshmallow Cookie Sammies sofort genießen oder maximal 3 Tage gekühlt in einer Blechdose aufbewahren.

Mein Tipp
Marshmallow-Creme ist im gut sortierten Supermarkt erhältlich. Wer es nicht ganz so klebrig-süß mag, kann die Cookies auch mit Lemon Curd (s. S. 208) oder einem Fruchtaufstrich füllen.

Zweierlei Schoko-Cookies

Für ca. 25 Cookies
Form: Backblech
Backzeit: ca. 10 Min.
Standzeit: ca. 2 Std.

Zutaten
225 g weiche Butter
220 g Zucker
1 TL Vanillearoma oder
1 Päckchen Bourbon-
vanillezucker
2 Eier
350 g Weizenmehl
½ TL Backpulver
1 Prise Salz
100 g gehackte
weiße Schokolade
150 g Schokotröpfchen oder
gehackte Zartbitterschokolade

Außerdem
Weizenmehl zum Bearbeiten

1. Die Butter, den Zucker und das Vanillearoma bzw. den Vanillezucker in einer Schüssel mit den Rührbesen eines Handrührgeräts schaumig schlagen. Die Eier einzeln zugeben und gut verrühren. Mehl, Backpulver und Salz untermengen. Zum Schluss die gehackte Schokolade oder die Schokotröpfchen zufügen und den Teig glatt rühren.

2. Den Teig auf eine leicht bemehlte Arbeitsfläche geben und zu einer ca. 5 cm dicken Rolle formen. In Frischhaltefolie gewickelt ca. 2 Std. in den Kühlschrank stellen, bis der Teig etwas fester geworden ist.

3. Den Backofen auf 180 °C Ober- und Unterhitze vorheizen. Die Teigrolle in etwa ½ cm dicke Scheiben schneiden und die Scheiben mit etwas Abstand zueinander auf ein mit Backpapier ausgelegtes Backblech legen. Im Backofen auf mittlerer Schiene ca. 10 Min. backen. Herausnehmen und auskühlen lassen. Dann die übrigen Cookies auf die gleiche Weise backen.

4. In einer gut schließenden Dose können die Cookies etwa 3 Wochen aufbewahrt werden.

Mein Tipp
Am besten schmecken diese sensationellen Cookies ganz so wie sie die Amerikaner lieben noch warm mit einem Glas kalter Milch. Frieren Sie die Teigrolle auf Vorrat ein, so haben Sie immer tolle Cookies griffbereit und schnell gemacht.

Gingerbread-People

Für ca. 50 Männchen
Formen: Backbleche, Keksausstecher in Männchen-Form
Backzeit: ca. 8–10 Min.
Standzeit: ca. 2 Std.

Zutaten
100 g flüssiger Honig
30 g Butter
50 g brauner Zucker
1 Prise Salz
1 Ei
250 g Weizenmehl
1 gestrichener EL Kakaopulver
1 gestrichener TL Backpulver
2 gestrichene TL Lebkuchengewürz
1 gestrichener TL Ingwerpulver

Außerdem
Weizenmehl zum Bearbeiten

1. Für den Teig Honig, Butter, Zucker und Salz in einen Topf geben und bei mittlerer Temperatur unter Rühren erhitzen, bis der Zucker aufgelöst ist und sich die Zutaten zu einer Masse verbunden haben.

2. Diese Masse in eine Rührschüssel geben und vollständig auskühlen lassen. Das Ei unterrühren. Mehl mit Kakao, Backpulver, Lebkuchengewürz und Ingwer mischen. In die Rührschüssel sieben und mit einem Handrührgerät mit Knethaken unter die Honigmasse kneten, sodass ein glatter Teig entsteht.

3. Den Teig zu einer Kugel formen, in Frischhaltefolie wickeln und mindestens 2 Std. kalt stellen.

4. Den Backofen auf 200 °C Ober- und Unterhitze vorheizen. Backbleche mit Backpapier auslegen. Den Teig portionsweise auf einer leicht bemehlten Arbeitsfläche ca. 4–5 mm dick ausrollen. Aus dem Teig Männchen ausstechen. In jedes Männchen ein Loch zum Aufhängen stechen und auf die Backbleche geben.

5. Die Männchen nacheinander im Backofen auf mittlerer Schiene ca. 8–10 Min. backen. Gebäck mit dem Backpapier vom Blech ziehen und erkalten lassen. Nach Belieben Geschenkband einfädeln und die Männchen zur Deko an den Weihnachtsbaum oder an Geschenke hängen.

Mein Tipp
Der Teig eignet sich auch gut für andere Ausstecher wie Herzen, Sterne oder kleine Engel. Noch mit allerlei Zuckerperlen und buntem Zuckerguss verziert und ab damit an den Weihnachtsbaum oder als Geschenkanhänger nehmen. Letztere kann man noch persönlicher gestalten, indem man mit Zuckerschrift den jeweiligen Namen darauf schreibt.

Fruchtige Doppeldecker

Für ca. 40 Plätzchen
Formen: Backbleche,
runder Ausstecher (Ø 4 cm)
Backzeit: ca. 6–7 Min.
Standzeit: ca. 60 Min.

Zutaten
160 g weiche Butter
80 g Puderzucker
1 Päckchen Bourbon-
vanillezucker
½ TL Zitronenabrieb
1 Eigelb
200 g gesiebtes Weizenmehl

Außerdem
Weizenmehl zum Bearbeiten
ca. 250 g Himbeer- oder Quittengelee zum Füllen
Puderzucker zum Bestäuben,
nach Belieben

1. Für den Mürbeteig die angegebenen Zutaten mit einem Handrührgerät mit Knethaken schön glatt verkneten. Den Teig zu einer Kugel formen, in Frischhaltefolie wickeln und mindestens 60 Min. kalt stellen.

2. Den Backofen auf 180 °C Ober- und Unterhitze vorheizen. Backbleche mit Backpapier belegen.

3. Den Teig portionsweise auf einer leicht bemehlten Arbeitsfläche mit einer Teigrolle ca. 4 mm dünn ausrollen. Mit einem runden Plätzchenausstecher Kreise ausstechen und auf die vorbereiteten Bleche legen.

4. Die Plätzchen nacheinander im Backofen auf mittlerer Schiene ca. 6–7 Min. hell ausbacken. Anschließend die Plätzchen mit dem Backpapier auf Kuchengitter ziehen und auskühlen lassen.

5. Das Gelee in einem Topf leicht erwärmen und glatt rühren. In einen Spritzbeutel oder einen Gefrierbeutel mit einem kleinen Loch füllen. Gelee auf jeweils ein Plätzchen nicht zu dick verteilen, zweites Plätzchen behutsam aufdrücken.
Nach Belieben zum Schluss mit Puderzucker bestäuben.

Mein Tipp
Weihnachtlicher werden die Plätzchen, wenn man den Teig noch mit 1-2 Messerspitzen Lebkuchengewürz verfeinert!

Macadamia-Florentiner

Für ca. 20 Florentiner
Formen: Backbleche
Backzeit: ca. 8 Min.

Zutaten
75 g getrocknete Soft-Aprikosen
75 g ungesalzene Macadamianüsse
1 EL Butter
125 ml Sahne
50 g Zucker
50 g Agavendicksaft
75 g Mandelblättchen
2 EL Weizenmehl
100 g weiße Kuvertüre

1. Den Backofen auf 180 °C Ober- und Unterhitze vorheizen. Backbleche mit Backpapier auslegen.

2. Aprikosen in kleine Würfel schneiden. Macadamias hacken. Butter, Sahne, Zucker und Agavendicksaft in einem Topf unter Rühren aufkochen. Mandelblättchen, Macadamias und Aprikosen zugeben und ca. 2 Min. bei niedriger Temperatur unter gelegentlichem Rühren köcheln. Das Mehl einrühren und die Masse kurz ruhen lassen.

3. Mit zwei Teelöffeln die Florentinermasse als Häufchen in großem Abstand auf die Bleche verteilen. Im Backofen nacheinander auf mittlerer Schiene ca. 8 Min. backen. Herausnehmen und kurz abkühlen lassen, damit sie fest werden.

4. Florentiner vorsichtig vom Blech nehmen und erkalten lassen. Kuvertüre hacken und in einer Schüssel in einem Wasserbad schmelzen. Die Unterseite der Plätzchen damit einstreichen und trocknen lassen.

Mein Tipp
Gleichmäßiger werden die Florentiner, wenn man zum Abstechen der Masse einen Mini-Eisportionierer verwendet. Das geht flott und jeder Florentiner gleicht dem anderen.

Kardamom-Cantuccini

Für ca. 35 Stück
Form: Backblech
Backzeit: ca. 35 Min.

Zutaten
1 TL schwarze Kardamomsamen
100 g weiche Butter
80 g Zucker
40 g brauner Zucker
Mark von 1 Vanilleschote
2 Eier
300 g Weizenmehl
1 Päckchen Backpulver
65 g ganze Mandeln
4 Tropfen Bittermandelaroma

1. Den Backofen auf 180 °C Ober- und Unterhitze vorheizen. Das Backblech mit Backpapier auslegen.

2. Die Kardamomsamen in einem Mörser fein zerstoßen. Die Butter mit den beiden Zuckersorten, Vanillemark und Kardamom in einer Küchenmaschine gut verrühren. Die Eier nach und nach zugeben und die Masse schaumig schlagen.

3. Das Mehl und das Backpulver mischen, mit den ganzen Mandeln und dem Bittermandelaroma unter die Buttermasse mischen und zu einem glatten Teig verrühren.

4. Den Teig zu zwei langen Stangen formen und auf das Backblech legen. Im Backofen ca. 25 Min. backen. Herausnehmen und die Backofentemperatur auf 125 °C reduzieren. Jede Stange in ca. 1 cm dicke Scheiben schneiden, die Cantuccini mit der Schnittfläche nach oben auf das Blech legen und nochmals 10 Min. backen, bis sie ganz trocken sind.

Mein Tipp
Diese Cantuccini lassen sich natürlich auch in Ihren Kaffee tauchen, aber probieren Sie sie doch einmal zu frischen Beeren oder selbst gemachtem Sorbet. Die Kardamom-Note passt auch hervorragend zu kräftig aromatischen Tees.

Cantuccini-Trio

Für ca. 30 Stück
Formen: Backbleche
Backzeit: ca. 20 Min.
Standzeit: ca. 30 Min.

Grundteig
300 g Dinkel- oder Weizenmehl
1 gestrichener TL Backpulver
175 g Rohrrohrzucker
1 Päckchen Bourbon-vanillezucker
1 Prise Salz
50 g weiche Butter
2 Eier

Klassische Cantuccini
Abrieb von ½ unbehandelten Zitrone
1–2 Tropfen Bittermandelaroma
100 g geschälte Mandelkerne

Walnuss-Schoko-Cantuccini
70 g gehackte Walnusskerne
1 EL Kakaopulver

Cranberry-Pistazien-Cantuccini
30 g Pistazien
50 g Cranberrys
1–2 TL Rosenwasser

Außerdem
Weizenmehl zum Bearbeiten

1. Den Backofen auf 200 °C Ober- und Unterhitze vorheizen. Für die klassischen Cantuccini die Mandeln auf ein mit Backpapier ausgelegtes Backblech legen und im Backofen ca. 10 Min. rösten. Dann abkühlen lassen.

2. Für den Grundteig Mehl mit Backpulver in eine Schüssel sieben. Zucker, Vanillezucker, Salz, Butter und Eier zugeben. Mit einem Handrührgerät mit Knethaken zu einem glatten Teig verkneten und in drei Portionen teilen.

3. Für die klassischen Cantuccini Zitronenschale, Bittermandelaroma und die gerösteten Mandeln unter das erste Drittel kneten.

4. Für die Walnuss-Schoko-Cantuccini die Walnüsse und den Kakao unter das zweite Drittel kneten.

5. Für die Cranberry-Pistazien-Cantuccini die Pistazien grob hacken und mit den Cranberrys sowie dem Rosenwasser unter das letzte Drittel kneten.

6. Die Teige auf einer leicht bemehlten Arbeitsfläche mit den Händen zu ca. 10 cm langen Rollen von ca. 3 cm Durchmesser formen und ca. 30 Min. kalt stellen. Die Rollen auf ein mit Backpapier ausgelegtes Backblech legen und im Backofen auf mittlerer Schiene ca. 10 Min. bei gleicher Temperatur backen.

7. Blech aus dem Ofen nehmen, Teigrollen mit einem Sägemesser in ca. 1 cm breite Scheiben schneiden und auf der Schnittfläche liegend weitere 10 Min. goldbraun backen. Dann herausnehmen, das Backpapier vom Blech ziehen und die Cantuccini ganz auskühlen lassen. Zum Verschenken in kleine Tütchen füllen.

Mein Tipp
Statt Chai-Latte-Instantpulver nehme ich oft auch eine Teemischung oder Teebeutel. Dazu brühe ich den Tee mit 75 ml Wasser auf und gieße anschließend 75 ml Milch dazu.

Chai-Latte-Cupcakes

Für 12 Cupcakes
Formen: 12er-Muffinform,
24 Papierbackförmchen
Backzeit: 15–20 Min.

Cupcakes
150 ml Milch
25 g Chai-Latte-Instantpulver
1 Vanilleschote
220 g Weizenmehl
1 Prise Salz
1 TL Natron
1 TL Zimtpulver
1 TL Ingwerpulver
80 g weiche Butter
70 g Zucker
2 Eier

Topping
1 EL Butter
2 EL Zucker
½ TL Zimtpulver
1 Becher (150 g) griechischer Joghurt
12 Himbeeren

1. Den Backofen auf 180 °C Ober- und Unterhitze vorheizen. Die Mulden der Form mit je 2 ineinander gestellten bunten Papierbackförmchen auslegen.

2. Die Milch in einem Topf erwärmen und das Chai-Latte-Pulver darin auflösen. Die Vanilleschote längs aufschneiden, das Mark mit einem Messer herauskratzen und zur Milch geben.

3. Das Mehl mit Salz, Natron, Zimt und Ingwer in einer Rührschüssel vermischen.

4. Die Butter und den Zucker mit einem Handrührgerät mit Rührbesen cremig rühren. Die Eier nacheinander unterrühren.

5. Milch und Mehlmischung abwechselnd zur Buttermasse geben und nur so lange rühren, bis alle Zutaten feucht sind.

6. Den Teig in die Papierförmchen füllen und im Backofen auf dem Rost im unteren Drittel ca. 15–20 Min. backen. Mit einem Holzspieß prüfen, ob die Cupcakes durchgebacken sind. Dann herausnehmen und auf Kuchengittern leicht abkühlen lassen.

7. Die Butter schmelzen, Zucker und Zimt verrühren. Die noch warmen Cupcakes mit der geschmolzenen Butter einpinseln, in die Zimt-Zucker-Mischung drücken und vollständig auskühlen lassen. Vor dem Servieren jeweils einen Klecks Joghurt auf die Cupcakes geben und mit Himbeeren dekorieren.

Fruchtige Cupcakes

Für 8 Stück
Formen: 8 bunte ofenfeste Tassen
Backzeit: ca. 15–20 Min.

Teig
3 Eier
200 g Zucker
1 Päckchen Bourbon-vanillezucker
100 g Butter
100 ml Milch
200 g Weizenmehl
2 TL Backpulver
1 Prise Salz
Abrieb und Saft von 1 unbehandelten Zitrone
100 g frische oder tiefgefrorene Beeren (z. B. Heidelbeeren, Kirschen, getrocknete Cranberrys)

Creme
180 g Puderzucker
300 g Naturfrischkäse
unterschiedliche Lebensmittelfarbe oder Fruchtsirupe, nach Belieben

Außerdem
Butter und Weizenmehl für die Tassen
unterschiedliches Zuckerdekor, nach Belieben
frische Beeren, nach Belieben

1. Den Backofen auf 180 °C Ober- und Unterhitze vorheizen. Die Tassen gut buttern und mehlen, überschüssiges Mehl abklopfen.

2. Eier, Zucker und Vanillezucker mithilfe eines Handrührgeräts mit Rührbesen schaumig schlagen. Die Butter schmelzen, mit der Milch mischen und auf geringer Stufe unterrühren. Mehl, Backpulver, Salz, Zitronensaft und -abrieb zufügen und ebenfalls unterrühren.

3. Den Boden der Tassen mit Teig bedecken, die Beeren darauf verteilen und mit dem restlichen Teig zu ⅔ bedecken. Im Backofen auf dem Rost auf mittlerer Schiene ca. 15–20 Min. backen. Anschließend herausnehmen und abkühlen lassen.

4. Für die Creme Puderzucker und Frischkäse cremig rühren. Die Creme halbieren und nach Belieben unterschiedlich einfärben.

5. Eingefärbte Cremes dekorativ auf die ausgekühlten Cupcakes spritzen oder verstreichen. Nach Belieben mit Zuckerdekor und frischen Beeren garnieren.

Mein Tipp
Cupcakes findet man inzwischen nicht mehr nur in anglophilen Boutique-Cafés, hier das ursprüngliche Grundrezept für Tassenkuchen im wahrsten Wortsinn. Funktioniert natürlich auch mit einem Muffinblech oder in trendy Papierbackförmchen.

Espresso-Törtchen

Für ca. 36 Stück
Formen: Mini-Muffin-Papierbackförmchen oder
24er-Mini-Muffinform
Backzeit: ca. 10–15 Min.

Törtchen
1 ½ EL lösliches Kaffeepulver
100 g weiche Butter
200 g Zucker
3 Eier
170 g Weizenmehl
2 TL Backpulver
30 g gemahlene Haselnüsse

Zuckerguss
125 g Puderzucker
½ TL lösliches Kaffeepulver
ca. 36 Espresso-Schokobohnen

1. Den Backofen auf 160 °C Ober- und Unterhitze vorheizen. Je 2 Papierbackförmchen ineinander stellen oder die Mulden der Mini-Muffinform damit auslegen.

2. Das Kaffeepulver in 1 EL kochendem Wasser auflösen und mit Butter, Zucker, Eiern, Mehl, Backpulver und Haselnüssen mit einem Handrührgerät zu einem glatten Teig verrühren.

3. Den Teig in die Förmchen füllen und im Backofen auf einem Blech auf mittlerer Schiene ca. 10–15 Min. backen. Auskühlen lassen. Gegebenfalls den restlichen Teig in der Mini-Muffinform auf die gleiche Weise backen.

4. Für den Zuckerguss den Puderzucker mit Kaffeepulver und 3 EL heißem Wasser verrühren. Die abgekühlten Espresso-Törtchen damit verzieren und mit jeweils einer Schokobohne belegen. Den Guss trocknen lassen.

Mein Tipp
Besonders hübsch sehen die Törtchen aus, wenn man sie gleich in dickwandigen, ofenfesten Espressotassen backt und auch darin serviert.

Bubble Buns

Für ca. 20 Bubble Buns
Form: Muffinblech
Backzeit: ca. 15 Min.
Standzeit: ca. 60 Min.

Hefeteig
250 ml Milch
1 Würfel Hefe (42 g)
550 g Weizenmehl
75 g Zucker
1 Päckchen Bourbon-
vanillezucker
1 Ei
75 g Butter

Verzierung
100 g Puderzucker
ca. 3 EL Maracujasaft
bunte Zuckerperlen

Außerdem
Butter für die Form
Weizenmehl zum Bearbeiten
75 g Butter und ca. 150 g
brauner Zucker zum Wenden

1. Für den Hefeteig die Milch etwas erwärmen. Hefe hineinbröckeln und unter Rühren auflösen. Mehl, Zucker, Vanillezucker und Ei in einer Schüssel mischen. Die Hefemilch zugießen und mit den Knethaken des Handrührgerätes zu einem glatten Teig verarbeiten, dabei die Butter in Flöckchen unterkneten. Den Teig noch einige Minuten mit den Händen zu einem geschmeidigen Teig kneten und abgedeckt an einem warmen Ort ca. 45 Min. gehen lassen.

2. Den Backofen auf 200 °C Ober- und Unterhitze vorheizen. Die Mulden des Muffinblechs mit etwas Butter einfetten. Die restliche Butter schmelzen und den braunen Zucker in eine Schüssel geben.

3. Den Teig kurz durchkneten. Walnussgroße Stücke abzupfen und mit bemehlten Händen zu kleinen Kugeln formen. Erst in der flüssigen Butter, dann im braunen Zucker wenden. Je 3 Bällchen in die Mulden des Muffinblechs füllen.

4. Bubble Buns im Backofen ca. 15 Min. backen. Herausnehmen und in der Form ca. 15 Min. abkühlen lassen. Aus der Form stürzen und auskühlen lassen.

5. Für den Guss Puderzucker und Maracujasaft glatt rühren, über den Bubble Buns verteilen und mit den Zuckerperlen verzieren.

Kekse, Waffeln & Co. 77

Mein Tipp
Cronuts sind der neuste Trend aus dem Big Apple! Wie der Name schon sagt, besteht das hippe Gebäck wie Croissants aus einem Blätterteig, hat Rundungen wie ein Donut und wird auch wie dieser in Fett ausgebacken. Wer auf Cronuts mit Füllung steht, sollte seinen Lieblingspudding mit etwas weniger Flüssigkeit als auf der Packung angegeben zubereiten, abkühlen lassen, in einen Spritzbeutel mit spitzer Lochtülle geben und den Pudding rundherum in das Gebäck spritzen. Lecker!

Cronuts

Für ca. 10 Cronuts
Form: Ausstecher mit Lochaussparung (Ø 6 cm)
Backzeit: ca. 4 Min.

Cronuts
2 Packungen (à ca. 270 g) Blätterteig aus dem Kühlregal
Pflanzenöl zum Frittieren

Dekor
250 g Puderzucker
2 EL Zitronensaft
1–2 EL Wasser
Lebensmittelfarbe
Zuckerdekor, nach Belieben

Außerdem
Weizenmehl zum Bearbeiten

1. Den Teig entrollen und von der kurzen Seite her zur Mitte hin falten. Die gefaltete Seite noch einmal bis zur Mitte hin einschlagen. Das gleiche auf der anderen Seite wiederholen. Zum Schluss die beiden Seiten wie ein Buch zusammenklappen. Es sollten so 8 Teiglagen entstehen.

2. Mithilfe des Ausstechers möglichst viele Teigkreise ausstechen. Den restlichen Teig wieder wie oben angegeben falten, gegebenenfalls leicht mit Mehl bestäuben und mit einer Teigrolle vorsichtig ausrollen. Dann wieder Kreise ausstechen.

3. Ausreichend Pflanzenöl in einer Fritteuse oder – falls nicht vorhanden – in einem Topf zum Frittieren erhitzen. Um zu testen, ob das Öl heiß genug ist, einen Holzkochlöffelstiel oder einen Holzspieß in das Öl halten. Wenn sich daran kleine Bläschen bilden, ist die notwendige Temperatur erreicht. Für dieses Rezept sollte das Öl nicht zu heiß sein. Die Cronuts gehen nämlich am gleichmäßigsten bei 150 °C auf.

4. Die Teigkreise portionsweise im heißen Öl von jeder Seite ca. 2 Min. goldbraun frittieren und anschließend auf Küchenpapier abtropfen lassen.

5. Den Puderzucker mit Zitronensaft, Wasser und einigen Tropfen Lebensmittelfarbe zu einem zähflüssigen Guss verrühren. Die Cronuts auf der Oberfläche damit überziehen und nach Belieben mit Zuckerdekor bestreuen.

Wonderful Whoopies

Für ca. 35 Whoopies
Formen: Backbleche
Backzeit: ca. 8–10 Min.
Standzeit: ca. 60 Min.

Zutaten
100 g Butter
1 Ei
1 Eigelb
150 g Zucker
150 g Vanillejoghurt
50 ml Milch
200 g Weizenmehl
80 g Kakaopulver
1 gestrichener TL Natron
½ Glas (213 g) Marshmallow Fluff Vanille

1. Die Butter schmelzen und abkühlen lassen. Ei, Eigelb und Zucker in eine Rührschüssel geben und mit einem Handrührgerät mit Rührbesen verrühren, bis die Masse hell und cremig ist. Joghurt und Milch glatt rühren und zu der Ei-Zucker-Mischung geben. Die geschmolzene Butter zufügen und alles zu einer glatten Masse verrühren. Mehl, Kakaopulver und Natron mischen, sieben und portionsweise unter den Teig rühren.

2. Den Backofen auf 200 °C Ober- und Unterhitze vorheizen. Backbleche mit Backpapier belegen.

3. Den Teig in einen Spritzbeutel mit Lochtülle geben und ca. 70 kleine Tupfen auf die Bleche spritzen. Dazwischen etwas Abstand lassen, da sie beim Backen auseinanderlaufen.

4. Blechweise nacheinander im Backofen auf mittlerer Schiene je nach Größe der Tupfen ca. 8–10 Min. backen. Aus dem Ofen nehmen und auf dem Backpapier etwas abkühlen lassen, da die Whoopies noch weich sind. Dann vorsichtig vom Backpapier lösen und auf Kuchengittern vollständig auskühlen lassen.

5. Die Hälfte der Whoopies in der Mitte der glatten Unterseite mit etwas Marshmallow Fluff bestreichen, mit einem zweiten zusammensetzen und leicht andrücken. Entweder sofort genießen oder ca. 60 Min. kalt stellen, sonst fließt die Creme davon.

Mein Tipp
Whoopie ist einfach ein anderes Wort für „wow"! Dieses Gebäck ist fluffig weich, trotzdem herrlich keksig und der Teig ist ganz easy. Whoopies sind echt amerikanisch, mit Natron gebacken, in den USA heißt es übrigens „baking soda". Wann immer etwas mit Joghurt, Buttermilch oder Zitrone gebacken wird, kann ein bisschen Natron nicht schaden. Mit der Säure kann es gut arbeiten und der Teig geht richtig schön auf.

Kekse, Waffeln & Co. 81

Gefüllte Liebesknochen
mit Brombeersahne

Für ca. 12 Liebesknochen
Formen/Materialien: Backblech, Spritzbeutel, 1 große und 1 kleine Sterntülle
Backzeit: ca. 20–25 Min.

Brandteig
125 ml Milch
125 ml Wasser
1 TL Zucker
60 g Butter
2 Prisen Salz
200 g Weizenmehl
3 Eier

Brombeerfüllung
2 Blatt Gelatine
250 ml Sahne
Saft von 1 Zitrone
65 g Brombeerkonfitüre
65 g Zucker
1 Schale Brombeeren

1. Den Backofen auf 180 °C Ober- und Unterhitze vorheizen. Ein Backblech mit Backpapier auslegen.

2. Für den Brandteig Milch, Wasser, Zucker, Butter und Salz aufkochen, das Mehl unter ständigem Rühren zugeben und die Masse solange mit einem Kochlöffel rühren, bis sich der Teig als Kloß vom Topfboden löst. Dann den Teig in eine Schüssel geben, etwas abkühlen lassen und die Eier nacheinander mit den Knethaken des Handrührgerätes unterarbeiten, bis ein geschmeidiger Teig entsteht.

3. Den Teig in einen Spritzbeutel mit großer Sterntülle geben und Streifen auf das Backpapier spritzen. Die Liebesknochen im Backofen auf der mittleren Schiene ca. 20–25 Min. backen. Dann auf dem Blech auskühlen lassen.

4. Die Gelatine in kaltem Wasser einweichen. Die Sahne steif schlagen. In einem Topf den Zitronensaft erwärmen und die ausgedrückte Gelatine darin auflösen. Die Brombeerkonfitüre mit dem Zucker mischen, dann die Gelatine zügig unterrühren und etwas abkühlen lassen. Erst einen Teil der geschlagenen Sahne mit der Brombeermasse verrühren, danach die restliche Sahne vorsichtig unterheben. Brombeersahne in einen Spritzbeutel mit kleiner Sterntülle füllen und in den Kühlschrank legen.

5. Vor dem Servieren die Liebesknochen mit einem Brotmesser aufschneiden, die Brombeersahne gleichmäßig aufspritzen, die Brombeeren auf die Creme legen, die Hälften zuklappen und servieren.

Liebesknochen
mit Chili-Schoko-Creme

Für ca. 12 Stück
Form: Backblech
Backzeit: ca. 20–25 Min.

Brandteig
125 ml Milch
125 ml Wasser
1 TL Zucker
60 g Butter
2 Prisen Salz
200 g Weizenmehl
3 Eier

Chili-Schoko-Creme
150 g Zartbitterschokolade
1 TL Butter
1 rote Chilischote
200 ml Sahne
1 Päckchen Sahnesteif

Außerdem
einige Chilifäden,
nach Belieben

1. Den Backofen auf 180 °C Ober- und Unterhitze vorheizen. Ein Backblech mit Backpapier auslegen.

2. Für den Brandteig Milch, Wasser, Zucker, Butter und Salz in einem Topf aufkochen. Das Mehl auf ein Mal zugeben. Die Masse so lange mit einem Kochlöffel rühren, bis sich ein Kloß bildet und eine flaumige Schicht im Topf entsteht. Dann in einer Schüssel auskühlen lassen. Nach und nach die Eier mit einem Handrührgerät mit Knethaken unterkneten, bis eine glatte Masse entsteht.

3. Den Teig in einen Spritzbeutel mit großer Sterntülle geben. Ca. 12 cm lange Streifen im Abstand von ca. 4 cm auf das Backpapier spritzen. Die Liebesknochen im Backofen auf mittlerer Schiene ca. 20–25 Min. backen. Während der ersten 15 Min. der Backzeit die Backofentür nicht öffnen, da das Gebäck sonst zusammenfällt. Dann auf dem Blech auskühlen lassen.

4. Die Schokolade grob zerkleinern, mit der Butter in einem Wasserbad schmelzen und etwas abkühlen lassen. Etwas flüssige Schokolade für die Deko beiseitestellen. Chilischote waschen, Kerne und weiße Innenhäute entfernen und fein hacken. Sahne mit dem Sahnesteif steif schlagen. Vorsichtig mit der Chili unter die flüssige Schokolade heben.

5. Die Liebesknochen am besten mit einer Schere längs aufschneiden, das Unterteil mit der Chili-Schoko-Creme füllen und das Oberteil aufsetzen. Dekorativ mit der übrigen Schokolade besprenkeln und nach Belieben mit einigen Chilifäden belegen.

Mein Tipp
Der Brandteig für die Liebesknochen ist wirklich einfach und unkompliziert. Haben Sie keine Angst vor diesem Klassiker aus der Patisserie. Füllen Sie sie ganz nach Ihrem Geschmack. Sie können die Chilischote auch weglassen oder nehmen für die Creme z. B. Nougatschokolade.

Mein Tipp
Die Charlotte ist eine wahrhaft königliche Süßspeise. Sie gilt als Klassiker der englischen Küche und verzaubert mit einer Kombination aus knusprigem Biskuit und süßer Creme. Die Charlotte lässt sich herrlich gut abwandeln, so kann man die Löffelbiskuits durch Waffelröllchen ersetzen, die Creme mit etwas Alkohol beschwipsen oder die Charlotte mit Früchten der Saison garnieren – unbedingt ausprobieren!

Mini-Veilchen-Charlottes

Für 10 Charlottes
Formen/Materialien:
10 Metallringe (ca. 8 cm Ø),
Schleifenband
Standzeit: ca. 3–4 Std.

Zutaten
8 Blatt Gelatine
Saft von 1 Zitrone
500 g Crème fraîche
400 g Speisequark
100 g Zucker
4–5 EL Veilchensirup
200 ml Sahne
ca. 80 Löffelbiskuits

Außerdem
kandierte Veilchenblüten
und Zuckerveilchenblüten
zum Verzieren

1. Ein flaches Blech mit Frischhaltefolie überziehen und die Metallringe auf das Blech stellen.

2. Die Gelatine in kaltem Wasser einweichen. Den Zitronensaft in einem Topf erwärmen, den Topf von der Herdplatte nehmen, die ausgedrückte Gelatine darin auflösen und etwas abkühlen lassen. Crème fraîche, Quark und Zucker mit den Rührbesen des Handrührgerätes ca. 3–4 Min. aufschlagen, dann den Veilchensirup einrühren. Erst einen Teil der Creme mit der Gelatine verrühren, danach alles unter die Creme ziehen. Sahne steif schlagen und unter die Creme heben.

3. Die Löffelbiskuits nebeneinander in die Metallringe stellen, die Creme einfüllen und die Charlottes im Kühlschrank ca. 3–4 Std. kalt stellen, bis die Creme fest geworden ist. Dann die Metallringe vorsichtig abziehen und die Charlottes mit Schleifenband, kandierten Veilchenblüten und Zuckerveilchenblüten verzieren.

Buttermilch-Waffeln

Für ca. 8 Stück
Form: Waffeleisen

Kompott
250 g Mirabellen
250 g Zwetschgen
1 Vanilleschote
60 g Zucker
1 TL Zitronensaft
Mirabellenbrand,
nach Belieben

Waffeln
100 g weiche Butter
100 g Zucker
4 Eier
150 ml Eierlikör
250 ml Buttermilch
375 g Weizenmehl
½ Päckchen Natron

Außerdem
Pflanzenöl zum Einfetten

1. Für das Kompott die Früchte waschen. Die Mirabellen ganz lassen. Die Zwetschgen halbieren, die Steine entfernen und vierteln. Die Vanilleschote längs halbieren.

2. Die Früchte mit Zucker, Vanilleschote und Zitronensaft einmal aufkochen, dann bei geringer Temperatur ca. 2–3 Min. ziehen lassen. Nach Geschmack mit einem Schuss Mirabellenbrand verfeinern. Das Kompott nach Belieben warm halten oder auskühlen lassen.

3. Für die Waffeln die Butter und den Zucker mit den Rührbesen eines Handrührgeräts schaumig schlagen. Eier sowie Eierlikör nacheinander unterrühren und die Buttermilch zugießen. Das Mehl mit dem Natron mischen und untermengen.

4. Das Waffeleisen vorheizen, mit etwas Öl bepinseln und die Waffeln nacheinander darin ausbacken.

5. Die Waffeln noch warm oder auch kalt mit dem Kompott genießen.

Mein Tipp
Wer keine Buttermilch im Haus hat, kann normale Milch mit Naturjoghurt im Verhältnis 1:1 mischen und sie so ersetzen.

Kürbiswaffeln
mit Zimt und Ingwer

Für ca. 12 Waffeln
Form: Waffeleisen

Zutaten
250 g Hokkaidokürbis
4 Eier
1 Prise Salz
125 g weiche Butter
100 g Zucker
1 TL Bourbonvanillezucker
je ½ TL Zimt und Ingwerpulver
125 ml Sahne
125 ml Mineralwasser
250 g Weizenmehl
je ½ TL Backpulver und Natron

Außerdem
Butter für das Waffeleisen
Puderzucker zum Bestäuben

1. Den Kürbis waschen, vierteln und mit einem Löffel Kerne und Fasern entfernen. Die Viertel auf einer Reibe fein raspeln und zur Seite stellen.

2. Die Eier trennen, die Eiweiße mit dem Salz steif schlagen und beiseitestellen.

3. Eigelbe mit Butter, Zucker, Vanillezucker und den Gewürzen schaumig schlagen, dann die Kürbisraspel untermischen. Sahne und Mineralwasser verrühren und mit Mehl, Backpulver, Natron und der Eiermasse zu einem glatten Teig verrühren. Zum Schluss vorsichtig den Eischnee unterheben.

4. Das Waffeleisen vorheizen, mit Butter einfetten und den Teig zu Waffeln ausbacken. Die lauwarmen Waffeln mit Puderzucker bestäuben und direkt genießen.

Mein Tipp
Außerhalb der Kürbissaison bereite ich die Waffeln gerne mit der gleichen Menge geraspelter Möhren zu. Wer es gerne fruchtig mag, ersetzt die Hälfte der Möhren durch geraspelte Äpfel.
Richtig lecker schmeckt dazu noch eine Quark-Creme mit gerösteten Nüssen. Dafür 500 g Quark mit 1 Päckchen Bourbonvanillezucker und 3 EL Orangensaft glatt rühren. Nach Belieben gehackte Mandeln oder Haselnüsse in einer Pfanne ohne Fett rösten und unter die Quarkcreme heben. Mit etwas Honig abschmecken und zu den Waffeln reichen. Zum Reinbeißen!

Keltische Brioche
mit Nussfüllung

Für 3 Stück
Zubehör: Dampfgarer, Dampfgarerblech
Backzeit: ca. 25 Min.
Standzeit: ca. 40 Min.

Teig
350 g Weizenmehl
1 Päckchen Trockenhefe
50 g Zucker
150 ml lauwarme Milch
1 Päckchen Bourbonvanillezucker
1 Prise Salz
1 Prise Kardamompulver
2 Eigelb
80 g weiche Butter

Nussfüllung
50 g weiche Marzipanrohmasse
30 g Zucker
1 Prise Zimtpulver
2 Eiweiß
60 g gemahlene Haselnüsse

Außerdem
Butter zum Einfetten
Weizenmehl zum Bearbeiten
50 ml Kondensmilch
Puderzucker zum Bestäuben

1. Für den Teig 150 g Weizenmehl, Hefe und den Zucker vermischen. Die lauwarme Milch zugießen und alles gut miteinander verrühren. Das Ganze ca. 10 Min. stehen lassen.
Das restliche Mehl mit dem Vanillezucker, dem Salz und dem Kardamom in die Rührschüssel einer Küchenmaschine geben. Die Eigelbe und die Hefe-Zuckermischung zugeben und alles gut verkneten. Dann die Butter unterkneten und den Teig ca. 10 Min. kneten. Anschließend abgedeckt an einem warmen Ort ca. 30 Min. gehen lassen, bis sich sein Volumen deutlich vergrößert hat.

2. Für die Nussfüllung alle Zutaten miteinander verrühren und beiseitestellen. Das Blech des Dampfgarers mit Butter einfetten.

3. Den aufgegangenen Teig auf einer leicht bemehlten Arbeitsfläche noch einmal kurz durchkneten und in drei Portionen teilen. Die Portionen nacheinander ausrollen und jeweils 12 Kreise mit einem Durchmesser von ca. 5 cm ausstechen.

4. Immer 3 Kreise leicht überlappend in eine Reihe legen und an den überlappenden Kanten andrücken. Mittig etwas Nussfüllung darauf geben und aufrollen. Die Rolle in der Mitte durchschneiden, sodass kleine Röschen entstehen. Jeweils 7 Röschen dicht nebeneinander auf dem Blech anordnen, eventuell die Ränder leicht auseinanderdrücken.

5. Die Brioche mit Kondensmilch bestreichen und nochmals ca. 10 Min. gehen lassen. Im Dampfgarer bei 160 °C und 30 % Feuchtigkeit ca. 25 Min. garen. Herausnehmen, auskühlen lassen und kurz vor dem Servieren mit Puderzucker bestäuben.

Mein Tipp
Wer keinen Dampfgarer besitzt, kann die Brioche auch auf einem Backblech im vorgeheizten Backofen bei 160 °C Ober- und Unterhitze ca. 25 Min. backen.
Die Brioches schmecken auch toll ohne die Nussfüllung, ganz pur und dann bestrichen mit Butter und selbst gemachter Konfitüre.

Kekse, Waffeln & Co. 89

Klassiker

Klassiker

Zwetschgenkuchen

Für 2 Kuchen
Formen: runde Backbleche
(Ø 28 cm)
Backzeit: ca. 45 Min.
Standzeit: ca. 70 Min.

Hefeteig
500 g Weizenmehl
1 Würfel Hefe (42 g)
250 ml lauwarme Milch
80 g Zucker
1 Prise Salz
2 Eier
100 g weiche Butter
2 TL Bourbonvanillezucker
1 TL unbehandelter Zitronenabrieb

Belag
4 EL Semmelbrösel
2 kg Zwetschgen
½ TL Zimtpulver
6 EL Zucker

Außerdem
Butter für die Backbleche
Weizenmehl zum Bearbeiten

1. Für den Hefeteig Mehl in eine große Schüssel geben, eine Mulde hineindrücken und die Hefe hineinbröckeln. Die restlichen Zutaten hinzufügen und mit einem Handrührgerät mit Knethaken oder mit einer Küchenmaschine zu einem glatten Teig verkneten.

2. Den Teig abgedeckt an einem warmen Ort ca. 60 Min. gehen lassen, bis sich das Teigvolumen sichtbar vergrößert hat.

3. Den Backofen auf 180 °C Ober- und Unterhitze vorheizen. Zwei runde Backbleche mit Butter einfetten. Den Teig auf einer leicht bemehlten Arbeitsfläche noch einmal gut durchkneten, halbieren und dann jeweils in Größe des Backblechs rund ausrollen. Mit einem Tuch abdecken und erneut ca. 10 Min. gehen lassen. Den Teig mit den Semmelbröseln bestreuen.

4. Die Zwetschgen waschen, halbieren und entsteinen. Die halben Früchte mit der runden Seite nach unten dicht nebeneinander auf die Teigfläche setzen. Zimt und Zucker vermischen, über das Obst streuen und die Kuchen nacheinander im Backofen auf dem Rost auf mittlerer Schiene ca. 45 Min. backen. Herausnehmen und auskühlen lassen.

Mein Tipp
Bei der Hefe etwas vorsichtig sein, denn bekommt Sie zu viel Hitze, verliert sie ihre Triebkraft und der Hefeteig kann nicht aufgehen. Also die Milch nur leicht erwärmen, so kann nichts schiefgehen.

Linzer Torte

Für 8 Tortenstücke
Form: Springform (Ø 24 cm)
Backzeit: ca. 40 Min.
Standzeit: ca. 60 Min.

Zutaten
175 g weiche Butter
200 g Zucker
200 g geröstete gemahlene Haselnüsse
300 g Weizenmehl
1 TL Backpulver
1 Ei
1 EL Zimtpulver
1 Msp. Nelkenpulver
1 EL Kakaopulver
4 EL Milch
3 EL Kirschwasser
2 EL Sonnenblumenöl
150 g Himbeerkonfitüre
1 Eigelb

Außerdem
Butter für die Form
Weizenmehl zum Bearbeiten

1. Butter, Zucker, Nüsse, Mehl, Backpulver, Ei, Gewürze, Kakao, 3 EL Milch, Kirschwasser und Öl zu einem geschmeidigen Teig verarbeiten. Zu einer Kugel formen, in Frischhaltefolie wickeln und ca. 60 Min. kalt stellen.

2. Den Backofen auf 170 °C Ober- und Unterhitze vorheizen. Die Springform mit Butter einfetten.

3. Den Teig auf einer leicht bemehlten Arbeitsfläche kurz durchkneten. ⅔ rund etwas größer als die Springform ausrollen und so in die Form legen, dass auch der Rand zur Hälfte bedeckt ist. Die Konfitüre darauf verstreichen.

4. Den restlichen Teig ausrollen, mit einem Messer in ca. 1,5 cm breite Streifen schneiden und als Gitter auf die Konfitüre legen.

5. Das Eigelb mit der restlichen Milch verrühren, das Gitter damit bestreichen und die Torte im Backofen ca. 40 Min. backen.

Mein Tipp
Haselnüsse und Himbeerkonfitüre – der Kaffeetafelklassiker. Aus diesem Teig lassen sich auch Mini-Linzer-Törtchen backen. Dafür eine 12er-Muffinform einfetten, den Teig ausrollen, in der Größe der Mulden auslegen und einen kleinen Rand formen. Die Backzeit beträgt dann nur ca. 20 Minuten lang.

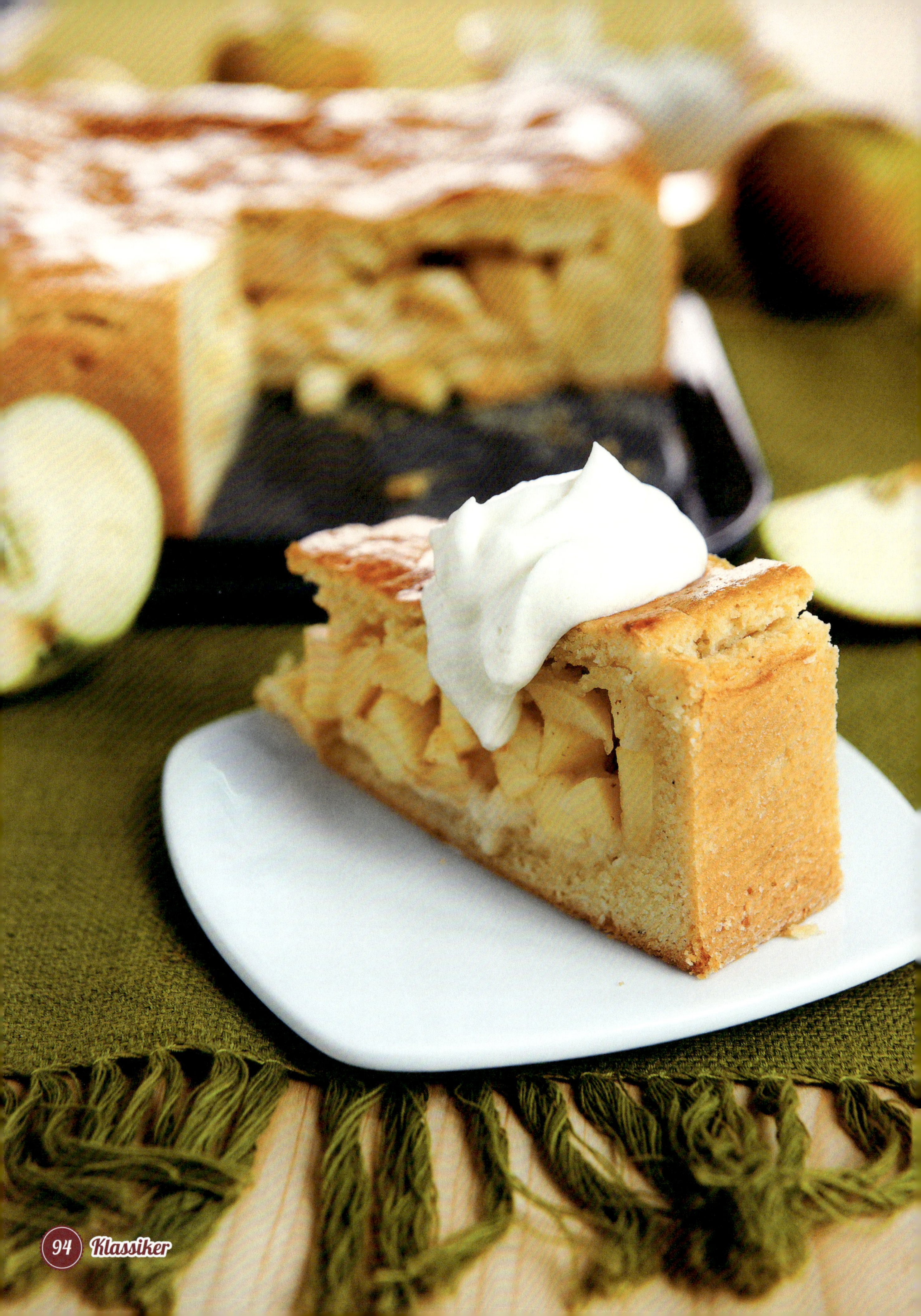

Gedeckter Apfelkuchen

Für 12 Kuchenstücke
Form: quadratische Springform (24 cm)
Backzeit: ca. 35 Min.
Standzeit: ca. 60 Min.

Teig
300 g weiche Butter
200 g Zucker
2 TL Bourbonvanillezucker
½ TL Zitronenabrieb
2 Eier
4 EL Milch
600 g Weizenmehl
1 gestrichener EL Backpulver

Belag
8 Äpfel (z. B. Boskop)
Saft von 1 Zitrone
3–4 EL Zucker
½ TL Zimtpulver

Außerdem
Butter und Weizenmehl für die Form
Weizenmehl zum Bearbeiten
1 Ei zum Bestreichen

1. Aus den angegebenen Zutaten mit einem Handrührgerät mit Knethaken einen glatten Teig kneten. Zu einer Kugel formen, in Frischhaltefolie wickeln und mindestens 60 Min. kalt stellen.

2. Den Backofen auf 180 °C Ober- und Unterhitze vorheizen. Die quadratische Springform mit Butter einfetten und mit Mehl bestäuben, überschüssiges Mehl dabei abklopfen.

3. Äpfel schälen, Kerngehäuse entfernen, in grobe Würfel schneiden und mit Zitronensaft beträufeln, damit sie nicht braun werden. Mit Zucker und Zimt bestreuen und ca. 30 Min. ziehen lassen.

4. ⅔ des Teigs auf einer leicht bemehlten Arbeitsfläche etwas größer als die Form ausrollen, in die Form geben und andrücken sowie einen Rand von ca. 2,5 cm formen. Den restlichen Teig nochmals kurz kalt legen. Die Apfelspalten nicht ganz bis zum Rand auf dem Teig verteilen.

5. Den restlichen Teig ebenfalls auf der leicht bemehlten Arbeitsfläche ausrollen, auf die Äpfel legen und leicht andrücken. Den Kuchen mit dem verquirlten Ei bestreichen und mit einer Gabel einstechen. Im Backofen auf mittlerer Schiene ca. 35 Min. backen. Anschließend auf einem Kuchengitter auskühlen lassen und aus der Form lösen.

Mein Tipp
Aber bitte mit Sahne! Peppen Sie den ultimativen Klassiker Apfelkuchen mit einer fluffig-gerührten Sahne auf, der Sie ganz nach Lust und Geschmack noch Vanillezucker, Zimt- oder Kakaopulver zufügen.

Apfelkuchen mit Amarettostreuseln

Für 2 Kuchen
Formen:
runde Backbleche (Ø 28 cm)
Backzeit: ca. 30 Min.
Standzeit: ca. 60 Min.

Hefeteig
1 Würfel Hefe (42 g)
250 ml lauwarme Milch
500 g Weizenmehl
60 g Zucker
1 Prise Salz
2 Eier
50 g weiche Butter

Belag
1 kg Äpfel (z. B. Boskop)
3 EL Zitronensaft
100 g Amarettini

Streusel
100 g weiche Butter
100 g Zucker
1 Päckchen Bourbon-vanillezucker
200 g Weizenmehl
1–2 EL Amaretto

Außerdem
Butter für die Form
Weizenmehl zum Bearbeiten

1. Für den Hefeteig die Hefe in der lauwarmen Milch auflösen. Das Mehl in eine Schüssel geben und die restlichen Zutaten zufügen. Alles mit einer Küchenmaschine zu einem glatten Teig verkneten. Abgedeckt an einem warmen Ort ca. 60 Min. gehen lassen, bis sich das Volumen deutlich vergrößert hat.

2. Die Bleche mit Butter fetten. Den Teig auf einer leicht bemehlten Arbeitsfläche noch einmal gut durchkneten, halbieren, dann auf Blechgröße rund ausrollen und auf die Backbleche legen.

3. Für den Belag die Äpfel schälen, vierteln, Kerngehäuse entfernen und in Spalten schneiden. Mit Zitronensaft beträufeln, damit sie nicht braun werden. Die Amarettini in einen Gefrierbeutel geben, verschließen und mit einer Teigrolle zerbröseln.

4. Für die Streusel alle Zutaten in die Rührschüssel geben und in der Küchenmaschine zu Streuseln verkneten. Den Backofen auf 180 °C Ober- und Unterhitze vorheizen.

5. Die Hefeteige erst mit den Amarettini-Bröseln gleichmäßig bestreuen, anschließend dicht mit Apfelspalten belegen. Die Streusel gleichmäßig auf den Apfelspalten verteilen. Die Kuchen nacheinander auf dem Rost im unteren Drittel ca. 30 Min. backen. Herausnehmen, auskühlen lassen und noch am selben Tag genießen.

Mein Tipp
Das sind Streusel deluxe - Streusel mit Mandellikör und Brösel von kleinen, runden, zerkleinerten Amaretto-Keksen. Wer Amarettini nicht mag, kann auch den Hefeteigboden mit einer Zimt-Zucker-Mischung bestreuen und noch in Rum eingelegte Rosinen auf den Äpfeln verteilen.

Klassiker

Mein Tipp
Diesen Schmandkuchen kann man ganz einfach variieren. Probieren Sie anstatt der Birnen Aprikosen oder Pfirsiche aus der Dose. Eine ganz andere Note bekommt der Kuchen, wenn Sie Schokoladenpuddingpulver verwenden.

Schmandkuchen
mit Birnen

Für 12 Stücke
Form: Springform (Ø 26 cm)
Backzeit: ca. 60 Min.
Standzeit: ca. 60 Min.

Mürbeteig
150 g weiche Butter
100 g Zucker
1 Ei
150 g Weizenmehl
100 g gemahlene Mandeln

Belag
2 EL rotes Johannisbeergelee
1 Dose (850 g) Birnen
500 g Schichtkäse
400 g Schmand
4 Eier
100 g Zucker
1 EL Zitronensaft
1 Päckchen Bourbon-vanillepuddingpulver

Außerdem
Butter für die Form
Weizenmehl zum Bearbeiten

1. Für den Mürbeteig alle Zutaten in eine Schüssel geben und mit einem Handrührgerät mit Knethaken zu einem glatten Teig verkneten. Zu einer Kugel formen, in Frischhaltefolie wickeln und ca. 60 Min. kühl stellen.

2. Den Backofen auf 180 °C Ober- und Unterhitze vorheizen und die Springform mit Butter fetten. ⅔ des Teigs auf dem Springformboden ausrollen. Das restliche Drittel auf einer leicht bemehlten Arbeitsfläche zu einer ca. 26 cm langen Rolle formen und zu einer Schnecke aufrollen. Die Teigschnecke innen am Rand der Springform entlang rollen und mit den Fingern andrücken, sodass ein Rand entsteht.

3. Den Teig mit rotem Johannisbeergelee bestreichen und die abgetropften Birnenhälften mit der gewölbten Seite nach oben daraufgeben. Schichtkäse, Schmand, Eier, Zucker, Zitronensaft und Puddingpulver zu einer glatten Masse verrühren, auf die Birnenhälften gießen und glatt streichen. Im Backofen auf dem Rost im unteren Drittel ca. 60 Min. backen. Herausnehmen, auskühlen lassen und aus der Form lösen.

Käsekuchen ohne Boden

Für 12 Stücke
Form: Springform (Ø 26 cm)
Backzeit: ca. 50 Min.

Zutaten
150 g weiche Butter
200 g Zucker
4 Eier
1 Päckchen Bourbonvanillezucker
6 EL feiner Grieß
500 g Magerquark
500 g Naturfrischkäse

Außerdem
Butter für die Form

1. Den Backofen auf 180 °C Ober- und Unterhitze vorheizen. Die Springform mit Butter einfetten.

2. Butter und Zucker mit einem Handrührgerät mit Rührbesen verrühren. Nach und nach die Eier unterrühren. Den Vanillezucker mit Grieß, Quark und Frischkäse unter die Eischaummasse rühren.

3. Die Masse in die Springform füllen und im Backofen auf dem Rost auf mittlerer Schiene ca. 50 Min. backen. Kuchen herausholen, auf einem Kuchengitter vollständig auskühlen lassen und aus der Form lösen.

Mein Tipp
Schnell und so einfach - wer braucht schon einen Boden, wenn die Füllung so lecker ist? Der Käsekuchen ohne Boden ist eine badische Spezialität, wunderbar luftig und erinnert, wenn er besonders gut gelingt, an die Leichtigkeit eines Soufflés. Nach dem Backen lohnt es sich, den Käsekuchen im geöffneten Backofen so lange ruhen zu lassen, bis er nur noch lauwarm ist. Erst beim Abkühlen wird der Kuchen ohne Boden richtig schnittfest.

Russischer Zupfkuchen

Für 12 Kuchenstücke
Form: Springform (Ø 26 cm)
Backzeit: ca. 55–60 Min.
Standzeit: ca. 60 Min.

Mürbeteig
375 g Weizenmehl
40 g Kakaopulver
3 gestrichene TL Backpulver
200 g Zucker
1 Päckchen Bourbon-vanillezucker
1 Ei
200 g weiche Butter

Füllung
500 g Magerquark
200 g Zucker
1 Päckchen Bourbon-vanillezucker
3 Eier
1 Päckchen Vanillepuddingpulver
250 g flüssige Butter

Außerdem
Butter für die Form
Weizenmehl zum Bearbeiten

1. Für den Mürbeteig Mehl, Kakaopulver und Backpulver in eine Rührschüssel geben und mischen. Die übrigen Zutaten für den Teig hinzufügen und mit einem Handrührgerät mit Knethaken zu einem glatten Teig verkneten. Zu einer Kugel formen, in Frischhaltefolie wickeln und ca. 60 Min. in den Kühlschrank legen.

2. Backofen auf 180 °C Ober- und Unterhitze vorheizen. Die Springform mit Butter einfetten. Etwa die Hälfte des Teigs auf dem Springformboden ausrollen. Vom übrigen Teig knapp die Hälfte zu einer langen Rolle formen, als Rand auf den Teigboden legen und so an die Form drücken, dass ein etwa 2 cm hoher Rand entsteht. Den restlichen Teig bis zur Fertigstellung wieder kalt legen.

3. Für die Füllung sämtliche Zutaten mit einem Schneebesen zu einer cremigen Masse verrühren. Die Quarkmasse in die Springform füllen und glatt streichen. Restlichen Teig auf einer leicht bemehlten Arbeitsfläche nicht zu dünn ausrollen, in kleine Stücke zupfen und auf der Füllung verteilen. Im Backofen auf dem Rost auf mittlerer Schiene ca. 55–60 Min. backen, danach in der Form auf einem Kuchenrost erkalten lassen.

Mein Tipp
Den russischen Zupfkuchen kann man auch umgekehrt zubereiten: Den Mürbeteig ohne Kakaopulver herstellen und die Füllung mit Schokoladenpuddingpulver anrühren.

Obstkuchen

Für 12 Stücke
Form: Springform (Ø 26 cm)
Backzeit: ca. 30 Min.

Biskuitboden
6 Eier
6 EL heißes Wasser
150 g Zucker
40 g flüssige Butter
160 g Weizenmehl

Belag
500 g gemischtes Obst
150 g weiche Marzipan-rohmasse
50 ml Orangensaft
1 Spritzer Zitronensaft
1 Päckchen klarer Tortenguss

Außerdem
Butter für die Form
50 g gehackte Pistazien

1. Den Backofen auf 180 °C Ober- und Unterhitze vorheizen. Den Springformboden mit Backpapier auslegen.

2. Die Eier mit heißem Wasser in einer Küchenmaschine auf höchster Stufe 1 Min. schaumig schlagen. Zucker unter Rühren einrieseln lassen und die Masse weitere 2 Min. schlagen. Anschließend die Butter unterrühren. Das Mehl nur kurz auf niedrigster Stufe unterrühren. Den Teig in die Form füllen und glatt streichen. Die Springform auf dem Rost im unteren Drittel in den Backofen schieben und den Teig ca. 30 Min. backen.

3. Das Obst waschen, putzen, gegebenenfalls schälen bzw. entsteinen und in mundgerechte Spalten oder Stücke schneiden. In einer kleinen Schüssel Marzipanrohmasse, Orangen- und Zitronensaft mit einer Gabel zu einer streichfähigen Masse zerdrücken.

4. Den Biskuitboden auf einem Kuchengitter kurz stehen lassen, aus der Form lösen, stürzen, Backpapier abziehen und vollständig auskühlen lassen. Falls notwendig etwas gerade schneiden und mit der Marzipanmasse bestreichen. Den Boden mit den Früchten belegen.

5. Den Tortenguss nach Packungsanleitung anrühren und die Früchte mit etwa ⅔ davon abglänzen. Den restlichen Guss auf dem Kuchenrand verstreichen und mit den Pistazien dekorieren.

Mein Tipp
Spielen Sie doch mal mit der Form Ihrer Kuchen. Ein in einer herzförmigen Springform gebackener Biskuitboden ist eine super Überraschung für Ihre Liebsten oder ein rührendes Muttertagsgeschenk.

Erdbeer-Biskuit-Herz

Für ca. 8 Kuchenstücke
Form: Herz-Springform
(Ø 26 cm)
Backzeit: ca. 20–25 Min.
Standzeit: ca. 30 Min.

Biskuitteig
3 Eier
100 g Zucker
1 Prise Salz
75 g Weizenmehl
25 g Speisestärke
1 TL Backpulver

Belag
1 Päckchen backfeste Puddingcreme
500 g Erdbeeren
1 Päckchen roter Tortenguss mit Erdbeergeschmack

1. Den Backofen auf 180 °C Ober- und Unterhitze vorheizen. Den Boden der Herz-Springform mit Backpapier auslegen.

2. Für den Biskuit die Eier mit den Rührbesen des Handrührgerätes auf höchster Stufe ca. 1 Min. cremig rühren. Nach und nach Zucker und Salz zufügen und einige Minuten schaumig schlagen. Mehl, Speisestärke und Backpulver mischen und unterheben. Den Teig in die Form füllen, glatt streichen und im Backofen ca. 20–25 Min. backen. Den Kuchen aus dem Backofen nehmen, vom Rand lösen, auf ein Kuchengitter stürzen und auskühlen lassen. Dann das Backpapier abziehen.

3. Die Puddingcreme nach Packungsanweisung zubereiten und auf den Biskuitboden streichen.

4. Die Erdbeeren waschen, trocken tupfen und halbieren. Den Kuchen mit den Erdbeeren belegen.

5. Den Tortenguss nach Packungsanweisung zubereiten und auf den Erdbeeren verteilen. Den Kuchen vor dem Servieren mindestens 30 Min. kühl stellen.

Lemonies

Für ca. 20 Kuchenstücke
Form: Herz-Springform
(Ø 26 cm)
Backzeit: ca. 20–25 Min.

Teig
200 g weiche Butter
120 g Zucker
1 Prise Salz
3 Eier
180 g Weizenmehl
1 TL Backpulver
Abrieb von 2 unbehandelten Zitronen
Saft von 1 Zitrone

Glasur
100 g Puderzucker
1 EL Zitronensaft

Außerdem
Butter und Weizenmehl für die Form

1. Den Backofen auf 180 °C Ober- und Unterhitze vorheizen. Die Form mit Butter einfetten und mit Mehl bestäuben, überschüssiges Mehl abklopfen.

2. Für den Teig Butter, Zucker und Salz mit den Rührbesen eines Handrührgeräts schaumig schlagen. Nacheinander die Eier zugeben. Mehl, Backpulver und die Hälfte des Zitronenabriebs mischen, dann zusammen mit dem Zitronensaft unter den Teig rühren. Den Teig in die Springform füllen und glatt streichen. Im Backofen auf dem Rost im unteren Drittel ca. 20–25 Min. backen. Anschließend herausnehmen und auf einem Kuchengitter auskühlen lassen.

3. Für die Glasur Puderzucker mit dem Zitronensaft verrühren, gleichmäßig auf dem Kuchen verteilen, mit restlichem Zitronenabrieb bestreuen und fest werden lassen.

Mein Tipp
Lemonies sind die saftig-zitronigen Geschwister von Brownies oder Blondies. Der softe Kuchen mit süßer Glasur ist einfach gemacht und duftet dazu noch unwiderstehlich nach Sommer und Süden.

Klassiker

Mein Tipp
Mut zur Farbe! Die etwas altbackene Schwarzwälder Torte im neuen, pinken Gewand. Das Durchschneiden des Bodens geht einfacher, wenn man ihn zunächst ca. 1 cm tief ringsum einschneidet und dann mit einem Küchenfaden gleichmäßig ziehend den Boden teilt.

Schwarzwälder Kirschtorte

Für 16 Tortenstücke
Formen:
Springform (Ø 28 cm),
Tortenring
Backzeit: ca. 25 Min.
Standzeit: ca. 2 Std.

Biskuitmasse
150 g Weizenmehl
20 g Kakaopulver
6 Eier
150 g Zucker
2 EL Wasser
20 g flüssige Butter

Kirschkompott
1 Glas (720 ml)
Schattenmorellen
25 g Speisestärke
50 g Zucker

Sahnecreme
3 Blatt Gelatine
300 ml Sahne
50 g Zucker
rote Lebensmittelfarbe
2 EL Kirschwasser

Außerdem
3 EL Kirschwasser
1 EL Puderzucker
200 ml Sahne
rote Lebensmittelfarbe
16 frische Kirschen oder
Amarenakirschen
100 g Schokoladenraspel
Dekokügelchen

1. Den Backofen auf 180 °C Ober- und Unterhitze vorheizen. Den Boden der Springform mit Backpapier auslegen.

2. Mehl und Kakaopulver mischen und sieben. Eier trennen. Eiweiße und 50 g Zucker mit einem Handrührgerät zu Schnee schlagen. Eigelbe mit restlichem Zucker schaumig aufschlagen. Maximal ein Drittel des Eischnees mit einem Teigschaber unter die Eigelbmasse rühren. Den Rest im Wechsel mit der Mehl-Kakao-Mischung vorsichtig unterheben. Zum Schluss Wasser sowie flüssige Butter einrühren. Den Teig in die Form füllen und auf dem Rost auf mittlerer Schiene ca. 25 Min. backen. Aus der Form lösen, stürzen, Backpapier abziehen und vollständig auskühlen lassen. Den Boden einmal quer durchschneiden, sodass zwei Tortenböden entstehen.

3. Kirschen in einem Sieb abtropfen lassen, Saft auffangen und 150 ml davon abmessen. Speisestärke mit Zucker sowie 50 ml Kirschsaft anrühren und unter ständigem Rühren mit einem Schneebesen aufkochen, bis der Guss klar wird. Von der Kochstelle nehmen, Kirschen vorsichtig unterheben und zur Seite stellen.

4. Gelatine ca. 10 Min. in kaltem Wasser einweichen. Sahne mit einem Handrührgerät leicht aufschlagen, Zucker zugeben und weiterschlagen, bis sie leicht fest ist. Gelatine ausdrücken, vorsichtig erwärmen und unter Rühren auflösen. Einige Tropfen Lebensmittelfarbe, Kirschwasser und 1 EL Sahne unterrühren und unter die restliche geschlagene Sahne heben.

5. Einen Tortenring um eine der beiden Bodenhälften legen und mit Kirschkompott bedecken. Den zweiten Biskuit darauf legen und leicht andrücken. Restlichen Kirschsaft mit Kirschwasser und Puderzucker glatt rühren und den Boden damit tränken. Die Sahnecreme mit Kirschwasser darübergeben und glatt streichen. Die Torte für mindestens 2 Std. kalt stellen. Anschließend aus dem Ring lösen.

6. Sahne mit einigen Tropfen Lebensmittelfarbe aufschlagen und den Tortenrand damit einstreichen. Zum Schluss mit Schokoraspeln, Sahnetupfen, Kirschen und Dekokügelchen verzieren.

Tassenkuchen vom Blech

Für 1 Backblech
Form: tiefes Backblech
Backzeit: ca. 20 Min.

Rührteig
3 Eier
2 Tassen Zucker
2 Tassen Buttermilch
4 Tassen Mehl
1 Päckchen Backpulver

Belag
1 Glas Kirschen (370 ml)
2 Tassen Mandelblättchen
½ Tasse Zucker
2 Tassen Sahne

Außerdem
Butter für die Form

1. Den Backofen auf 200 °C Ober- und Unterhitze vorheizen. Das Backblech mit Butter einfetten.

2. Für den Teig alle Zutaten mit den Rührbesen des Handrührgerätes zu einem glatten Teig verrühren. Den Teig auf das Backblech geben und glatt streichen.

3. Die Kirschen in einem Sieb abtropfen lassen und auf dem Teig verteilen. Die Mandelblättchen mit dem Zucker mischen und über die Kirschen streuen. Den Kuchen im Backofen ca. 20 Min. backen, herausnehmen und die Sahne über den heißen Kuchen gießen.

4. Den Kuchen vor dem Servieren abkühlen lassen, in Stücke schneiden und sofort servieren.

Mein Tipp
In der Saison nehme ich auch gerne frische Kirschen, am liebsten selbst gepflückt. Das Entsteinen ist zwar eine Menge Arbeit, aber es lohnt sich, versprochen!

Prasselkuchen

Für 15 Stücke
Form: Backblech
Backzeit: ca. 8–9 Min.

Streuselmasse
150 g weiche Butter
150 g Zucker
1 TL Zitronenabrieb
1 TL Bourbonvanillezucker
1 Prise Salz
300 g Weizenmehl

Blätterteig
1 Packung (270 g) Blätterteig aus dem Kühlregal

Außerdem
1 Ei zum Bestreichen
150 ml Sahne
1 Päckchen Bourbonvanillezucker

1. Für die Streuselmasse sämtliche Zutaten mit einem Handrührgerät mit Knethaken zu Streuseln verkneten und kalt stellen.

2. Den Backofen auf 180 °C Ober- und Unterhitze vorheizen. Das Backblech mit Backpapier auslegen. Den Blätterteig entrollen. Den Teig mit einem Messer in 3 gleich große Teigstreifen und jeden Streifen in 5 Stücke schneiden.

3. Die Blätterteigstücke auf das Backblech legen, mit einer Gabel einstechen, mit dem verquirlten Ei bestreichen und dicht mit Streuseln belegen. Die Prasselkuchen im Backofen auf mittlerer Schiene ca. 8–9 Min. backen. Dann auf Kuchengittern auskühlen lassen.

4. Die Sahne mit dem Vanillezucker steif schlagen und die Prasselkuchen mit einem Klecks davon servieren.

Mein Tipp
Eine knusprige, feine Leckerei mit Suchtgefahr. An diesem Kuchen ist nicht viel dran außer Blätterteig und süßen Streuseln. Aber das ist gerade das Besondere und dank fertig gekauftem Blätterteig ist die Zubereitung eine Sache von Minuten.

Donauwellen

Für 20 Kuchenstücke
Form: tiefes Backblech
Backzeit: ca. 40 Min.
Ruhezeit: ca. 60 Min.

Rührteig
400 g weiche Butter
250 g Zucker
1 Päckchen Bourbon-
vanillezucker
7 Eier
400 g Weizenmehl
1 Päckchen Backpulver
50 ml Milch
2 EL Nuss-Nugat-Creme
3 EL Rum
2 Gläser (à 720 g)
Sauerkirschen

Belag
2 Päckchen Vanillepuddingpulver
1 l Milch
4 EL Zucker
100 g Puderzucker
4 EL Eierlikör oder Sahne
4 Tropfen Bittermandelöl, nach
Belieben

Guss
120 g Kokosfett
300 g Vollmilchschokolade

Außerdem
Butter und Weizenmehl für das
Backblech

1. Den Backofen auf 180 °C Ober- und Unterhitze vorheizen. Das tiefe Backblech mit Butter einfetten und mit Mehl bestäuben, überschüssiges Mehl abklopfen.

2. Butter, Zucker und Vanillezucker mit einem Handrührgerät mit Rührbesen verrühren. Die Eier nacheinander zugeben. Mehl und Backpulver mischen und unter die Buttermasse rühren. Die Hälfte des Teigs gleichmäßig auf das Backblech streichen. Die andere Hälfte mit Milch, Nuss-Nugat-Creme und Rum verrühren und gleichmäßig auf dem hellen Teig verstreichen. Abgetropfte Kirschen darauf verteilen.

3. Den Kuchen im Backofen auf mittlerer Schiene ca. 40 Min. backen.

4. Puddingpulver mit 200 ml Milch und dem Zucker verrühren. Die übrige Milch mit den restlichen Zutaten erhitzen, angerührtes Puddingpulver zugeben und nach Packungsanweisung kochen. Pudding abkühlen lassen und den Kuchen damit bestreichen. Anschließend ca. 60 Min. kalt stellen.

5. Kokosfett und Schokolade in Stücke brechen und in einem Wasserbad unter Rühren schmelzen. Leicht abkühlen lassen und den Kuchen damit gleichmäßig überziehen. Creme und Schokoladenguss sollten sich möglichst nicht vermischen. Mit einer Gabel wellenförmige Linien in den Schokoladenguss ziehen, kalt stellen und fest werden lassen.

Mein Tipp

Ein paar clevere Tricks und neue Ideen helfen diesem Rezept-Klassiker auf die Sprünge: Nehmen Sie Vanillepuddingcreme anstatt Omas mächtiger Buttercreme. Nuss-Nougat-Creme gibt ein intensiveres Schokoladenaroma als bloßes Kakaopulver. Durch die Zugabe von Kokosfett wird die Schokolade geschmeidiger, so lässt sie sich besser verarbeiten und bricht beim Anschneiden des Kuchens nicht.

Mein Tipp
Zur ‚Dräsdnor Eiorschägge' ein Zitat des aus Dresden stammenden Schriftstellers und großen Kuchenliebhabers Erich Kästner: „Die Eierschecke ist eine Kuchensorte, die zum Schaden der Menschheit auf dem Rest des Globus unbekannt geblieben ist." Dem ist eigentlich nichts zuzufügen. Probieren Sie selbst ...

Dresdner Eierschecke

Für ca. 20 Stücke
Form: rechteckige Springform (35 × 24 cm) oder tiefes Backblech
Backzeit: ca. 25–30 Min.
Standzeit: ca. 60 Min.

Quark-Öl-Teig
250 g Schichtkäse oder Quark (20 % Fett)
6 EL Milch
1 Ei
125 ml Sonnenblumenöl
100 g Zucker
1 EL Bourbonvanillezucker
1 Prise Salz
425 g Weizenmehl
1 Päckchen Backpulver

Quarkfüllung
1 Päckchen Vanillepuddingpulver
40 g Zucker
500 ml Milch
500 g Magerquark
65 g Rosinen

Eiercreme
180 g weiche Butter
150 g Zucker
1 Päckchen Bourbonvanillezucker
4 Eier
30 g Weizenmehl

Außerdem
Butter für die Form
Weizenmehl zum Bearbeiten
Puderzucker zum Bestäuben

1. Den Backofen auf 200 °C Ober- und Unterhitze vorheizen. Eine rechteckige Springform oder ein tiefes Backblech gut mit Butter einfetten.

2. Den Schichtkäse über einem Sieb etwas abtropfen lassen, dann mit Milch, Ei, Öl, Zucker, Vanillezucker und Salz in eine Schüssel geben und mit einem Handrührgerät verrühren. Das gesiebte Mehl mit dem Backpulver mischen, löffelweise unter die Quarkmasse mengen. Zuletzt den Teig mit einem Handrührgerät mit Knethaken gut durchkneten. Zu einer Kugel formen, in Frischhaltefolie wickeln und im Kühlschrank ca. 60 Min. kalt stellen.

3. Für die Quarkfüllung aus Puddingpulver, Zucker und Milch nach Packungsanweisung einen Pudding kochen. Den Pudding in eine Schüssel geben, mit Frischhaltefolie bedecken und abkühlen lassen. Quark und Rosinen unter den kalten Pudding rühren.

4. Nach der Kühlzeit ⅔ des Teiges auf einer leicht bemehlten Arbeitsfläche auf Formgröße ausrollen und darauflegen. Restlichen Teig zu einer Rolle formen, als Schnecke einrollen, in die Form legen und am Rand der Form entlang rollen und einen Rand hochdrücken.

5. Für die Eiercreme Butter und Zucker mit einem Handrührgerät schaumig rühren, Vanillezucker zugeben und ein Ei unterrühren. Mehl zugeben. Nacheinander die restlichen Eier unterrühren. Die Eiercreme gleichmäßig auf der Quarkmasse verstreichen. Im Backofen auf mittlerer Schiene ca. 25–30 Min. backen. Auskühlen lassen, mit Puderzucker bestäuben und in Stücke schneiden.

Crunchy-Kiba-Bienenstich

Für 8 Kuchenstücke
Formen: tiefes Backblech, Backrahmen
Backzeit: ca. 12 Min.
Standzeit: ca. 2 Std.

Bienenstich
3 Eier
100 g Zucker
1 Päckchen Bourbon-vanillezucker
1 Prise Salz
50 g Weizenmehl
50 g Speisestärke
1 TL Backpulver
8 Blatt Gelatine
350 g Bananen-Joghurt
350 g Kirsch-Joghurt
100 g Puderzucker
300 ml Sahne

Crunchy Toffee-Sahne
350 g Sahnekaramell-Toffees
75 ml Sahne
100 g gehackte Walnüsse

1. Den Backofen auf 200 °C Ober- und Unterhitze vorheizen. Das Backblech mit Backpapier auslegen.

2. Für den Biskuit die Eier trennen. Die Eiweiße mit den Rührbesen des Handrührgerätes steif schlagen, dabei Zucker, Vanillezucker und Salz zugeben. Eigelbe cremig rühren und mit Mehl, Speisestärke und Backpulver verrühren, dann das Eiweiß unterheben. Den Biskuitteig auf das Backblech geben und glatt streichen. Im Backofen ca. 12 Min. backen. Nach dem Backen mit einem Tuch abdecken und auskühlen lassen.

3. Für die Creme die Gelatine in kaltem Wasser einweichen. Die beiden Joghurts mit Puderzucker mischen. Die Gelatine ausdrücken und in etwas heißem Wasser unter Rühren auflösen und mit 4 EL Joghurt glatt rühren, dann in den übrigen Joghurt rühren. Die Sahne steif schlagen und unter die Joghurtcreme ziehen.

4. Aus dem Biskuitteig mit einem Backrahmen zwei gleich große Böden ausstechen. Um einen Biskuitboden den Backrahmen stellen, die Joghurtcreme darauf verteilen und mit dem zweiten Boden bedecken. Den Kuchen kalt stellen.

5. In der Zwischenzeit die Toffees in der Sahne auflösen und die Walnüsse dazugeben. Die Masse auf der Oberfläche des Kuchens verteilen und den Kuchen ca. 2 Std. kalt stellen. Danach aus der Form lösen und in Stücke schneiden.

Rote-Grütze-Biskuitrolle

Für 1 Biskuitrolle
Form/Materialien: Backblech, Topf
Backzeit: ca. 10 Min.
Standzeit: ca. 2 Std.

Biskuitteig
4 Eier
100 g Zucker
1 Prise Salz
50 g gemahlene Mandeln
1 Päckchen Mandel-Puddingpulver
1 TL Backpulver

Füllung
500 g tiefgefrorene gemischte Beeren
6 Blatt Gelatine
1 Päckchen Rote Grütze „Himbeer-Geschmack"
200 g Zucker
300 ml Wasser

Außerdem
Puderzucker zum Bestäuben

1. Den Backofen auf 200 °C Ober- und Unterhitze vorheizen. Ein Backblech mit Backpapier auslegen.

2. Für den Teig die Eier trennen. Eiweiße mit den Rührbesen des Handrührgerätes steif schlagen, dabei Zucker und Salz einrieseln lassen. Eigelbe mit Mandeln, Puddingpulver und Backpulver verrühren und den Eischnee unterheben.

3. Den Teig auf das Backblech streichen und im Backofen ca. 10 Min. backen. Auskühlen lassen.

4. Für die Füllung die Beeren auftauen lassen. Die Gelatine in kaltem Wasser einweichen. Das Rote-Grütze-Pulver mit Zucker mischen und mit etwas Wasser glatt rühren. Das restliche Wasser in einem Topf aufkochen und das Rote-Grütze-Pulver hineinrühren. Unter Rühren kurz aufkochen, dann den Topf von der Kochstelle nehmen. Die Gelatine ausdrücken und in der Grütze auflösen. Die Beeren zugeben und untermischen. Die Grütze abkühlen lassen, bis sie anfängt zu gelieren.

5. Die Grütze auf den Biskuitboden geben und verstreichen. Von der langen Seite her mithilfe des Backpapiers aufrollen und ca. 2 Std. kalt stellen. Die Rolle in Stücke schneiden und mit Puderzucker bestäuben.

Dreierlei Rührkuchen

Für 3 Kuchen
Formen: 3 kleine Backformen,
z. B. Gugelhupfform (Ø 14 cm),
Kastenkuchenform (15 cm),
Rohrbodenform (Ø 16 cm)
Backzeit: ca. 30–35 Min.

Rührteig
125 g Weizenmehl
125 g Speisestärke
1 ½ gestrichene TL Backpulver
200 g Zucker
1 TL Bourbonvanillezucker
1 Prise Salz
200 g weiche Butter
3 Eier

Variante Zitronenkuchen
Abrieb und Saft von
½ unbehandelten Zitrone
Glasur: 100 g Puderzucker
und Saft von ½ Zitrone

Variante Marmorkuchen
15 g Kakaopulver
2 EL Milch

Variante Rotweinkuchen
15 g Kakaopulver
100 ml Rotwein
80 g Schokoraspel

Außerdem
Butter und Weizenmehl für
die Formen
Puderzucker zum Bestäuben

1. Den Backofen auf 180 °C Ober- und Unterhitze vorheizen. Die Formen mit Butter einfetten und mit Mehl bestäuben, überschüssiges Mehl abklopfen.

2. In der Rührschüssel einer Küchenmaschine Mehl, Speisestärke und Backpulver mischen, dann die übrigen Zutaten für den Teig hinzufügen und kurz auf niedrigster, dann auf höchster Stufe ca. 2 Min. zu einem glatten Teig verarbeiten.

3. Den Teig dritteln und für die einzelnen Varianten die Zutaten entsprechend unter den Teig rühren und in die vorbereiteten Formen füllen.

4. Die Kuchen im Backofen auf einem Rost im unteren Drittel ca. 30–35 Min. goldgelb backen.

5. Die Kuchen auf ein Kuchengitter stürzen, etwas stehen lassen, die Formen vorsichtig abnehmen und die Kuchen vollständig auskühlen lassen. Mit Puderzucker bestäuben bzw. den Zitronenkuchen mit der angerührten Glasur verzieren und trocknen lassen.

Mein Tipp
Lassen Sie Ihrer Kreativität freien Lauf und finden mit diesem Grundrezept für Rührteig noch viele andere Varianten und Geschmackskombinationen.

Eierlikör

Für ca. 1 l
Zubehör: Hochleistungsmixer mit Suppenfunktion, 2 Flaschen (à ca. 500 ml)

Zutaten
5 ganz frische Eigelb
Mark von 1 Vanilleschote
200 g Puderzucker
125 ml Sahne
175 ml Milch
150 ml Spirituose
(z. B. Himbeergeist, Korn, Rum, Weinbrand oder Wodka)

1. Eigelbe, Vanillemark und Puderzucker mit Sahne, Milch und der Spirituose in den Mixer geben.

2. Das Programm „Heiße Suppe" starten und warten, bis es beendet ist.

3. Dann heiß in die Flaschen abfüllen und verschließen.

Info
Wichtig ist, für den Eierlikör nur ganz frische Eigelbe und sehr saubere Flaschen zu nehmen. Selbst gemachten Eierlikör binnen 2 Wochen verzehren und stets im Kühlschrank aufbewahren. Sollte der Eierlikör zu dick geraten, einfach noch etwas Milch oder Alkohol einrühren. Übrige Eiweiße lassen sich zum Beispiel zu Baiser, Pavlovas oder Zimtsternen verarbeiten.

Mein Tipp
Alternativ die Eier mit Vanillemark und Puderzucker mit einem Handrührgerät mit Rührbesen im Wasserbad cremig aufschlagen. Dann Sahne, Milch und die Spirituose unterrühren. Ggf. durch ein feines Sieb gießen, um Klümpchen zu entfernen. In Flaschen füllen und verschließen.

Eierlikörkuchen

Für ca. 16 Stücke
Form: Rohrboden- oder
Gugelhupfform (Ø 24 cm)
Backzeit: ca. 45 Min.

Zutaten
250 g weiche Butter
250 g Zucker
1 Päckchen Bourbon-
vanillezucker
4 Eier
300 g Weizenmehl
1½ TL Backpulver
150 ml Eierlikör

Außerdem
Butter und Weizenmehl
für die Form
Puderzucker zum Bestäuben,
nach Belieben

1. Den Backofen auf 180 °C Ober- und Unterhitze vorheizen. Die Form mit Butter einfetten und mit Mehl bestäuben, überschüssiges Mehl abklopfen.

2. Butter, Zucker und Vanillezucker mit den Rührbesen eines Handrührgeräts schaumig schlagen. Die Eier nach und nach zugeben. Mehl und Backpulver portionsweise untermischen. Zum Schluss den Eierlikör zugießen und unterrühren.

3. Den Teig in die Form einfüllen und im Backofen auf dem Rost im unteren Drittel ca. 45 Min. backen. Herausnehmen, auf ein Kuchengitter stürzen und auskühlen lassen. Nach Belieben mit Puderzucker bestäuben.

Mein Tipp
Für all diejenigen, die den Eierlikör-Faktor noch etwas erhöhen oder Omi noch etwas glücklicher machen möchten, das dazu passende Rezept für eine Eierlikörglasur: 4 EL Eierlikör mit 250 g Puderzucker verrühren, den Kuchen damit bestreichen und die Glasur vor dem Servieren trocknen lassen.

Klassiker

Klassiker

Gebackener Milchreis
mit Erdbeeren

Für 6 Portionen
Formen: 6 ofenfeste Förmchen
Backzeit: ca. 12–15 Min.

Milchreis
250 g Rundkorn- oder Milchreis
150 ml Wasser
½ unbehandelte Zitrone
500 ml Milch
150 g Zucker
1 Päckchen Bourbonvanillezucker
1 Prise Salz
6 gehäufte TL brauner Zucker

Marinierte Erdbeeren
500 g Erdbeeren
1–2 EL Puderzucker
2 EL heller Portwein
1 EL Zitronensaft

1. Den Backofen auf 200 °C Ober- und Unterhitze vorheizen.

2. Den Reis in ein Sieb geben, gründlich waschen und abtropfen lassen. In einen Topf geben, mit Wasser knapp bedecken und bei geringer Hitze ca. 7–8 Min. garen, bis das Wasser fast aufgesogen ist.

3. Die Zitrone heiß abwaschen, gut trocknen und die Schale abreiben. Milch, Zucker, Vanillezucker, Salz und Zitronenschale zufügen und bei geringer Hitze unter ständigem Rühren ca. 10 Min. weitergaren, bis der Reis fast gar ist.

4. Die Erdbeeren waschen, putzen und vierteln. Mit Puderzucker, Portwein und Zitronensaft marinieren.

5. Den Milchreis in die ofenfesten Förmchen füllen und im Backofen ca. 12–15 Min. backen. Vor dem Servieren jedes Förmchen mit braunem Zucker bestreuen und mit einem Bunsenbrenner karamellisieren. Mit den marinierten Erdbeeren servieren.

Mein Tipp
Extra für dieses Rezept habe ich mir einen Bunsenbrenner angeschafft. Wer keinen hat, kann den braunen Zucker auch unter dem heißen Backofengrill karamellisieren. Dabei den Schmelzvorgang beobachten, dass der Zucker nicht verbrennt.

Erdbeer-Tiramisu im Glas

Für 4 Gläser
Formen: Einmachgläser
Standzeit: ca. 2 Std.

Zutaten
2 Blatt Gelatine
2 Eigelb
60 g Zucker
150 g Mascarpone
225 ml kalte Sahne
250 g Erdbeeren
8 Mini-Brownies
75 ml lauwarmer Espresso
35 g Zucker
20 ml Amaretto

Außerdem
Kakao zum Bestäuben
Minzblätter zum Dekorieren

1. Für die Mascarpone-Creme die Gelatine in kaltem Wasser einweichen. Eigelbe und Zucker mit den Rührbesen des Handrührgerätes schaumig schlagen und den Mascarpone unterrühren. Dann die Sahne steif schlagen. In einem Topf etwas Wasser erhitzen und die ausgedrückte Gelatine darin unter Rühren auflösen. Die Gelatine etwas abkühlen lassen, dann einen Teil der Mascarpone-Masse mit der Gelatine verrühren und alles unter die restliche Mascarpone-Masse rühren. Zum Schluss vorsichtig die Sahne unterheben.

2. Die Erdbeeren waschen, trocken tupfen und in kleine Stücke schneiden. Die Mini-Brownies quer halbieren. Die restlichen Zutaten für den Sirup miteinander verrühren.

3. Zuerst die Brownies in die Gläser geben und mit dem Sirup beträufeln. Dann die Erdbeeren darauf verteilen und die Mascarpone-Creme darüber geben. Für die nächste Schicht wieder Brownies auf die Creme legen und weiterschichten, bis die Gläser voll sind.

4. Zum Schluss die Creme mit Kakao bestäuben, jedes Glas mit einem Minzblättchen garnieren und ca. 2 Std. kalt stellen.

Zwetschgen-kompott
mit Kartoffelstreusel

Für 4 Portionen
Form: Backblech
Backzeit: ca. 20 Min.

Kompott
500 g frische Zwetschgen
oder
1 Glas (700 g) Zwetschgen
60 g Zucker
3 EL weiche Butter
50 ml Portwein
Saft von ½ Orange
Saft von 1 Zitrone
1 EL Pflaumenmus
1 Zimtstange

Kartoffelstreusel
150 g gekochte Pellkartoffeln
5 EL weiche Butter
80 g Weizenmehl
100 g Zucker
Salz
1 TL Zimtpulver
1 TL Backpulver

Außerdem
Puderzucker zum Bestäuben

1. Den Backofen auf 200 °C Ober- und Unterhitze vorheizen. Das Backblech mit Backpapier auslegen.

2. Die frischen Zwetschgen waschen und entsteinen. Zwetschgen aus dem Glas in einem Sieb abtropfen lassen. Den Zucker in einer Pfanne mit der Butter hell karamellisieren. Mit Portwein, Orangen- sowie Zitronensaft ablöschen und einkochen lassen, bis fast keine Flüssigkeit mehr vorhanden ist. Dann das Pflaumenmus, die Zimtstange und die Zwetschgen dazugeben. Die frischen Zwetschgen ca. 20 Min. bzw. die eingelegten ca. 5 Min. sanft kochen lassen und zur Seite stellen.

3. Für die Streusel die gekochten Pellkartoffeln pellen und zerdrücken. Die Butter, das Mehl, den Zucker, 1 Prise Salz, den Zimt sowie das Backpulver zufügen, gut vermischen und mit einem Handrührgerät mit Knethaken zu Streuseln verkneten. Die Streusel auf das Backblech legen und ca. 20 Min. backen.

4. Das Zwetschgenkompott in Gläser oder Portionsschälchen verteilen, dabei die Zimtstange entfernen. Die Kartoffelstreusel darüberstreuen, mit Puderzucker bestäuben und servieren.

Mein Tipp
Das Besondere an diesem tollen Rezept: Streusel aus Pellkartoffeln und reichlich Zimt. Wenn Gäste kommen, lässt sich diese herrliche Nachspeise bereits gut einige Stunden im Voraus zubereiten. Kurz vor dem Servieren muss dann das Zwetschgenkompott nur noch erwärmt und die fertig gebackenen Streusel darübergegeben werden.

Berliner mit Herz

Für ca. 15 Herzen
Formen: Herzausstecher
(ca. 8 cm lang), Backbleche
Backzeit: ca. 6–8 Min.
Standzeit: ca. 90 Min.

Hefeteig
175 ml Milch
1 Würfel (42 g) Hefe
100 g weiche Butter
100 g Zucker
1 Päckchen Bourbon-
vanillezucker
1 Prise Salz
2 Eier
500 g gesiebtes Weizenmehl

Füllung
ca. 250 g Erdbeerfrucht-
aufstrich (ohne Fruchtstücke)

Außerdem
Weizenmehl zum Bearbeiten
Pflanzenöl zum Frittieren
Puderzucker zum Bestäuben

1. Für den Hefeteig die Milch erwärmen und die Hefe darin auflösen. Butter, Zucker, Vanillezucker, Salz, Eier, Mehl und die Hefemilch in einer Küchenmaschine mit Knethaken ca. 10 Min. zu einem glatten Teig verkneten, bis er sich von der Schüssel löst. Dann den Teig mit einem feuchten Küchenhandtuch abgedeckt an einem warmen Ort ca. 60 Min. gehen lassen, bis er sich sichtbar vergrößert hat.

2. Den Teig auf einer leicht bemehlten Arbeitsfläche ca. 1 cm dick ausrollen und Herzen ausstechen. Auf mit Backpapier belegte Backbleche verteilen und abgedeckt an einem warmen Ort nochmals ca. 30 Min. gehen lassen.

3. Ausreichend Öl in einem Topf, einer Pfanne oder Fritteuse auf 175 °C erhitzen. Jeweils maximal 3 Herzen auf einmal vorsichtig ins heiße Fett geben und von beiden Seiten ca. 6–8 Min. goldbraun backen. Zwischendurch wenden. Mit einer Schaumkelle herausheben und auf Küchenpapier gut abtropfen lassen.

4. Für die Füllung den Erdbeeraufstrich in einen Spritzbeutel mit spitzer Lochtülle geben und in die gebackenen Herzen spritzen. Mit Puderzucker bestäuben.

Mein Tipp
Wem noch mehr das Herz aufgeht, rührt einen glatten Guss aus 400 g Puderzucker, 2 EL Erdbeersirup und 2 EL Zitronensaft an, taucht die noch warmen Berliner von einer Seite hinein und verziert diese mit buntem Zuckerdekor. Vor dem Servieren kurz trocknen lassen.

Zimtschnecken

Für 12 Schnecken
Form: 12er-Muffinform
Backzeit: ca. 10–15 Min.
Standzeit: ca. 60 Min.

Teig
350 g Weizenmehl
150 g Weizenvollkornmehl
1 Päckchen Trockenhefe
50 g weiche Butter
25 g Rohrzucker
½ TL Salz
1 Ei
200 ml lauwarme Milch

Füllung
60 g weiche Butter
50 g Rohrzucker
2 TL Zimtpulver
50 g Rosinen, nach Geschmack

Außerdem
Butter für die Form
Weizenmehl zum Bearbeiten
2 EL flüssiger Honig

1. Die Mehlsorten in die Rührschüssel einer Küchenmaschine geben und mit der Trockenhefe vermischen. Butter, Zucker, Salz, Ei und lauwarme Milch zugeben. Alles ca. 10 Min. kneten, bis sich der Teig von der Schüssel löst. Dann mit einem feuchten Küchenhandtuch abgedeckt an einem warmen Ort ca. 60 Min. gehen lassen, bis er sich sichtbar vergrößert hat.

2. Den Backofen auf 180 °C Ober- und Unterhitze vorheizen. Die Mulden des Muffinblechs mit Butter einfetten.

3. Den Teig auf einer leicht bemehlten Arbeitsfläche zu einem großen Rechteck (ca. 25 × 35 cm) ausrollen. Mit der weichen Butter bestreichen und mit Zucker, Zimt und nach Geschmack Rosinen bestreuen. Den Teig aufrollen und in 12 Scheiben schneiden. Die Scheiben mit der Schnittfläche nach unten in die Mulden verteilen.

4. Die Zimtschnecken im Backofen auf dem Rost auf mittlerer Schiene ca. 10–15 Min. backen. Die noch warmen Rollen mit dem Honig besprenkeln und servieren.

Mein Tipp
Zum echten Partyspaß werden die Schnecken, wenn man den Teig zu einer oder mehreren dünneren Rollen verarbeitet, kleinere Scheiben abschneidet, diese auf Holzspieße steckt und backt. Dann einfach mit Zuckerguss besprenkeln.

Klassiker

Topfenstrudel

Für 2 Strudel
Form: Auflaufform
(33 × 22 cm)
Backzeit: ca. 30–35 Min.

Füllung
1 Dose (425 g) Aprikosen
500 g Magerquark
2 Eier
75 g Zucker
25 g weiche Butter
1 TL Bourbonvanillezucker
Abrieb von 1 unbehandelten Orange
1 Prise Salz
50 g Rosinen
1 EL Rum, nach Belieben

Strudelteig
1 Packung (120 g) Strudelteig aus dem Kühlregal

Außerdem
Butter zum Einfetten
50 g flüssige Butter
Puderzucker zum Bestäuben, nach Belieben

1. Für die Füllung die Aprikosen auf einem Sieb abtropfen lassen, mit Küchenpapier trocken tupfen und in kleine Würfel schneiden. Den Quark in einem Sieb abtropfen lassen und durch das Sieb streichen. Mit einem Handrührgerät mit Rührbesen oder einer Küchenmaschine die Eier mit Zucker, Butter, Vanillezucker, Orangenabrieb und Salz schaumig schlagen. Den Quark unter die Masse rühren, anschließend die Rosinen und die Aprikosenwürfel unterheben. Nach Belieben mit dem Rum verfeinern.

2. Den Backofen auf 180 °C Ober- und Unterhitze vorheizen. Die Form mit Butter einfetten.

3. Die Strudelteigblätter entrollen. Die Blätter jeweils mit flüssiger Butter bepinseln und 2 Blätter aufeinanderlegen.

4. Jeweils die Hälfte der Füllung auf das untere Drittel der Strudelteigblätter verteilen, die Seiten einklappen und die Masse mit dem Teig wie ein Päckchen einrollen. Beide Strudel mit der offenen Seite nach unten in die vorbereitete Form geben und mit etwas flüssiger Butter bestreichen.

5. Die Strudel im Backofen auf dem Rost auf mittlerer Schiene ca. 30–35 Min. goldbraun backen. Nach dem Backen mit der restlichen Butter bestreichen, leicht auskühlen lassen und nach Belieben mit Puderzucker bestäubt warm oder auch kalt genießen.

Mein Tipp
Statt Strudelteig kann man auch Yufka- oder Filoteig aus dem Kühlregal verwenden.

Klassiker 127

Rosinenbuchteln

Für ca. 18 Stück
Form: Auflaufform (20 × 30 cm)
Backzeit: ca. 25 Min.
Standzeit: ca. 90 Min.

Zutaten
35 g frische Hefe
250 ml lauwarme Milch
200 g weiche Butter
600 g Weizenmehl
3 Eier
100 g Zucker
1 TL Salz
125 g Rum-Rosinen

Außerdem
Butter für die Form
Weizenmehl zum Bearbeiten

1. Die Hefe in der lauwarmen Milch auflösen. Aus 150 g Butter, Weizenmehl, Milch mit Hefe, Eiern, Zucker und Salz mithilfe eines Handrührgeräts mit Knethaken einen geschmeidigen Teig kneten und abgedeckt an einem warmen Ort ca. 60 Min. gehen lassen, bis sich sein Volumen deutlich vergrößert hat.

2. Backofen auf 180 °C Ober- und Unterhitze vorheizen. Die Auflaufform mit Butter einfetten. Den Teig auf einer leicht bemehlten Arbeitsfläche mit den Händen nochmals kneten und die Rum-Rosinen untermengen.

3. Aus dem Teig Kugeln von rund 3 cm Durchmesser formen. Die Kugeln nebeneinander in die Auflaufform legen, dass sie sich leicht berühren. Die Zwischenräume und Ränder mit Flocken aus der restlichen Butter belegen. Nochmals ca. 30 Min. abgedeckt gehen lassen.

4. Die Buchteln auf mittlerer Schiene ca. 25 Min. backen. Die Buchteln sind fertig, wenn sie oben leicht gebräunt sind.

Mein Tipp
Buchteln sind typisch für die böhmische und österreichische Küche. Ganz nach Region nennt man sie auch Wuchten, Rohrnudeln, Ofennudeln oder Dampfnudeln. Es gibt Buchtel-Fans, die sie gerne mit Sauerkraut essen. Ich mag sie am liebsten mit Vanillesauce oder wenn es mal richtig krachen soll, dann auch noch mit Vanilleeis und Schokosauce.

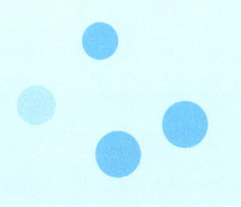

Germknödel
aus dem Dampfgarer

Für 8 Germknödel
Zubehör: Dampfgarer,
Dampfgarerblech
Backzeit: ca. 25 Min.
Standzeit: ca. 65 Min.

Hefeteig
475 g Weizenmehl
25 g frische Hefe
50 g Zucker
½ TL Salz
1 Ei
40 g weiche Butter
250 ml lauwarmes Wasser

Ziegenkäse-Lemon-Curd-Füllung
(für 4 Germknödel)
50 g Ziegenkäse
4 TL Lemon Curd (s. S. 208)
einige Thymianblättchen
4 TL Schinkenwürfel

Gouda-Trauben-Füllung
(für 4 Germknödel)
50 g Gouda
8 kernlose Weintrauben
1 EL fein gehackte Walnusskerne

Außerdem
Weizenmehl zum Bearbeiten
Butter zum Einfetten

1. Aus den angegebenen Zutaten mithilfe einer Küchenmaschine einen geschmeidigen Hefeteig kneten. Diesen abgedeckt an einem warmen Ort ca. 45 Min. gehen lassen, bis sich sein Volumen deutlich vergrößert hat.

2. Den Teig auf einer leicht mit Mehl bestäubten Arbeitsfläche nochmals durchkneten und in 8 gleich große Portionen teilen. Jede Portion leicht flach ausrollen. 4 davon mit Ziegenkäse, Lemon Curd, Thymian und Schinkenwürfel füllen, die restlichen 4 mit Gouda, Weintrauben und Walnüssen. Den Teig darüber zusammendrücken und zu Knödeln formen. Das Blech des Dampfgarers mit Butter einfetten, die Knödel darauf setzen und an einem warmen Ort nochmals 20 Min. gehen lassen.

3. Im Dampfgarer bei 100 °C und 100 % Feuchtigkeit ca. 25–30 Min. garen. Dann herausnehmen und sofort warm genießen.

Mein Tipp
Welche Füllung schmeckt am besten?
Das darf sich jeder aussuchen!
Erlaubt ist, was gefällt: gebratenes
Hack, Kräuter, Gewürze, Preiselbeeren, Orangenzesten... Perfekt
dazu ist ein knackiger Salat.

Klassiker

130 Klassiker

Himmlische Eisbombe

Für 1 Eisbombe
Form: Backblech
Backzeit: ca. 13–15 Min.

Biskuitmasse
2 Eier
30 g Zucker
1 Päckchen Bourbon-vanillezucker
40 g gesiebtes Weizenmehl
1 Msp. Backpulver

Füllung
300 g Erdbeerfruchtaufstrich (ohne Fruchtstücke)
1 Packung (750 ml) Vanille-Karamell-Eis

Baiser
5 Eiweiß
200 g gesiebter Puderzucker

Außerdem
Butter für die Form
Zucker zum Bestreuen

1. Den Backofen auf 200 °C Ober- und Unterhitze vorheizen. Ein Backblech mit Butter einfetten, mit Backpapier belegen und zur Mitte des Blechs zu einer stabilen Randfalte knicken, sodass ein Rechteck von 20 × 30 cm entsteht.

2. Für den Biskuit die Eier in eine Schüssel geben und mit einem Handrührgerät mit Rührbesen ca. 1 Min. schaumig aufschlagen. Zucker und Vanillezucker unter Rühren zufügen und die Masse weitere 2 Min. schlagen. Mehl mit Backpulver mischen und nur kurz auf kleinster Stufe unterrühren. Den Teig auf dem Backblech gleichmäßig verteilen und im Backofen auf mittlerer Schiene ca. 8–10 Min. backen.

3. Den Biskuit auf ein mit Zucker bestreutes Backpapier stürzen, erkalten lassen und das Backpapier abziehen. Aus dem Biskuit 2 gleich große Stücke in der Form und Größe wie die Eiscreme schneiden. Einen Boden mit Fruchtaufstrich bestreichen, Eis darauf geben, den anderen Biskuit mit Fruchtaufstrich bestreichen und mit der bestrichenen Seite nach unten auf das Eis legen.

4. Die Eiweiße mit einem Handrührgerät mit Rührbesen sehr steif schlagen, dabei nach und nach den Puderzucker einrieseln lassen. Die Eisbombe auf ein mit Backpapier belegtes Backblech geben und mit dem Eischnee von allen Seiten wellenförmig bestreichen. Im Backofen auf mittlerer Schiene ca. 5 Min. backen, bis das Baiser leicht Farbe annimmt. Dann herausnehmen und sofort genießen.

Mein Tipp
Diese himmlische Eisbombe kann nach Lust und Laune variiert werden. In der Auswahl der Eissorten werden keine Grenzen gesetzt. Ebenso schmeckt ein schokoladiger Biskuitboden ganz wunderbar. Dazu zum Grundrezept einfach 1 EL Kakaopulver geben, unterrühren und wie den hellen Biskuit backen.

Klassiker

Fruchtig, beerig, lecker

Fruchtig, beerig, lecker

Mein Tipp
Damit die Torte nicht in Schieflage gerät, ist es wichtig, die Böden wirklich gerade aufeinanderzulegen. Eventuelle Unebenheiten in den Böden entweder durch Creme ausgleichen oder abschneiden.

Naked Cake
mit Mascarponecreme

Für ca. 30 Kuchenstücke
Formen: quadratische
Springformen (20 und 24 cm),
Springform (Ø 18 cm)
Backzeit: ca. 35 Min.

Teig
600 g weiche Butter
350 g Zucker
Mark von 1 Vanilleschote
9 Eier
550 g Weizenmehl
1 TL Backpulver

Creme
4 Blatt Gelatine
750 g Mascarpone
Saft und Abrieb von
1 unbehandelten Limette
350 ml Sahne
100 g Puderzucker

Deko
gemischte Beeren
essbare Blüten

Außerdem
Butter zum Einfetten
Weizenmehl zum Bestäuben

1. Den Backofen auf 160 °C Umluft vorheizen. Die Backformen mit Butter einfetten und mit Mehl bestäuben, überschüssiges Mehl abklopfen.

2. Butter, Zucker und Vanillemark mit den Rührbesen eines Handrührgeräts schaumig rühren. Die Eier einzeln zugeben und untermischen. Mehl und Backpulver vermengen und unter den Teig rühren. Den Teig in die Formen verteilen. Zusammen im Backofen ca. 35 Min. backen. Herausnehmen, auf Kuchengittern auskühlen lassen und aus der Form lösen. Jeden Boden zweimal durchschneiden, sodass je drei Böden entstehen.

3. Für die Creme die Gelatine ca. 10 Min. in kaltem Wasser einweichen. Die Mascarpone mit einem Handrührgerät mit Rührbesen luftig aufschlagen. Limettensaft erwärmen und die ausgedrückte Gelatine darin auflösen. Mit dem Limettenabrieb unter die Mascarpone rühren. Sahne steif schlagen, dabei gesiebten Puderzucker einrieseln lassen und unter die Mascarponecreme heben.

4. Die Böden jeweils mit etwas Mascarponecreme bestreichen, zusammen- und dann der Größe nach aufeinandersetzen. Anschließend die Torte mit Beeren und essbaren Blüten üppig dekorieren.

Angel Food Cake

Für ca. 12 Kuchenstücke
Formen: Springform (Ø 24 cm) und Metallring (Ø 6 cm) oder Angel Food Cake Form
Backzeit: ca. 60/40–45 Min.
Standzeit: ca. 60 Min.

Biskuitmasse
100 g Weizenmehl
150 g Puderzucker
1 Prise Salz
10 zimmertemperierte Eiweiß
1 ½ TL Weinsteinbackpulver
200 g Zucker

Erdbeerpüree
500 g Erdbeeren
25 g Puderzucker
Saft von ½ Zitrone

Sahne
200 ml Sahne
1 Päckchen Bourbonvanillezucker
1 Päckchen Sahnesteif

1. Den Backofen auf 180 °C Ober- und Unterhitze vorheizen. Den Boden der Form mit Backpapier auslegen. Den Ring außen herum ebenfalls mit einem Streifen Backpapier umlegen und in die Mitte der Springform stellen.

2. Für die Biskuitmasse Mehl und Puderzucker in eine Schüssel sieben, Salz zufügen. In einer Küchenmaschine mit Rührbesen das Eiweiß fast steif schlagen. Zuerst Weinsteinbackpulver bei mittlerer Stufe unterrühren, dann den Zucker zugeben und das Eiweiß so lange schlagen, bis die Masse cremig ist. Die Mehlmischung portionsweise mit einem Teigschaber unterheben. Die Hälfte der Biskuitmasse in die Form füllen und im Backofen im unteren Drittel ca. 30 Min. backen. Die Ofentür während des Backens nicht öffnen! Kuchen vollständig auskühlen lassen und aus der Form nehmen. Den zweiten Kuchen genauso backen. Wer eine Angel Food Cake Form hat, backt den Kuchen in der ungefetteten Form ca. 40–45 Min., lässt ihn danach vollständig auskühlen. Anschließend stürzen und mit einem großen gezackten Messer waagerecht durchschneiden.

3. Die Erdbeeren waschen und putzen, einige Früchte für die Deko halbieren und beiseitestellen. Übrige Erdbeeren klein schneiden. Die Hälfte davon mit Puderzucker und Zitronensaft pürieren. Erdbeerpüree und -stückchen auf dem unteren Boden verteilen und den zweiten Boden aufsetzen.

4. Die Sahne mit Vanillezucker und Sahnesteif steif schlagen. Den Kuchen damit dekorativ einstreichen, mit den Erdbeerhälften garnieren und mit etwas Erdbeerpüree beträufeln.

Mein Tipp
Warum der Angel Food Cake so heißt, weiß ich auch nicht, aber ich könnte mir vorstellen, die Engel würden ihn lieben! Denn durch das viele Eiweiß, das lockere gesiebte Mehl und den Puderzucker, wird der Teig ganz fluffig und geht nachher super im Ofen auf! Die Eigelbe für andere Rezepte aufbewahren oder am Abend ein tolles Rührei für die ganze Familie oder Freunde zubereiten!

Fruchtig, beerig, lecker

Erdbeer-Mascarpone-Espresso-Torte

Für 12 Tortenstücke
Formen: Springform
(Ø 24 cm), Tortenring
Backzeit: ca. 15–17 Min.

Biskuitteig
4 Eier
4 EL doppelter Espresso
135 g Zucker
100 g Weizenmehl
1 Päckchen Backpulver
50 g Speisestärke

Füllung
500 g Erdbeeren
750 g Mascarpone
135 g Zucker
1 Päckchen Bourbon-
vanillezucker
Abrieb einer unbehandelten
Zitrone
600 ml Sahne

Außerdem
Minzblätter und weiße
Schokoladensplitter
zum Dekorieren

1. Den Backofen auf 195 °C Ober- und Unterhitze vorheizen. Den Boden der Springform mit Backpapier auslegen.

2. Für den Teig die Eier trennen. Eiweiße steif schlagen. Eigelbe mit dem Espresso und Zucker schaumig schlagen. Mehl, Backpulver und Speisestärke mischen und unter die Eimasse rühren. Dann den Eischnee unterheben.

3. Den Teig in die Form füllen und im Backofen ca. 15–17 Min. backen. In der Form auskühlen lassen.

4. Für die Füllung die Erdbeeren waschen und ⅔ der Früchte pürieren. Die restlichen Früchte für die Garnitur beiseitestellen.

5. Mascarpone, Zucker, Vanillezucker und Zitronenabrieb in eine Schüssel geben, mit Sahne bedecken und vorsichtig verrühren, bis sich der Zucker löst. Dann mit den Rührbesen des Handrührgerätes auf höchster Stufe ca. 2–3 Min. steif schlagen. Das Erdbeerpüree unter die Masse heben.

6. Den fertigen Biskuit vorsichtig aus der Form lösen und quer halbieren. Einen Boden in den Tortenring legen und die Hälfte der Creme darauf verstreichen. Dann mit dem anderen Tortenboden abdecken und den Kuchen mit der restlichen Creme bestreichen.

7. Mit den restlichen Erdbeeren garnieren und nach Belieben mit Minzblättern und weißen Schokoladensplittern dekorieren.

Frischkäsetorte
mit Löffelbiskuit

Für 12 Tortenstücke
Form: Springform (Ø 28 cm)
Standzeit: ca. 2 Std. 15 Min.

Zutaten
150 g Löffelbiskuits
125 g Butter
600 g Naturfrischkäse
300 g Naturjoghurt
Saft von 1 großen Limette
1 Päckchen klarer Tortenguss
50 g Zucker
2 Päckchen Bourbonvanillezucker
150 ml Wasser

Außerdem
frisches Obst der Saison
essbare Blüten, nach Belieben
Puderzucker zum Bestäuben

1. Den Boden der Springform mit Backpapier auslegen. Löffelbiskuits in einen großen Gefrierbeutel geben, verschließen und mit einer Teigrolle oder den Händen vollständig zerbröseln.

2. Die Butter schmelzen und mit den Bröseln vermischen. Die Bröselmasse gleichmäßig in der Springform verteilen, andrücken und ca. 15 Min. im Tiefkühler fest werden lassen.

3. Frischkäse, Joghurt und Limettensaft gut miteinander verrühren. Tortenguss, Zucker, Vanillezucker und Wasser zusammen aufkochen und unter die Frischkäsecreme rühren. Die Frischkäsemasse auf den fest gewordenen Boden geben und glatt streichen.

4. Die Torte ca. 2 Std. kalt stellen. Vor dem Servieren nach Wunsch reichlich mit frischem Obst und nach Belieben mit essbaren Blüten verzieren. Zum Schluss mit Puderzucker bestäuben.

Mein Tipp
Eine tolle Torte, ganz ohne Backen – versuchen Sie auch die nicht süße Abwandlung, indem Sie dem Frischkäse mit etwas Meersalz eine ganz andere Geschmacksnote geben. Dazu serviert man dann ein Kompott aus eingekochtem Obst.

Fruchtig, beerig, lecker

Mein Tipp
Schön putzig diese Mini-Wickeltorte! Um die Biskuitplatten umeinander zu wickeln benötigt man ein wenig Übung oder die tatkräftige Mithilfe einer weiteren Person. Zu zweit macht Kuchenbacken ohnehin noch mehr Spaß! Wer eine große Wickeltorte machen möchte, nimmt die doppelte Menge von allem und backt nacheinander zwei Biskuits.

Mini-Wickeltorte

Für 8 Tortenstücke
Formen: Springform
(Ø 18 cm), Backblech und
Tortenring
Backzeit: ca. 16–20 Min.
Standzeit: ca. 3 Std.

Mürbeteig
80 g weiche Butter
50 g Zucker
1 Prise Salz
100 g gesiebtes Weizenmehl

Biskuitmasse
Grundrezept Biskuitmasse
(s. S. 18)

Fruchtcreme
1 Päckchen Aranca Joghurt-
Dessert Aprikose-Maracuja
100 ml Wasser
150 g Naturjoghurt

Belag
200 ml Sahne
1 Päckchen Bourbon-
vanillezucker
1 Päckchen Sahnesteif
75 g Krokant
bunte essbare Blüten
gemischte Beeren der Saison

Außerdem
Butter für die Formen
100 g roter Fruchtaufstrich
(ohne Fruchtstücke)

1. Den Backofen auf 200 °C Ober- und Unterhitze vorheizen. Den Boden der Springform mit Butter einfetten. Das Backblech ebenfalls einfetten, mit Backpapier belegen und den Rand zu einer stabilen Kante falten.

2. Aus den angegebenen Zutaten einen Mürbeteig kneten. Zu einer Kugel formen, in Frischhaltefolie wickeln und ca. 60 Min. kalt stellen. Dann den Teig direkt auf dem Springformboden ausrollen, mit einer Gabel mehrmals einstechen und mit dem Springformrand umstellen. Im Backofen auf dem Rost auf mittlerer Schiene ca. 8–10 Min. hell backen. Den Boden von der Springform lösen und auf einem Kuchenrost abkühlen lassen.

3. Den Biskuit wie im Grundrezept beschrieben zubereiten und anschließend ca. 8–10 Min. backen.

4. Für die Fruchtcreme das Joghurt-Dessert nach Packungsangabe mit Wasser und Joghurt zubereiten.

5. Mürbeteigboden auf eine Platte legen, mit etwas Fruchtaufstrich bestreichen. Den restlichen Aufstrich auf dem Biskuitboden verteilen. Von der Creme 3 EL zum Bestreichen beiseitestellen, die restliche auf dem Biskuit gleichmäßig verteilen. Die Platte von der kürzeren Seite in 4–5 gleich große Streifen schneiden. 1 Streifen aufrollen und senkrecht in die Mitte des Mürbeteigbodens stellen. Übrige Biskuitstreifen mit der bestrichenen Seite nach innen spiralförmig herumwickeln. Boden und Oberfläche mit einem Messer gerade schneiden und mit einem Tortenring umstellen. Die restliche Creme obenauf geben, verstreichen und ca. 60 Min. kalt stellen.

6. Sahne mit Vanillezucker und Sahnesteif steif schlagen. Den Rand der Torte mit einem Teil der Sahne einstreichen und mit Krokant verzieren. Die restliche Sahne in einen Spritzbeutel mit Sterntülle füllen und die Torte mit Sahnetuffs verzieren. Nochmals 60 Min. kalt stellen und abschließend mit Blüten und Beeren dekorieren.

Fruchtig, beerig, lecker

Exotik-Torte
mit Kokosbiskuit

Für 16 Tortenstücke
Form: Springform (Ø 28 cm)
Backzeit: ca. 30 Min.
Standzeit: ca. 2 Std.

Kokosbiskuit
3 Eier
4 EL heißes Wasser
100 g Zucker
1 Päckchen Bourbon-
vanillezucker
100 g Weizenmehl
1 gestrichener TL
Backpulver
80 g geröstete Kokosraspel

Käsecreme
7 Blatt Gelatine
1 unbehandelte Limette
1 Dose (225 g) Mango
180 g Zucker
4 frische Eigelb
500 ml Sahne
500 g Magerquark

Maracujagelee
3 Blatt Gelatine
2 Maracujas
200 ml Maracujasaft
100 g Zucker

1. Den Backofen auf 180 °C Ober- und Unterhitze vorheizen. Den Springformboden mit Backpapier auslegen.

2. Die Eier mit heißem Wasser mit einem Handrührgerät auf höchster Stufe ca. 1 Min. schaumig schlagen. Zucker und Vanillezucker unter Rühren einrieseln lassen und die Masse weitere 2 Min. schlagen. Das Mehl mit dem Backpulver dazusieben und gemeinsam mit der Kokosraspel nur kurz auf niedrigster Stufe unterrühren. Den Teig in die vorbereitete Form füllen und glatt streichen. Den Biskuit auf dem Rost im unteren Drittel in den Backofen schieben und ca. 25–30 Min. backen. Den Tortenboden aus der Form lösen, auf ein mit Backpapier belegtes Kuchengitter stürzen und erkalten lassen. Dann das Backpapier vorsichtig abziehen.

3. In der Zwischenzeit für die Käsecreme die Gelatine ca. 10 Min. in kaltem Wasser einweichen. Limette heiß abwaschen, gut trocknen, die Schale abreiben und den Saft auspressen. Die Mango abschütten und das Fruchtfleisch mit einem Pürierstab fein pürieren. Das Mangopüree mit Zucker, Eigelben, 3 EL Limettensaft und dem Schalenabrieb erwärmen, aber nicht kochen. Die eingeweichte Gelatine ausdrücken, zugeben und unter Rühren auflösen. Die Creme ca. 30 Min. kalt stellen, bis die Masse zu gelieren beginnt.

4. Die Sahne steif schlagen. Erst den Quark unter die Zucker-Ei-Masse rühren, dann die steif geschlagene Sahne unterheben. Den gesäuberten Springformrand um den Tortenboden legen und die Käsecreme gleichmäßig darauf verteilen. Erneut ca. 1 Stunde kühl stellen, bis die Masse richtig fest geworden ist.

5. Sobald die Käsecreme fest ist, für das Maracujagelee die Gelatine ca. 10 Min. in kaltem Wasser einweichen. Die Maracujas halbieren und das Fruchtfleisch auslösen. Das Fruchtfleisch mit dem Maracujasaft und dem Zucker erwärmen. Die Gelatine ausdrücken, zugeben und unter Rühren auflösen. Das Gelee auf der Käsemasse verstreichen und ca. 30 Min. kühl stellen. Die Torte dann aus dem Springformboden lösen und servieren.

Mein Tipp
Kokosbiskuit – ein tolles Rezept als Basis für Obsttorten.
Verändern Sie ganz nach Lust und Laune! Nehmen Sie z. B. frische Erdbeeren,
wenn sie Saison haben.

Mein Tipp
Stachelbeeren – mal was Süß-Saures!
Wer diese leckeren Beeren nicht mag,
kann andere Früchte wie z. B. Kirschen
oder Mirabellen ausprobieren.

Fruchtig, beerig, lecker

Stachelbeer-Torte

Für 16 Tortenstücke
Formen: 2 Springformen
(à Ø 26 cm), Tortenring
Backzeit: ca. 40 Min.
Standzeit: ca. 60 Min

Teigböden
4 Eier
300 g Zucker
100 g weiche Butter
1 Päckchen Bourbon-
vanillezucker
125 g Weizenmehl
1 TL Backpulver
40 g Mandelblättchen

Füllung
1 Glas (720 g) Stachelbeeren
1 Päckchen Vanillepuddingpulver
2 gehäufte EL Zucker
250 ml Sahne
1 Päckchen Sahnesteif

Außerdem
Butter für die Formen
40 g geröstete Mandel-
blättchen

1. Den Backofen auf 180 °C Ober- und Unterhitze vorheizen. Die Springformen mit Butter einfetten.

2. Die Eier trennen. Das Eiweiß mit einem Handrührgerät mit Rührbesen aufschlagen, dabei 200 g Zucker einrieseln lassen, zu steifem Schnee schlagen, dann kalt stellen.

3. Butter, restlichen Zucker, Vanillezucker, Eigelbe, Mehl und Backpulver mit einem Handrührgerät mit Rührbesen zu einem geschmeidigen Teig verrühren. Gleichmäßig auf die beiden Springformen verteilen und glatt streichen. Den Eischnee ebenfalls darauf verteilen, glatt streichen und mit den Mandelblättchen bestreuen.

4. Nacheinander im Backofen auf dem Rost auf einer der unteren Schienen ca. 20 Min. backen. Herausnehmen, etwas abkühlen lassen, aus der Form lösen und auf einem Kuchengitter vollständig auskühlen lassen.

5. Für die Füllung die Stachelbeeren gut abtropfen lassen, den Saft dabei auffangen. Das Puddingpulver mit etwas Saft anrühren. Den restlichen Saft mit dem Zucker in einem Topf aufkochen. Vanillepuddingpulver mit einem Schneebesen einrühren und unter ständigem Rühren aufkochen. Die Stachelbeeren unterheben und die Masse auskühlen lassen.

6. Die Sahne mit einem Handrührgerät mit Rührbesen aufschlagen, Sahnesteif zugeben und steif schlagen.

7. Einen Tortenboden mit der Baiserseite nach oben auf eine Platte stellen und mit einem Tortenring umstellen. Erst die ausgekühlte Stachelbeermasse darauf verteilen und dann die Sahne darauf geben. Den zweiten Tortenboden im Ganzen auflegen oder in 16 Stücke schneiden und auf der Sahne verteilen. Vor dem Genießen ca. 60 Min. kalt stellen. Dann aus dem Ring lösen und den Rand mit Mandelblättchen verzieren.

Fruchtig, beerig, lecker

Apfelrosen-Pie

Für ca. 12 Kuchenstücke
Form: Tarteform
Backzeit: ca. 30 Min.
Standzeit: ca. 60 Min.

Mürbeteig
200 g weiche Butter
150 g Zucker
1 Päckchen Bourbon-
vanillezucker
1 Prise Salz
1 Ei
350 g Weizenmehl

Mandelcreme
80 g Puderzucker
20 g Weizenmehl
100 g gemahlene Mandeln
100 g weiche Butter
1 Päckchen Bourbon-
vanillezucker
1 TL unbehandelter
Zitronenabrieb
2 Eier

Apfelrosen
2 mittelgroße Äpfel
200 ml Ginger Ale
1 Packung Blätterteig
(aus dem Kühlregal)

Außerdem
Butter für die Form
Weizenmehl zum Bearbeiten
1 EL Aprikosenkonfitüre
zum Bestreichen

1. Für den Mürbeteig alle Zutaten in eine Schüssel geben und mit den Knethaken des Handrührgerätes zu einem glatten Teig verarbeiten. Teig zu einer Kugel formen, in Frischhaltefolie wickeln und mindestens 60 Min. im Kühlschrank ruhen lassen.

2. Den Backofen auf 180 °C Ober- und Unterhitze vorheizen. Die Tarteform mit Butter einfetten.

3. Den Teig auf einer leicht bemehlten Arbeitsfläche nicht zu dünn ausrollen, die Tarteform damit vollständig auslegen.

4. Für die Mandelcreme Puderzucker und Mehl mit den Mandeln mischen. Butter, Vanillezucker, Zitronenabrieb und die Eier mit den Rührbesen des Handrührgerätes verrühren. Anschließend die Mehl-Mandel-Mischung untermischen. Die Mandelmasse gleichmäßig auf dem Teigboden verteilen und glatt streichen.

5. Für die Apfelrosen die Äpfel waschen, schälen und mit einem Sparschäler lange Streifen abschälen und in Ginger Ale einlegen.

6. Den fertigen Blätterteig dünn ausrollen und in ca. 2 cm breite und 10 cm lange Streifen schneiden. Auf die Blätterteigstreifen die abgetropften Apfelstreifen legen und die Streifen vorsichtig zu Rosen aufrollen.

7. Die Apfelrosen auf die Mandelcreme setzen und im Backofen auf der mittleren Schiene ca. 30 Min. backen. Herausnehmen, mit der Aprikosenkonfitüre bestreichen und abkühlen lassen.

Mein Tipp
Die Äpfel müssen eingelegt werden, dass sie sich nicht verfärben. Statt Ginger Ale kann auch Zitronenwasser verwendet werden.

Fruchtig, beerig, lecker

Fruchtig, beerig, lecker

Aprikosen-Marzipan-Kuchen

Für 12 Kuchenstücke
Form: Springform (Ø 26 cm)
Backzeit: ca. 40–45 Min.

Rührteig
225 g Weizenmehl
½ Päckchen Backpulver
50 g zimmerwarme Marzipanrohmasse
225 g weiche Butter
150 g Puderzucker
1 Päckchen Bourbonvanillezucker
Abrieb von ½ unbehandelten Zitrone
3 Eier

Belag
1 Dose (425 g) Aprikosen
3 EL Aprikosenfruchtaufstrich (ohne Fruchtstücke)
25 g gehackte Pistazien, nach Belieben

Außerdem
Butter und Weizenmehl für die Form

1. Den Backofen auf 180 °C Ober- und Unterhitze vorheizen. Die Form mit Butter einfetten und mit Mehl bestäuben, überschüssiges Mehl abklopfen.

2. Für den Teig Mehl mit Backpulver mischen und in eine Rührschüssel sieben. Marzipan klein schneiden und mit den übrigen Zutaten zum Mehl geben. Alles mit einem Handrührgerät mit Rührbesen auf kleiner Stufe verrühren und dann auf höchster Stufe zu einem glatten Teig verarbeiten. In die vorbereitete Springform füllen und glatt streichen.

3. Die Aprikosen abtropfen lassen und mit der runden Seite nach unten kreisförmig auf dem Teig verteilen, leicht hineindrücken und den Kuchen auf dem Rost auf mittlerer Schiene ca. 40–45 Min. backen. Ob der Kuchen gar ist, prüft man mit einem Holzspieß. Falls der Kuchen zu dunkel wird, einfach mit einem Bogen Backpapier abdecken.

4. Den Kuchen herausnehmen, auf einem Kuchengitter vollständig auskühlen lassen und aus der Form lösen. In einem kleinen Topf den Fruchtaufstrich erwärmen und den Kuchen auf der Oberfläche sowie am Rand damit bestreichen. Nach Belieben mit gehackten Pistazien dekorieren.

Mein Tipp
In der Aprikosensaison verwende ich natürlich frische Aprikosen. Diese sollte man vorher mit kochendem Wasser überbrühen und dann die Haut abziehen. Einfach und lecker ist aber auch die Abwandlung mit Äpfeln. Dazu je nach Größe 3–4 geschälte Äpfel ohne Kerngehäuse vierteln und an der runden Seite mehrfach einschneiden. Dann mit der runden Seite nach oben auf den Teig legen und wie beschrieben backen.

Blaubeertarte

Für 12 Tartestücke
Form: Tarteform (Ø 26 cm)
Backzeit: ca. 40 Min.
Standzeit: ca. 60 Min.

Mürbeteig
150 g weiche Butter
130 g Zucker
1 Prise Salz
Abrieb von ½ unbehandelten Zitrone
2 Eier
250 g gesiebtes Weizenmehl

Füllung
250 g Blaubeeren
200 g Blaubeerkonfitüre
2 ½ EL Speisestärke
Saft von ½ Zitrone

Streusel
60 g Butter
60 g Haferflocken
80 g Zucker
1 Prise Kardamompulver

Außerdem
Butter für die Form
Weizenmehl zum Bearbeiten
2 EL Haferflocken

1. Für den Mürbeteig Butter, Zucker, Salz und Zitronenabrieb mit einem Handrührgerät mit Knethaken verrühren. Dann die Eier und das Mehl unterrühren und zu einem glatten Teig verkneten. Zu einer Kugel formen, in Frischhaltefolie wickeln und mindestens 60 Min. im Kühlschrank kalt stellen.

2. Den Backofen auf 180 °C Ober- und Unterhitze vorheizen. Die Form mit Butter einfetten.

3. Den Teig auf einer leicht bemehlten Arbeitsfläche etwas größer als die Form rund ausrollen und so in die Form legen, dass auch der Rand damit bedeckt ist. Den Boden mit einer Gabel einstechen und ca. 15 Min. im Backofen auf dem Rost auf mittlerer Schiene vorbacken. Herausnehmen und etwas abkühlen lassen. Dann den Boden mit Haferflocken bestreuen.

4. Für die Füllung Blaubeeren verlesen, waschen, gut abtropfen lassen und mit der Konfitüre mischen. Speisestärke mit Zitronensaft anrühren und unter die Beerenmischung heben, dann alles auf dem Kuchenboden verteilen.

5. Für die Streusel die Butter in einem Topf schmelzen. Haferflocken und Zucker zugeben und gut verrühren. Mit Kardamom würzen und etwas abkühlen lassen.

6. Die Haferflockenmasse über dem Kuchen verteilen und im Backofen auf dem Rost auf mittlerer Schiene ca. 25 Min. backen. Herausnehmen und auf einem Kuchengitter auskühlen lassen.

Mein Tipp
Abgerundet wird diese fruchtige Blaubeertarte noch mit einem süßen Klecks: Anstelle von Schlagsahne einfach 200 g saure Sahne mit 1 Päckchen Bourbonvanillezucker cremig verrühren und zur Tarte reichen.

Pfirsichkuchen
mit Rosmarin-Zitronen-Streuseln

Für 16 Stücke
Form: Springform
(Ø 26 cm)
Backzeit: ca. 55–60 Min.

Streusel
2 unbehandelte Zitronen
125 g Butter
100 g Zucker
200 g Weizenmehl
4 TL sehr fein gehackte Rosmarinnadeln

Belag
500 g Pfirsiche

All-in-Teig
100 g Butter
100 g Zucker
½ Päckchen Bourbon-vanillezucker
2 Eier
200 g Weizenmehl
2 gestrichene TL Backpulver

Außerdem
Butter und Weizenmehl
für die Form
Puderzucker zum Bestäuben,
nach Belieben

1. Für die Streusel Zitronen heiß abwaschen, trocknen und die Schale dünn abreiben. Von 1 Zitrone den Saft auspressen und für den All-in-Teig beiseitestellen. Butter, Zucker, Mehl, Zitronenschale und Rosmarin mit den Knethaken eines Handrührgeräts zu Streuseln verkneten. Diese dann kalt stellen.

2. Pfirsiche kreuzförmig einritzen, mit kochendem Wasser überbrühen, kurz darin ziehen lassen, herausnehmen und unter kaltem Wasser abschrecken. Abtropfen lassen und die Haut abziehen. Dann halbieren, entsteinen und das Fruchtfleisch in Würfel schneiden.

3. Den Backofen auf 180 °C Ober- und Unterhitze vorheizen. Die Springform mit Butter einfetten und mit Mehl bestäuben, überschüssiges Mehl abklopfen.

4. Für den All-in-Teig Butter, Zucker, Vanillezucker, Eier, Mehl, Backpulver und Zitronensaft mit den Rührbesen eines Handrührgeräts glatt rühren. Den Teig in die Form geben, zunächst die Pfirsiche, dann die Streusel darauf verteilen. Im Backofen im unteren Drittel ca. 55–60 Min. backen. Herausnehmen und auf einem Kuchengitter auskühlen lassen. Nach Belieben noch mit Puderzucker bestreuen.

Mein Tipp
Außerhalb der Pfirsichsaison oder wenn es schneller gehen soll, kann man auch auf Pfirsiche aus der Dose zurückgreifen.

Orangen-Zimt-Kuchen
mit kandierten Zitrusschalen

Für 8 Kuchenstücke
Form: Springform (Ø 20 cm)
Kochzeit: ca. 45 Min.
Backzeit: ca. 25–30 Min.

Kandierte Zitrusschalen
2 Bio-Grapefruits
4 Bio-Blutorangen
4 Bio-Mandarinen
2 Bio-Zitronen
450 g Zucker
240 ml Wasser
225 g Zucker zum Wenden

Rührteig
2 Bio-Orangen
4 Eier
80 g Zucker
1 EL Orangenmarmelade
200 g gemahlene Mandeln
70 g Weizenmehl
2 EL Speisestärke
1 TL Backpulver
1 TL Zimt
1–2 EL Puderzucker

Außerdem
Butter für die Form
2–3 EL Orangenlikör
Puderzucker zum Bestäuben

1. Für die kandierten Zitrusschalen alle Zitrusfrüchte heiß abwaschen, trocknen und mit dem Sparschäler dünn schälen. Die Schalen in dünne Streifen schneiden, in einen Topf geben und mit Wasser bedecken. Einmal aufkochen lassen und durch ein Sieb abgießen. Noch zwei bis drei weitere Male in jeweils frischem Wasser aufkochen und abseihen. Danach die Schalen in einem Sieb abspülen und abtropfen lassen. Zucker und Wasser in einem Topf unter Rühren aufkochen, bis sich der Zucker aufgelöst hat. Die Zitrusschalen zugeben und ca. 15 Min. sanft köcheln lassen, bis sie glasig werden. Die Schalen herausnehmen, auf Backpapier ausbreiten und trocknen lassen. Danach in Zucker wenden.

2. Den Backofen auf 175 °C Ober- und Unterhitze vorheizen. Die Springform mit Butter einfetten.

3. Für den Rührteig die Orangen heiß abwaschen, trocknen und die Schale auf einer Küchenreibe fein reiben. Danach die Orangen auspressen und den Saft in einem kleinen Topf zur Hälfte einkochen. Die Eier trennen. Zucker und Eigelbe mit den Rührbesen des Handrührgerätes cremig rühren. Marmelade und Orangenabrieb zugeben. Mandeln, Mehl, Speisestärke, Backpulver und Zimt mischen und im Wechsel mit dem Orangensaft unterrühren. Eiweiße mit Puderzucker steif schlagen und locker unter den Teig heben.

4. Den Teig in die Springform füllen und im Backofen ca. 25–30 Min. backen. Herausnehmen, mit Likör beträufeln, mit Puderzucker bestäuben und die kandierten Zitrusschalen darauf häufen.

Fruchtig, beerig, lecker 153

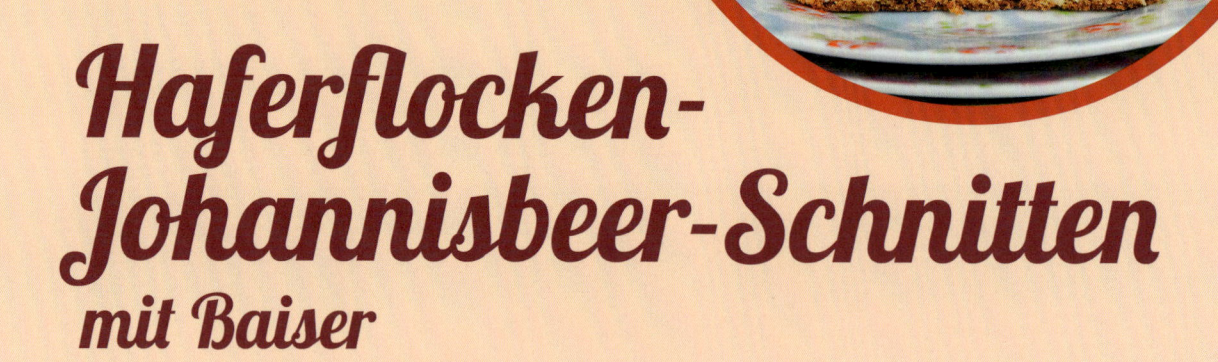

Haferflocken-Johannisbeer-Schnitten
mit Baiser

Für ca. 16 Kuchenstücke
Form: quadratische Springform (24 cm)
Backzeit: ca. 45 Min.

Rührteig
250 g weiche Butter
175 g Zucker
1 Päckchen Bourbonvanillezucker
1 Prise Salz
2 Eier
5 Eigelb
150 g Weizenmehl
100 g Speisestärke
1 gehäufter TL Backpulver
80 g Früchtemüsli

Johannisbeer-Baiser
500 g Rote Johannisbeeren
5 Eiweiß
200 g Zucker

Außerdem
Butter für die Form
Puderzucker zum Bestäuben, nach Belieben

1. Den Backofen auf 180 °C Ober- und Unterhitze vorheizen. Die quadratische Springform mit Butter einfetten.

2. Für den Teig Butter, Zucker, Vanillezucker und Salz mit einem Handrührgerät mit Rührbesen schaumig schlagen. Eier und Eigelbe nacheinander unter den Teig rühren. Mehl, Stärke, Backpulver und Müsli miteinander mischen und unterrühren. Den Teig gleichmäßig in der Form verteilen und im Backofen auf mittlerer Schiene ca. 25 Min. backen.

3. Für das Baiser die Johannisbeeren waschen und mithilfe einer Gabel von den Rispen streifen. Das Eiweiß mit dem Handrührgerät steif schlagen, dabei Zucker einrieseln lassen. Johannisbeeren unterheben. Baisermasse auf dem heißen Kuchen verteilen und weitere 20 Min. bei gleicher Temperatur backen. Falls das Baiser zu dunkel wird, evtl. mit Backpapier abdecken. Dann herausnehmen, vollständig auskühlen lassen und nach Belieben mit Puderzucker bestäuben.

Mein Tipp
Damit der Eischnee für das Baiser fest, aber dennoch fluffig leicht wird, hier ein paar Tipps: Schüssel und Rührbesen müssen unbedingt sauber und fettfrei sein. Beim Eiertrennen darauf achten, dass nicht das kleinste Bisschen von dem Eigelb ins Eiweiß gelangt. Zuerst das Eiweiß bei mittlerer Stufe anschlagen, nach ca. 1 Min. dann mit „Vollspeed" weiter schlagen, bis sich Spitzen bilden.

Apfelkuchen
mit Eierlikör-Guss

Für 1 Backblech
Form: tiefes Backblech
Backzeit: ca. 40 Min.

Rührteig
125 g Butter
100 g Zucker
1 Päckchen Bourbon-vanillezucker
2 Eier
200 g Weizenmehl
1 ½ TL Backpulver

Eierlikör-Guss
300 g Schmand
50 g Zucker
2 Eier
75 ml Eierlikör
1 Päckchen Vanille-Puddingpulver
1,5 kg Äpfel
2 EL Zitronensaft
25 g Butter

Außerdem
Butter für die Form
2 EL Apfel-Gelee

1. Den Backofen auf 180 °C Ober- und Unterhitze vorheizen. Das Backblech mit Butter einfetten.

2. Für den Rührteig Butter, Zucker und Vanillezucker mit den Rührbesen des Handrührgerätes cremig rühren. Eier nacheinander unterrühren. Das Mehl mit Backpulver mischen und unterrühren. Den Teig auf das Backblech geben und glatt streichen.

3. Für den Eierlikör-Guss Schmand, Zucker, Eier, Eierlikör und Puddingpulver verrühren. Den Guss auf den Teig gießen und gut verteilen.

4. Die Äpfel waschen, das Kerngehäuse entfernen, in schmale Schnitze schneiden und mit Zitronensaft beträufeln. Die Schnitze auf dem Teig verteilen, die Butter in Flöckchen darauf verteilen und im Backofen ca. 40 Min. backen. Den Kuchen aus dem Ofen nehmen, etwas abkühlen lassen und mit Apfel-Gelee bestreichen.

Mein Tipp
Dieser saftige Rührkuchen ist nicht nur zu Ostern ein Hit! Im Herbst macht er sich auch gut mit Birnenspalten. Nussig-süßes Haselnusskrokant zum Drüberstreuen gibt dem Ganzen noch den extra Crunch. Dafür 4 EL gehackte Haselnusskerne in einer Pfanne ohne Fett rösten, 2 EL Zucker darüber streuen und die Haselnüsse karamellisieren lassen. Echt simpel und echt lecker!

Fruchtig, beerig, lecker

Quark-Auflauf
mit Kirschen

Für 12 Stücke
Form: Auflaufform (20 × 30 cm)
Backzeit: ca. 35 Min.

Füllung
2 Gläser (à 720 g)
Schattenmorellen
1 kg Magerquark
50 g weiche Butter
150 g Zucker
2 TL Bourbonvanillezucker
1 Prise Salz
Abrieb von 1 unbehandelten
Orange
4 Eier

Strudel
1 Packung (10 Blätter)
Filoteigblätter aus
dem Kühlregal
100 ml flüssige Butter

Außerdem
Butter für die Form

1. Für die Füllung die Schattenmorellen und den Quark jeweils in einem Sieb gut abtropfen lassen. Den Quark anschließend durch ein Sieb streichen. Mit einem Handrührgerät mit Rührbesen die Butter mit Zucker, Vanillezucker, Salz, Orangenabrieb und Eiern schaumig schlagen. Den Quark unter die Eiermasse rühren.

2. Den Backofen auf 180 °C Ober- und Unterhitze vorheizen. Die Auflaufform gut mit Butter einfetten.

3. Die Filoteigblätter in der Größe der Form zuschneiden. Ein Teigblatt in die Form geben, mit flüssiger Butter bestreichen und ein zweites obenauf legen. Falls die Ränder überlappen, einklappen, sodass sie nicht am Rand hochstehen. Mit der Quarkcreme bestreichen und mit Schattenmorellen belegen. Den Vorgang wiederholen, bis Quarkcreme und Schattenmorellen aufgebraucht sind. Mit zwei mit flüssiger Butter bepinselten Teigblättern abschließen.

4. Den Auflauf im Backofen auf dem Rost auf mittlerer Schiene ca. 35 Min. backen. Nach dem Backen mit der restlichen Butter bestreichen und leicht abkühlen lassen. Nach Belieben warm oder kalt servieren.

Mein Tipp
Fertiger Strudelteig ist nicht immer einfach zu finden, deshalb verwende ich Filoteigblätter, die man inzwischen in Supermärkten oder mediterranen Lebensmittelläden kaufen kann. Filoteig wird in der griechischen, türkischen und arabischen Küche wie Blätterteig benutzt, z. B. für Baklava oder Börek-Teigtaschen.

Mein Tipp
Ein prima Rezept für ein Picknick im Grünen. Die Kirschtaschen passen später in jede Hand – oder in jede Hand eine! Die leckere Kirschfüllung noch mit einem Schuss Kirschlikör oder -wasser pimpen, dann wird's noch lustiger!

Rosige Kirschtaschen

Für ca. 16 Taschen
Formen: Backbleche
Backzeit: ca. 15–20 Min.

Füllung
1 Glas (720 g) Schattenmorellen
1 Päckchen Sahnepuddingpulver
40 g Zucker
1 Prise Zimtpulver
1 Spritzer Zitronensaft

Blätterteig
2 Packungen (à ca. 270 g) Blätterteig aus dem Kühlregal

Rosenguss
100 g Puderzucker
1 EL Rosenwasser

Außerdem
1 Ei zum Bestreichen

1. Die Kirschen abtropfen lassen und den Saft dabei auffangen. 200 ml für den Pudding und 1 EL Saft für den Guss abmessen. Puddingpulver und Zucker mit etwas Kirschsaft anrühren. Den restlichen Kirschsaft in einem kleinen Topf aufkochen. Das angerührte Pulver mit einem Schneebesen einrühren, unter Rühren aufkochen und ca. 1 Min. weiterkochen lassen. Den Topf vom Herd nehmen, die Kirschen mit einem Teigschaber unterheben und mit Zimt sowie Zitronensaft abschmecken.

2. Den Backofen auf 200 °C Ober- und Unterhitze vorheizen. Backbleche mit Backpapier belegen.

3. Die Blätterteige entrollen und jeweils in 8 gleich große Rechtecke schneiden. 1 EL Kirschfüllung auf jedes Rechteck verteilen. Die Teigkanten mit Wasser bestreichen, zu Rechtecken zusammenklappen und die Ränder gut andrücken. Die Taschen auf die Bleche legen und mit dem verquirlten Ei bestreichen. Nacheinander im Backofen auf mittlerer Schiene ca. 15–20 Min. backen, danach auf Kuchengittern auskühlen lassen.

4. Für den Rosenguss Puderzucker, Rosenwasser und Kirschsaft zu einem glatten Guss verrühren. Die Kirschtaschen damit besprenkeln und trocknen lassen.

Fruchtig, beerig, lecker

Kirschblüten-Cupcakes

Für ca. 12 Cupcakes
Formen/Materialien: Muffinblech, Blumen-Ausstecher, Spritzbeutel mit Sterntülle
Backzeit: ca. 20–25 Min.

Cupcakes
120 g weiche Butter
150 g Zucker
1 Päckchen Bourbon-vanillezucker
2 Eier
150 g Weizenmehl
1 TL Backpulver
1 Prise Salz
125 ml Milch
1 Glas Schattenmorellen (370 ml)

Verzierung
200 g Puderzucker
350 g Doppelrahm-Frischkäse
rote Lebensmittelfarbe oder Kirschsaft
weißer und roter Fondant
Minzblätter

Außerdem
Butter und Weizenmehl für die Form

1. Den Backofen auf 180 °C Ober- und Unterhitze vorheizen. Die Mulden des Muffinblechs mit Butter einfetten und mit Mehl bestäuben, überschüssiges Mehl abklopfen.

2. Die Butter mit den Rührbesen des Handrührgerätes cremig rühren. Nach und nach den Zucker und den Vanillezucker einrieseln lassen und schaumig schlagen. Die Eier nacheinander unterrühren. Mehl, Backpulver und Salz mischen und abwechselnd mit der Milch untermengen. Die Kirschen abtropfen lassen und mit einem Teigschaber vorsichtig unter den Teig heben.

3. Den Teig in die Mulden des Muffinblechs füllen und im Backofen im unteren Drittel ca. 20–25 Min. backen. Wenn die Cupcakes durchgebacken sind, herausnehmen und vollständig auskühlen lassen.

4. Zum Verzieren Puderzucker und Frischkäse cremig rühren und mit der roten Lebensmittelfarbe einfärben. Für eine nicht ganz so kräftige Farbe kann auch etwas vom abgetropften Kirschsaft verwendet werden. Die Creme in einen Spritzbeutel füllen und auf die Cupcakes spritzen. Den Fondant dünn ausrollen und Blumen ausstechen. Die Fondant-Blumen auf die Creme legen und mit Minzblättern dekorieren.

Raspberry-Muffins
upside-down

Für 12 Muffins
Form: 12er-Muffinform
Backzeit: ca. 20 Min.

Muffins
125 g weiche Butter
100 g Zucker
2 Päckchen Bourbon-
vanillezucker
1 Prise Salz
3 Eier
100 g Weizenmehl
50 g Speisestärke
1 TL Backpulver
4 EL Milch
250 g Himbeeren

Topping
einige Kokoschips
200 ml Sahne
1 Päckchen Bourbon-
vanillezucker
1 Päckchen Sahnesteif
2 EL Kokoslikör
12 frische Himbeeren

Außerdem
Butter für die Form
6 TL Rohrzucker
6 TL Kokosrapsel

1. Den Backofen auf 180 °C Ober- und Unterhitze vorheizen. Die Mulden der Muffinform mit Butter einfetten. Rohrzucker und Kokosraspel mischen und die Böden der Mulden damit ausstreuen.

2. Für den Teig Butter, Zucker, Vanillezucker und Salz mit einem Handrührgerät mit Rührbesen cremig rühren. Die Eier einzeln zugeben und unterrühren. Mehl, Stärke und Backpulver miteinander vermischen und unterrühren. Zum Schluss die Milch zugeben.

3. Himbeeren verlesen und gleichmäßig in die Mulden verteilen. Den Teig zu zwei Drittel hoch einfüllen. Im Backofen auf dem Rost auf mittlerer Schiene ca. 20 Min. backen. Anschließend herausnehmen und die Muffins sofort mit einem Messer vom Muldenrand lösen. Auf einem Kuchenrost kurz stehen, dann stürzen und vollständig auskühlen lassen.

4. Für das Topping die Kokoschips in einer Pfanne ohne Zugabe von Fett goldbraun rösten und herausnehmen. Die Sahne mit Vanillezucker und Sahnesteif mit einem Handrührgerät mit Rührbesen aufschlagen. Zum Schluss den Kokoslikör unterrühren. Die Sahne mit einem Löffel auf den Muffins verteilen und mit Kokoschips verzieren. Die Himbeeren verlesen und zum Schluss auf das Topping setzen.

Mein Tipp
Meine Upside-Down-Muffins sind so richtig fruchtig! In der Saison nehme ich natürlich frische Himbeeren, weil sie einfach besser schmecken. Man kann aber auch auf tiefgekühlte zurückgreifen. Diese dann nur gut abtropfen lassen und zusätzlich trocken tupfen.

Fruchtig, beerig, lecker

Birnentartelettes „Helene"

Für 6 Tartelettes
Formen: 6 Tarteförmchen
(Ø 10 cm)
Backzeit: ca. 20–25 Min.
Standzeit: ca. 60 Min.

Mürbeteig
100 g weiche Butter
75 g Zucker
1 Prise Salz
1 Eigelb
180 g gesiebtes Weizenmehl
1 EL Kakaopulver

Creme
300 ml Milch
60 g Zucker
Mark von 1 Vanilleschote
3 Eigelb
30 g Speisestärke

Belag
3 reife Birnen
100 g Quittengelee
30 g geröstete Mandelblättchen

Außerdem
Butter für die Formen
Weizenmehl zum Bearbeiten

1. Für den Mürbeteig alle Zutaten zu einem glatten Teig verkneten. Zu einer Kugel formen, in Frischhaltefolie wickeln und ca. 60 Min. kalt stellen.

2. Für die Creme die Milch in einem Topf mit der Hälfte des Zuckers und dem Vanillemark aufkochen. Dann etwas abkühlen lassen. Restlichen Zucker mit den Eigelben aufschlagen, bis die Masse weiß wird. Speisestärke unterheben, Milch langsam zugießen und verrühren. Alles in den Topf umfüllen, unter Rühren einmal aufkochen, umfüllen und auskühlen lassen.

3. Den Backofen auf 200 °C Ober- und Unterhitze vorheizen. Die Förmchen einfetten. Den Teig auf einer leicht bemehlten Arbeitsfläche ausrollen und Kreise von ca. Ø 12–14 cm ausstechen. Die Formen damit auslegen, den Boden mit einer Gabel einstechen und ca. 5 Min. im Backofen vorbacken.

4. Birnen schälen, halbieren, das Kerngehäuse entfernen und zu Fächern einschneiden. Creme in die Förmchen verteilen, je einen Birnenfächer hineinlegen und im Backofen auf dem Rost auf mittlerer Schiene ca. 15–20 Min. backen.

5. Herausnehmen, etwas abkühlen lassen und aus den Förmchen lösen. Das Quittengelee erwärmen und die Törtchen damit bestreichen. Mit Mandelblättchen bestreuen.

Beeren-Topfen-Gratin

Für 6–8 Portionen
Formen: 6–8 ofenfeste Förmchen oder Gläser (à 130 ml Inhalt)
Backzeit: ca. 4–6 Min.

Zutaten
400 g Beeren
(z. B. Brombeeren und Himbeeren)
4 Eier
50 g Puderzucker
50 g Honig
200 g Quark (40 % Fett)

Außerdem
Butter für die Förmchen
Puderzucker zum Bestäuben

1. Den Backofengrill auf 250 °C vorheizen.

2. Die Förmchen mit etwas Butter einfetten. Die Beeren verlesen und in den Förmchen verteilen.

3. Die Eier trennen. Die Eiweiße mit einem Handrührgerät aufschlagen, nach und nach den Puderzucker zugeben und steif schlagen.

4. Die Eigelbe mit dem Honig schaumig rühren, danach den Quark zugeben und den Eischnee mit einem Schneebesen unterheben.

5. Die Quarkmasse über den Beeren verteilen und unter dem Backofengrill ca. 4–6 Min. goldbraun gratinieren. Mit Puderzucker bestäuben.

Mein Tipp
Ganz nach Geschmack und Lust können Sie hier auch jedes andere Obst benutzen. Das Gratin schmeckt übrigens auch kalt besonders gut. Wer seinem Kalorienbewusstsein Rechnung tragen möchte, kann auch Magerquark verwenden und diesen mit einem Schuss Mineralwasser cremig rühren.

Fruchtig, beerig, lecker

Mein Tipp

Dieses Gute-Laune-Rezept mit dem wunderbar lockeren Teig müssen Sie unbedingt ausprobieren. Trockenobst ist keine Schrumpelware, sondern eine wunderbare Zutat zum Kuchenbacken. Wenn dem Obst das Wasser entzogen wird, kommen Süße und Geschmack noch viel besser zum Tragen.

Dörrobst-Schnitten

Für 16 Stücke
Form: rundes Backblech
(Ø 28 cm)
Backzeit: ca. 45–50 Min.
Standzeit: ca. 60 Min.

Quark-Öl-Teig
250 g Schichtkäse oder
Speisequark (20 % Fett)
6 EL Milch
1 Ei
125 ml Sonnenblumenöl
100 g Zucker
1 EL Bourbonvanillezucker
1 Prise Salz
425 g Weizenmehl
1 Päckchen Backpulver

Füllung
250 g Dörrpflaumen
125 g Sultaninen
75 g getrocknete Feigen
oder Birnen
50 g Zucker
ca. 100 ml Wasser oder Rum
Zimtpulver
Nelkenpulver

Außerdem
Butter für das Blech
Weizenmehl zum Bearbeiten
1 Eigelb
2 EL Sahne

1. Den Schichtkäse oder den Quark über einem Sieb etwas abtropfen lassen, dann mit Milch, Ei, Öl, Zucker, Vanillezucker und Salz in eine Schüssel geben und mit einem Handrührgerät mit Rührbesen verrühren. Das Mehl mit dem Backpulver mischen und löffelweise unter die Quarkmasse mengen. Zuletzt den Teig mit einem Handrührgerät mit Knethaken gut durchkneten, zu einer Kugel formen, in Frischhaltefolie wickeln und im Kühlschrank ca. 60 Min. kalt stellen.

2. Für die Füllung das Dörrobst mit Zucker und Wasser bzw. Rum weich kochen. Nur so viel Flüssigkeit zugeben, dass eine streichfähige Masse entsteht. Die Fruchtmasse in einer Küchenmaschine pürieren und mit Zimt und Nelke abschmecken.

3. Den Backofen auf 180 °C Ober- und Unterhitze vorheizen. Das runde Backblech mit Butter einfetten.

4. Den Teig auf einer leicht bemehlten Arbeitsfläche zu einem Rechteck (40 × 30 cm) ausrollen. Die Füllung darauf verstreichen. Den Teig von der langen Seite her aufrollen. Die Rolle diagonal in ca. 3 cm breite Stücke schneiden und diese auf das Blech legen.

5. Eigelb und Sahne verquirlen und die Oberseite damit bestreichen. Im Backofen auf dem Rost auf mittlerer Schiene ca. 45–50 Min. backen. Herausnehmen, vollständig erkalten lassen und in Stücke schneiden.

Fruchtig, beerig, lecker

Stachelbeer-crumble

Für 4 Portionen
Formen: 4 ofenfeste Förmchen oder Gläser (à 250 ml Inhalt), Auflaufform
Backzeit: ca. 40–45 Min.

Stachelbeer-Creme
200 g Stachelbeeren
60 g weiche Butter
125 g Zucker
Saft von 1 Zitrone
4 Eier
250 g Naturjoghurt
4 EL Speisestärke
2 EL Vanillepuddingpulver

Streusel
90 g weiche Butter
60 g Zucker
80 g Weizenmehl
80 g gemahlene Mandeln

Außerdem
Butter für die Formen

1. Den Backofen auf 150 °C Ober- und Unterhitze vorheizen. Die Förmchen bzw. Gläser mit Butter einfetten.

2. Die Stachelbeeren verlesen und putzen. Die Butter und den Zucker mit einem Handrührgerät verrühren, dann mit den restlichen Zutaten zu einer glatten Masse verarbeiten. Die Stachelbeeren gleichmäßig in die ofenfesten Förmchen bzw. Gläser verteilen, die Creme darübergeben und auf dem Rost auf mittlerer Schiene im Backofen ca. 20 Min. backen.

3. In der Zwischenzeit aus Butter, Zucker, Mehl und Mandeln mithilfe eines Handrührgeräts mit Knethaken Streusel kneten. Die Streusel in eine gefettete Auflaufform geben und im Backofen ca. 10 Min. vorbacken.

4. Nach 20 Min. die vorgebackenen Streusel auf der Stachelbeer-Creme verteilen und alles weitere 10–15 Min. goldbraun backen.

Mein Tipp
Außerhalb der Saison kann man hier auch auf Stachelbeeren aus dem Glas zurückgreifen. Crumbles schmecken mit jeder Art von Obst, besonders lecker ist auch Rhabarber.

Blitz-Apfelstreusel

Für ca. 12 Portionen
Form: Tarteform (Ø 30 cm)
Backzeit: ca. 50 Min.

Streuselteig
225 g weiche Butter
200 g Zucker
1 Päckchen Bourbon-
vanillezucker
1 Prise Salz
1 Ei
400 g gesiebtes Weizenmehl
100 g gemahlene Haselnüsse
30 g gemahlene Mandeln

Füllung
800 g säuerliche Äpfel
(z. B. Boskop)
4 EL Apfelkorn

Außerdem
Butter für die Form
½ TL Zimtpulver
Puderzucker zum Bestäuben,
nach Belieben

1. Den Backofen auf 200 °C Ober- und Unterhitze vorheizen. Die Form mit Butter einfetten.

2. Für den Streuselteig Butter in Flöckchen mit Zucker, Vanillezucker, Salz, Ei, Mehl und Haselnüssen in eine große Schüssel geben. Mit einem Handrührgerät mit Knethaken zu Streuseln kneten. Die Hälfte der Streusel als Boden in die Form drücken. Gemahlene Mandeln darauf streuen.

3. Für die Füllung die Äpfel schälen, vierteln, Kerngehäuse herausschneiden und in Scheiben schneiden. Diese gleichmäßig auf dem Boden verteilen und mit Apfelkorn beträufeln. Die restlichen Streusel mit Zimt verkneten und auf den Äpfeln verteilen. Im Backofen auf einer der unteren Schienen ca. 50 Min. backen. Wird der Kuchen zu dunkel, einfach mit etwas Backpapier abdecken.

4. Den Kuchen aus dem Ofen nehmen und auf einem Gitter auskühlen lassen. Nach Belieben mit Puderzucker bestäuben.

Mein Tipp
Hmmm, lauwarmer Apfelstreusel frisch gebacken! Mit selbstgemachter Vanillesauce oder Vanilleeis schmeckt er gleich noch einmal so gut! Einfach köstlich! Wer keinen Alkohol möchte, nimmt Apfelsaft statt -korn.

Red-Velvet-Push-up-Cake-Pops

Für 12 Pops
Formen/Materialien: Springform (Ø 24 cm), Plätzchenausstecher, 12 Push-up-Cake-Pop-Halter, Spritzbeutel mit Lochtülle
Backzeit: ca. 20 Min.

Rührteig
125 g weiche Butter
75 g Zucker
1 Ei
1 Prise Salz
150 g Weizenmehl
½ TL Kakao
1 TL Backpulver
80 ml Buttermilch
rote Lebensmittelfarbe

Creme
180 g Doppelrahm-Frischkäse
1 Päckchen Bourbonvanillezucker
3 EL Puderzucker
200 ml Sahne
1 Päckchen Sahnesteif

Außerdem
Butter für die Form
Himbeeren und Minzblätter für die Deko

1. Den Backofen auf 180 °C Ober- und Unterhitze vorheizen. Die Springform einfetten.

2. Für den Teig Butter, Zucker, Ei und Salz cremig rühren. Mehl, Kakao und Backpulver im Wechsel mit der Buttermilch unterrühren und zum Schluss die rote Lebensmittelfarbe zugeben. Den Teig in die Springform füllen und im Backofen ca. 20 Min. backen. Herausnehmen und auskühlen lassen.

3. Für die Creme den Frischkäse mit Vanille- und Puderzucker verrühren. Sahne mit Sahnesteif aufschlagen und unter den Frischkäse heben.

4. Den Teig aus der Springform lösen, mit einem Ausstecher Kreise im Durchmesser der Cake-Pop-Halter ausstechen und als unterste Schicht auf die Cake-Pop-Halter verteilen. Die Creme in einen Spritzbeutel füllen und auf die Teigböden spritzen. So abwechselnd Kuchen und Creme schichten und zum Schluß mit Himbeeren und Minze dekorieren.

Mein Tipp
Teigreste auf keinen Fall wegwerfen! Einfach einfrieren, bei Bedarf auftauen, zerbröseln und z. B. für ein tropisches Mango-Vanille-Trifle verwenden. Dafür 250 g Quark mit 125 g Vanille-Joghurt verrühren und mit 1 Päckchen Bourbonvanillezucker süßen. Das Fruchtfleisch von einer Mango würfeln und abwechselnd mit der Creme und den Biskuitbröseln in kleine Glasschalen schichten. Ist nicht nur super easy, macht auch noch ordentlich was her!

Frozen Strawberry Yoghurt

Für 4 Portionen
Zubehör: Hochleistungsmixer, Schälchen oder Eisbecher
Standzeit: ca. 1 Std.

Zutaten
300 g tiefgefrorene Erdbeeren
300 g griechischer Joghurt (10 % Fett)
40 g brauner Rohrzucker
200 g Eiswürfel
Mini-Marshmallows zur Deko

1. Die Schälchen oder Eisbecher ca. 1 Std. vor der Zubereitung in den Tiefkühler stellen.

2. Die Erdbeeren mit dem Joghurt und dem Rohrzucker in den Behälter des Mixers geben. Zum Schluss die Eiswürfel darüber verteilen.

3. Je nach verwendetem Gerät wie in der Bedienungsanleitung beschrieben zubereiten und bis zur gewünschten Konsistenz mixen. Dann sofort in den gekühlten Eisbechern oder Schälchen anrichten und mit den Marshmallows dekorieren.

Fruchtig, beerig, lecker

Apfel-Birnen-Sorbet

Für 4 Portionen
Zubehör: Hochleistungsmixer, Schälchen oder Eisbecher
Standzeit: ca. 1 Std.

Zutaten
200 g Äpfel
200 g Birnen
1 EL Limettensaft
3 EL Honig
300 g Eiswürfel
1 EL gehackte Mandeln zur Deko

1. Die Portionsschalen oder Eisbecher ca. 1 Std. vor der Zubereitung einfrieren.

2. Apfel und Birnen waschen, Kerngehäuse entfernen und grob klein schneiden. Mit den restlichen Zutaten in der angegebenen Reihenfolge in den Behälter des Mixers geben.

3. Je nach verwendetem Gerät wie in der Bedienungsanleitung beschrieben zubereiten und bis zur gewünschten Konsistenz mixen. Dann sofort in den gekühlten Eisbechern oder Schälchen anrichten und mit den Mandeln dekorieren.

Zitronen-Thymian-Soufflés

Für 12 Soufflés
Formen: 12 ofenfeste Gläschen
(à 220 ml)
Backzeit: ca. 20–25 Min.

Zutaten
7 Zweige Thymian
5 unbehandelte Zitronen
10 Eier
Salz
12 EL Agavendicksaft
500 g Ricotta
3 EL Speisestärke

Außerdem
Butter und Zucker für
die Gläser
1 Dose (415 g) Feigen
12 kleine Thymianzweige

1. Den Backofen auf 180 °C Ober- und Unterhitze vorheizen. Die Gläser mit Butter einfetten und mit Zucker ausstreuen.

2. Den Thymian waschen, trocken schütteln und die Blättchen von den Zweigen zupfen. 2 Zitronen heiß abwaschen, gut trocknen und die Schale abreiben. Alle Zitronen auspressen. Die Eier trennen. Die Eiweiße mit 1 Prise Salz mit einem Handrührgerät mit Rührbesen steif schlagen. Die Eigelbe mit den restlichen Zutaten gut verrühren. Zum Schluss das Eiweiß unterheben und in die Gläser füllen.

3. Im Backofen auf dem Rost im unteren Drittel ca. 20–25 Min. backen. Herausnehmen und entweder warm oder kalt servieren. Mit abgetropften Feigen und Thymianzweigen dekorieren.

Mein Tipp
Für eine Caipi-Variante die Zitronen durch Limonen, den Agavendicksaft durch braunen Rohrzucker und den Thymian durch Minze ersetzen. Sieht toll aus mit sommerlichen Früchten garniert!

Fruchtig, beerig, lecker

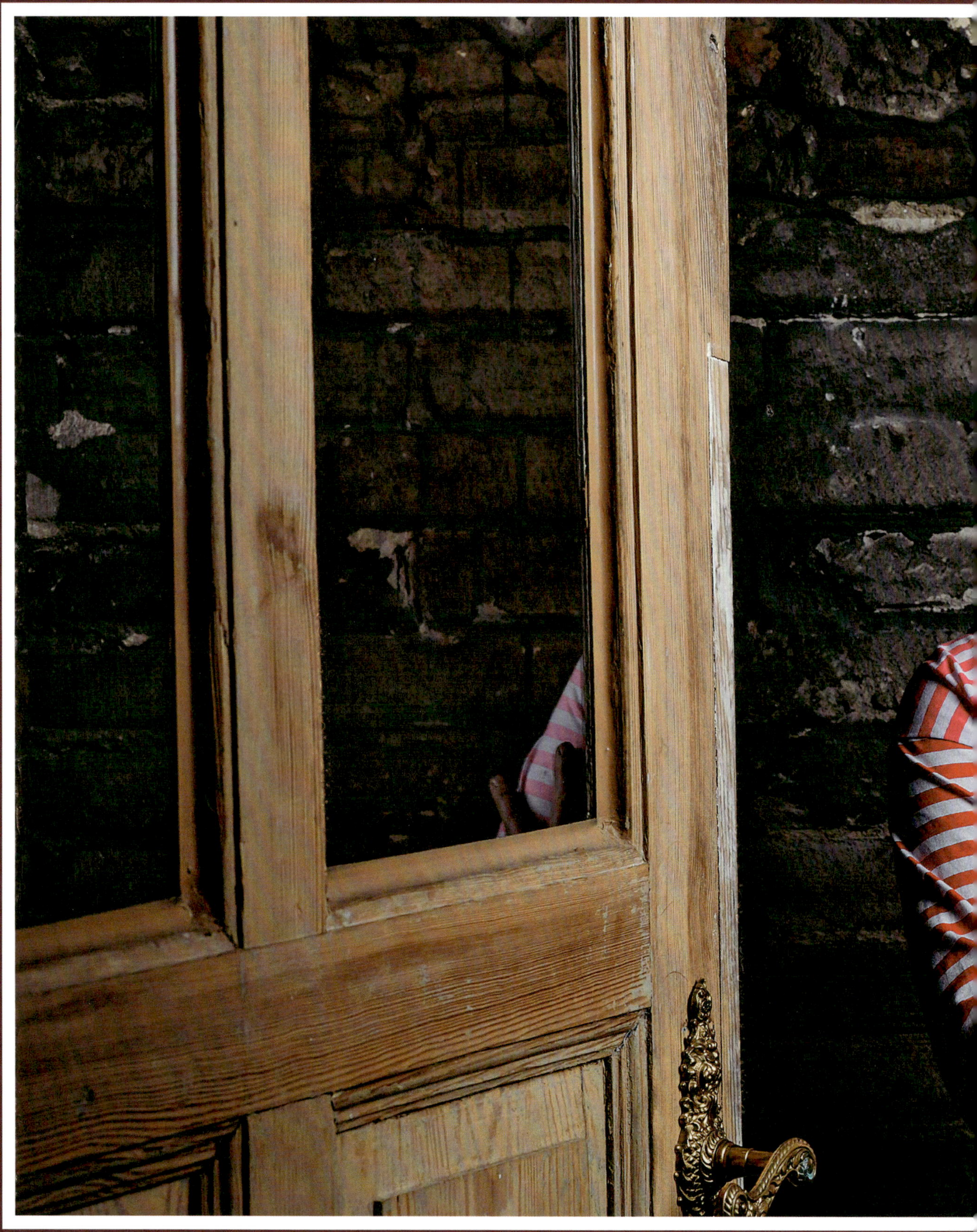

Chocoholic

Schokoladen-Orangen-Tarte

Für 12 Tartestücke
Form: Tarteform (Ø 28 cm)
Backzeit: ca. 30 Min.
Standzeit: mind. 2 Std.

Mürbeteig
200 g weiche Butter
100 g Puderzucker
1 Prise Salz
1 Ei
250 g Weizenmehl
1 EL Kakaopulver

Schoko-Orangen-Creme
250 g Zartbitterschokolade
250 g Butter
1 unbehandelte Orange
6 Eier
250 g Zucker
200 ml Sahne
2 cl Orangenlikör
(z. B. Grand Marnier)
100 g Weizenmehl
200 g englische
Orangenmarmelade

Außerdem
Butter für die Form
Weizenmehl
zum Bearbeiten

1. Für den Mürbeteig alle Zutaten mithilfe eines Handrührgeräts mit Knethaken zu einem glatten Teig verkneten. Zu einer Kugel formen, in Frischhaltefolie wickeln und mindestens 2 Std. im Kühlschrank ruhen lassen.

2. Den Backofen auf 200 °C Ober- und Unterhitze vorheizen. Die Tarteform mit Butter einfetten. Den Mürbeteig auf einer leicht bemehlten Arbeitsfläche rund ausrollen (Ø ca. 30 cm) und die Tarteform so damit auslegen, dass auch der Rand bedeckt ist. Im Backofen ca. 5 Min. blind backen.

3. Für die Creme die Schokolade und die Butter in einer Schüssel in einem Wasserbad schmelzen. Die Orange heiß abwaschen, trocknen und die Schale abreiben. Die Eier mit dem Zucker in einer Schüssel mithilfe eines Handrührgeräts mit Rührbesen cremig aufschlagen. Die Sahne in einem Topf erhitzen, langsam zur Eimasse gießen und zu einer cremig weißen Masse schlagen. Die leicht abgekühlte Schokoladen-Butter sowie die Hälfte des Orangenabriebs und den Orangenlikör zugeben. Zum Schluss das Mehl mit einem Teigschaber unterheben.

4. Die Orangenmarmelade auf dem etwas abgekühlten Mürbeteigboden verstreichen. Die Schoko-Orangen-Creme in die Tarteform füllen und im Backofen auf dem Rost auf mittlerer Schiene ca. 25 Min. backen. Die abgekühlte Tarte mit dem restlichen Orangenabrieb dekorieren.

Mein Tipp
Das perfekte Rezept für eine britische Teatime. Sophisticated indeed! Der Clou hier sind der Schoko-Mürbeteig und die Schoko-Creme mit dreifacher Orange: englische Orangenmarmelade, Orangenabrieb und Orangenlikör. Die Creme schmeckt übrigens auch sehr gut mit Vollmilchschokolade anstatt Zartbitter.

Schokotarte salt & pepper

Für 16 Tartestücke
Form: Obstbodenform
(Ø 24 cm)
Backzeit: ca. 25 Min.
Standzeit: mind. 7 Std.

Teig
120 g weiche Butter
100 g Salzbrezelchen
60 g Weizenmehl
1 Ei

Füllung
2 Blatt Gelatine
250 g Zartbitterschokolade
350 ml Sahne
70 g kalte Butter
1 TL rosa Beeren
2 Msp. Meersalz

Außerdem
Butter für die Form
Weizenmehl zum Bearbeiten
grobes Meersalz
einige Chilifäden

1. Butter und Salzbrezelchen in einen Mixer geben und aufmixen. Mehl sowie Ei zugeben und zu einem Teig verarbeiten.

2. Die Form mit Butter einfetten. Den Teig auf einer leicht bemehlten Arbeitsfläche rund etwas größer als die Form ausrollen und so in die Form legen, dass auch der Rand bedeckt ist. Anschließend ca. 60 Min. kalt stellen.

3. Den Backofen auf 180 °C Ober- und Unterhitze vorheizen. Den Teig mehrmals mit einer Gabel einstechen, mit einem Bogen Backpapier abdecken und mit einem Teller beschweren.

4. Im Backofen auf dem Rost auf mittlerer Schiene ca. 20–25 Min. backen. Anschließend den Teller entfernen, auf einem Kuchengitter auskühlen lassen und aus der Form lösen.

5. Für die Füllung die Gelatine nach Packungsangabe in kaltem Wasser einweichen. Die Schokolade hacken. Die Sahne aufkochen und über die Schokolade gießen. Die Gelatine ausdrücken, zufügen und unter Rühren auflösen. Die Schokoladensahne etwas abkühlen lassen. Anschließend die kalte Butter portionsweise mit einem Pürierstab untermixen. Die rosa Beeren nach Belieben ganz verwenden oder in einen Gefrierbeutel geben und mit der Teigrolle etwas andrücken oder in einem Mörser zerstoßen. Die Beeren zusammen mit dem Salz unterrühren.

6. Die Füllung gleichmäßig auf dem gebackenen Tarteboden verteilen und mindestens 6 Std. kalt stellen. Vor dem Servieren noch mit Meersalz und Chilifäden bestreuen

Mein Tipp
Schokolade und Salziges – das ist eine tolle Kombination und sorgt im Mund für reichlich Geschmacksexplosionen, denn die salzigen Brezeln verstärken noch das süßherbe Aroma der Schokolade. Für die Zubereitung der Brösel ohne Mixer einfach die Brezelchen in einen sauberen Gefrierbeutel füllen und mit einer Teigrolle klein hauen.

Mein Speed & Easy-Tipp
Wenn es mal schneller gehen muss, kann man den Keksboden auch zum Festwerden in den Tiefkühler stellen. Übrigens, am besten lassen sich die Kekse so zerbröseln: in einen Klarsichtbeutel geben, verschließen und mit einer Teigrolle zerkleinern.

Double Cheesecake
mit Schokoguss

Für 16 Kuchenstücke
Formen: Springform
(Ø 22 cm), tiefes Backblech
oder Auflaufform
Backzeit: ca. 1 Std.
Standzeit: ca. 7½ Std.

Keksboden
75 g Butter
175 g Erdnusskekse
(z. B. von Leibniz)

Käsecreme
800 g Naturfrischkäse
200 g Zucker
30 g Speisestärke
3 Eier
200 ml Sahne
40 g Kakao

Schokoguss
100 g Zartbitterschokolade
10 g Kokosfett

Außerdem
Pflanzenöl für die Form

1. Den Boden der Springform dünn mit Öl bestreichen. Für den Boden die Butter schmelzen. Die Kekse fein zerbröseln, mit der Butter vermischen, gleichmäßig auf dem Springformboden verteilen und andrücken. Dann ca. 30 Min. kalt stellen.

2. Den Backofen auf 160 °C Ober- und Unterhitze vorheizen. Zwei Bahnen Alufolie über Kreuz auf die Arbeitsfläche legen. Die Springform in die Mitte stellen. Folie an der Außenwand hochziehen, am oberen Rand umschlagen und andrücken, um die Form abzudichten.

3. Für die helle und dunkle Käsecreme Frischkäse, Zucker und Stärke mit den Rührbesen eines Handrührgeräts verrühren. Eier nur kurz unterrühren.

4. Sahne steif schlagen. Die Hälfte der Käsecreme abnehmen, mit dem Kakao verrühren und die Hälfte der Sahne unterheben. Dann auf dem Keksboden in der Form verteilen und glatt streichen. Die restliche Sahne unter die übrige Frischkäsecreme heben und auf der Kakaocreme verstreichen.

5. Die Springform in ein tiefes Backblech oder eine Auflaufform in den Backofen stellen. So viel heißes Wasser angießen, bis sie ca. 2,5 cm hoch im Wasser steht. Im Backofen ca. 1 Std. backen, bis die Creme bei leichtem Rütteln an der Form kaum noch wackelt. Dann den Kuchen im ausgeschalteten Ofen bei leicht geöffneter Tür ca. 30 Min. ruhen lassen. Herausnehmen, Alufolie entfernen und den Kuchen in der Form auskühlen lassen. Dann mit Frischhaltefolie bedeckt mind. 5 Std. – am besten über Nacht – kalt stellen.

6. Für den Schokoguss die Schokolade mit dem Kokosfett in einem Wasserbad schmelzen und etwas abkühlen lassen. Gleichmäßig auf dem Kuchen verstreichen und ca. 30 Min. kalt stellen, bis der Guss fest geworden ist.

Schoko-Käse-kuchen
mit Haselnuss-Streuseln

Für ca. 12 Kuchenstücke
Form: Springform (Ø 26 cm)
Backzeit: ca. 65 Min.
Standzeit: mind. 4 Std.

Mürbeteigboden
100 g weiche Butter
50 g Zucker
100 g Weizenmehl
25 g gemahlene Haselnüsse
20 g Kakao

Füllung
150 g Vollmilchschokolade
150 g Nuss-Nougat-Creme
100 g Zucker
500 g Naturfrischkäse
2 Eier

Streusel
100 g weiche Butter
100 g Zucker
100 g Weizenmehl
100 g gemahlene Haselnüsse

Außerdem
Butter zum Einfetten

1. Den Backofen auf 180 °C Ober- und Unterhitze vorheizen. Die Springform mit Butter einfetten.

2. Alle Zutaten für den Mürbeteigboden mit den Knethaken eines Handrührgeräts zu einem glatten Teig verkneten. Den Teig direkt auf dem Springformboden ausrollen und mit dem Rand umstellen. Den Teig mehrfach mit einer Gabel einstechen. Im Backofen auf dem Rost im unteren Drittel ca. 15 Min. vorbacken, dann herausnehmen und auf einem Kuchengitter abkühlen lassen.

3. Für die Füllung die Schokolade in einer Schüssel in einem Wasserbad schmelzen. Die geschmolzene Schokolade mit Nuss-Nougat-Creme, Zucker und Frischkäse verrühren. Zuletzt die Eier einzeln einrühren. Die Füllung auf den vorgebackenen Boden geben und glatt streichen.

4. Für die Streusel alle Zutaten mit dem Handrührgerät verkneten, bis sich Streusel in der gewünschten Größe bilden. Die Streusel auf der Füllung verteilen.

5. Den Kuchen im Backofen auf dem Rost im unteren Drittel ca. 50 Min. backen. Nach Ende der Backzeit herausnehmen und auf einem Kuchengitter vollständig auskühlen lassen. Dann für mindestens 4 Std. – am besten über Nacht – in den Kühlschrank stellen.

Mein Tipp
Wer es nicht ganz so süß mag, kann statt Vollmilch- auch
Zartbitterschokolade verwenden.

178 *Chocoholic*

Schoko-Minz-Torte

Für 16 Tortenstücke
Formen: Springform
(Ø 28 cm), Tortenring
Backzeit: ca. 25 Min.
Standzeit: mind. 3 Std.

Schokobiskuit
50 g Vollmilchschokolade
3 Eier
75 g Zucker
1 Prise Salz
1 Päckchen Bourbon-
vanillezucker
75 g weiche Butter
50 g Weizenmehl
25 g Speisestärke
15 g Kakaopulver
1 gehäufter TL Backpulver

Schoko-Minz-Creme
3 Blatt Gelatine
200 g Minz-Schokolade
150 g Vollmilchschokolade
500 ml Sahne
4 Eier
40 g Zucker

Außerdem
100 ml Sahne
Minz-Schokolade zum
Dekorieren
8 Minzespitzen

1. Den Backofen auf 180 °C Ober- und Unterhitze vorheizen. Den Springformboden mit Backpapier auslegen.

2. Für den Biskuitboden die Schokolade in einer Schüssel in einem Wasserbad schmelzen und etwas abkühlen lassen. Die Eier trennen. Eiweiße mit einem Handrührgerät mit Rührbesen aufschlagen, dabei die Hälfte des Zuckers und das Salz einrieseln lassen und steif schlagen. Vanillezucker zusammen mit der Butter und dem restlichen Zucker mithilfe einer Küchenmaschine mit Rührbesen schaumig schlagen. Eigelbe nach und nach zugeben. Das Mehl mit Speisestärke, Kakao- und Backpulver mischen und sieben. Die flüssige Schokolade zur Buttermasse geben und gut verrühren. Dann mit einem Teigschaber zuerst den Eischnee und anschließend die Mehlmischung vorsichtig unterheben. Den Teig in die Form füllen und im Backofen auf dem Rost auf mittlerer Schiene ca. 25 Min. backen. Auf einem Kuchengitter etwas stehen lassen, aus der Form lösen, Boden stürzen, Backpapier abziehen und vollständig auskühlen lassen.

3. Für die Schoko-Minz-Sahne die Gelatine ca. 10 Min. in kaltem Wasser einweichen. Die Schokolade in Stücke brechen und mit 50 ml Sahne in einem Wasserbad schmelzen. Die Eier trennen. Das Eiweiß zusammen mit dem Zucker steif schlagen. Dann die übrige Sahne steif schlagen. Eigelbe in die geschmolzene Schokolade rühren und die ausgedrückte Gelatine darin auflösen. Zuerst die Sahne und dann den Eischnee unterheben.

4. Einen Tortenring oder den gesäuberten Springformrand um den Schokobiskuit stellen und die Schoko-Minz-Creme gleichmäßig auf dem Tortenboden verteilen. Die Torte mindestens 3 Std. kalt stellen, dann den Tortenring entfernen.

5. Die Sahne steif schlagen, in einen Spritzbeutel mit Sterntülle füllen und die Torte mit 16 Tupfen verzieren. Mit Minz-Schokolade und Minzespitzen verzieren.

Mein Tipp
Den Schoko-Minz-Traum am besten über Nacht kalt stellen, dann ist die Torte richtig schön fest. Außerdem hat man dann nicht mehr so viel Stress, sondern kann sich in Ruhe der Deko der Kaffeetafel widmen.

Schokosahne
mit beschwipsten Bananen

Für 16 Tortenstücke
Formen: Springform
(Ø 28 cm), Tortenring
Backzeit: ca. 50 Min.
Standzeit: ca. 2 Std.

Schokoladenbiskuit
250 g Zartbitterschokolade
3 Eier
75 g Zucker
1 Prise Salz
1 Päckchen Bourbon-vanillezucker
75 g weiche Butter
50 g Weizenmehl
25 g Speisestärke
15 g Kakaopulver
1 gehäufter TL Backpulver

Beschwipste Bananen
5 Bananen
1 EL Zucker
2 cl Rum

Schokoladensahne
400 ml Sahne
2 Päckchen Sahnesteif

Außerdem
Saft von ½ Zitrone
150 g Krokant
Kakaopulver zum Bestäuben

1. Den Backofen auf 180 °C Ober- und Unterhitze vorheizen. Den Springformboden mit Backpapier auslegen.

2. Die Schokolade in einer Schüssel in einem Wasserbad schmelzen. Die Eier trennen. Eiweiße mit der Hälfte des Zuckers und Salz steif schlagen. Vanillezucker zusammen mit der Butter und dem restlichen Zucker mithilfe einer Küchenmaschine schaumig schlagen. Eigelbe nach und nach dazugeben. Das Mehl mit der Speisestärke, Kakao- und Backpulver mischen.

3. 50 g flüssige Schokolade zur Buttermasse geben und gut verrühren. Dann mit einem Teigschaber zuerst den Eischnee und anschließend die Mehlmischung vorsichtig unterheben. Den Teig in die Form füllen und im Backofen auf dem Rost auf mittlerer Schiene ca. 25 Min. backen. Auf einem Kuchengitter etwas stehen lassen, aus der Form lösen, Boden stürzen, Backpapier abziehen und vollständig auskühlen lassen.

4. Eine Banane für die Dekoration beiseitelegen. 4 Bananen schälen und längs halbieren. Zucker im Rum auflösen und die Bananen darin marinieren.

5. Den Kuchenboden dünn mit einem Teil der Schokolade bestreichen. Die restliche Schokolade für die Schokoladensahne über dem Wasserbad warm halten. Den mit der Schokolade bestrichenen Boden mit den Bananen belegen und mit dem Tortenring umstellen.

6. Die Sahne leicht aufschlagen, das Sahnesteif einrieseln lassen und steif schlagen. Die restliche flüssige Schokolade unter die Sahne heben. Die Schokoladensahne in den Ring füllen und glatt streichen. Die Torte ca. 2 Std. kalt stellen. Anschließend aus dem Ring lösen und den Rand mit Krokant verzieren. Die Tortenoberfläche mit Kakaopulver bestreuen. Die restliche Banane schälen, schräg in Scheiben schneiden, mit Zitronensaft beträufeln und die Torte damit dekorieren.

Mein Tipp
Wenn Sie keinen Tortenring haben, lässt sich die Torte auch in einer gewöhnlichen Springform zubereiten. Die Schokoladensahne löst sich besser vom Springformrand, wenn Sie vor dem Lösen mit einem in heißes Wasser getauchten Messer innen am Rand entlang fahren.

Mein Tipp
Ein sehr schokoladiger Kuchen, super lecker! Er steigert die gute Laune.
Die kann ja gelegentlich nicht schaden, zum Beispiel bei schlechtem Wetter!
Um die Sahne zu schlagen, braucht man allerdings ganz schön viel Kraft
und Geduld. Mit einer Küchenmaschine mit Spritzschutz gelingt sie dagegen
kinderleicht ohne großen Aufwand.

Schoko-Karamell-Schnitten

Für ca. 16 Schnitten
Form: quadratische Springform (24 cm) oder Backblech mit Backrahmen
Backzeit: ca. 15 Min.
Standzeit: ca. 12 Std.

Schokosahne
500 ml Sahne
160 g Schoko-Karamell-Bonbons (z. B. Storck Riesen)
2 Päckchen Sahnesteif

Schokobiskuit
100 g Weizenmehl
15 g Kakaopulver
4 Eier
100 g Zucker
1 EL Wasser
50 g flüssige Butter

Außerdem
30 g Raspelschokolade Zartbitter
16 Schoko-Karamell-Bonbons zum Dekorieren

1. Die Sahne in einem großen Topf aufkochen und vom Herd ziehen. Schoko-Bonbons unter Rühren darin vollständig schmelzen. Auskühlen lassen und zugedeckt über Nacht kalt stellen.

2. Den Backofen auf 180 °C Ober- und Unterhitze vorheizen. Den Boden der Form mit Backpapier auslegen.

3. Für den Schokobiskuit Mehl und Kakaopulver mischen und sieben. Eier trennen. Eiweiße und 50 g Zucker mit einem Handrührgerät mit Rührbesen steif schlagen. Eigelbe ca. 1 Min. aufschlagen, den übrigen Zucker unter Rühren einrieseln lassen und weitere 2 Min. aufschlagen. Maximal ein Drittel des Eischnees mit einem Teigschaber unter die Eigelbmasse rühren. Den Rest im Wechsel mit der Mehl-Kakao-Mischung vorsichtig unterheben. Zum Schluss Wasser sowie flüssige Butter einrühren. Den Teig in die Form füllen und im Backofen auf dem Rost auf mittlerer Schiene ca. 15 Min. backen. Aus der Form lösen, stürzen, Backpapier abziehen und vollständig auskühlen lassen.

4. Die kalte Schoko-Karamell-Sahne mit einem Handrührgerät oder besser einer Küchenmaschine mit Rührbesen cremig aufschlagen, dabei das Sahnesteif einrieseln lassen. Etwas Schokosahnecreme auf dem Biskuit verteilen und glatt streichen. Die restliche Creme in einen Spritzbeutel mit Sterntülle füllen und kleine Tuffs darauf spritzen.

5. Zum Schluss mit Raspelschokolade bestreuen, mit halbierten Karamell-Bonbons verzieren und in Stücke schneiden. Die Schnitten sofort genießen oder nochmals kalt stellen.

Schoko-Mango-Panettone

Für 1 Panettone
Form: Panettone-Form (1,6 l Inhalt)
Backzeit: ca. 40–45 Min.
Standzeit: ca. 60 Min. und 15 Min.

Teig
300 ml Milch
50 g Butter
450 g Weizenmehl
80 g brauner Zucker
½ TL Salz
½ Würfel Hefe (21 g)

Füllung
100 g getrocknete Mango
100 g Zartbitterkuvertüre
50 g Mandeln

Außerdem
Butter für die Form
Weizenmehl zum Bearbeiten
1 Eigelb zum Bestreichen
Puderzucker zum Bestäuben

1. Für den Teig die Milch in einem Topf erwärmen und die Butter darin schmelzen. Auf Zimmertemperatur abkühlen lassen.

2. Das Mehl in einer großen Rührschüssel mit Zucker und Salz vermischen. In die Mitte eine Mulde drücken, die Hefe hineinbröckeln und etwas Milch-Butter-Gemisch zugießen. Die Hefe darin auflösen, dann die restliche Milch zugeben. Mit den Knethaken des Handrührgerätes zu einem glatten Teig verkneten. Abgedeckt an einem warmen Ort ca. 60 Min. gehen lassen.

3. In der Zwischenzeit für die Füllung Mangos und Zartbitterschokolade würfeln.

4. Die Panettone-Form mit Butter einfetten.

5. Den Teig erneut mit den Knethaken des Handrührgerätes durchkneten. Mango und Schokoladenstückchen gut unterkneten. Den Teig auf einer bemehlten Arbeitsfläche zu einer Kugel formen und in die Panettone-Form geben. Die Mandeln über dem Teig verteilen und leicht andrücken. Dann abgedeckt an einem warmen Ort ca. 15 Min. gehen lassen.

6. In der Zwischenzeit den Backofen auf 180 °C Ober- und Unterhitze vorheizen. Den Panettone auf der zweiten Schiene von unten ca. 30 Min. backen.

7. Das Eigelb mit 1 EL Wasser verquirlen, die Oberfläche des Panettone damit einpinseln. Erneut in den Ofen stellen und auf der untersten Schiene weitere 10–15 Min. backen, bis die Oberfläche goldbraun ist.

8. Den Panettone abkühlen lassen, aus der Form stürzen und mit Puderzucker bestäubt servieren.

Chocoholic 185

Chocoholic

Bunte Mini-Schokokuss-Torte

Für ca. 16 Stücke
Form: quadratische Springform (24 cm)
Standzeit: ca. 3 Std.

Boden
175 g Butter
3 Päckchen (à 75 g) Eiswaffeln

Belag
2 Packungen Mini-Schokoküsse (à 24 Stück)
Saft von 1 Zitrone
250 g Ricotta
500 ml Sahne
1 Päckchen Bourbon-vanillezucker
bunte Schokolinsen zum Dekorieren

1. Die quadratische Springform mit Backpapier auslegen. Für den Boden die Butter schmelzen. Die Eiswaffeln in einem Blitzhacker klein hacken und mit der flüssigen Butter vermischen. Die Bröselmasse in die Form geben, gleichmäßig verteilen und fest drücken. Dann ca. 60 Min. im Kühlschrank fest werden lassen.

2. Von 1½ Packungen Mini-Schokoküssen die Waffeln abnehmen und beiseitestellen. Schaum und Schokoladenüberzug mit einer Gabel zerdrücken. Die Masse mit Zitronensaft und Ricotta verrühren. Die Sahne mit Vanillezucker steif schlagen und die Hälfte davon unter die Schokokussmasse heben. Die restliche Sahne bis zur weiteren Verwendung kalt stellen.

3. Die Schokokussmasse gleichmäßig auf den Bröseln verstreichen und im Kühlschrank ca. 2 Std. kalt stellen. Nach der Kühlzeit mit einem Messer innen am Springformrand entlangfahren, dass sich die Creme löst. Dann den Rahmen entfernen, die Tortenränder mit der restlichen geschlagenen Sahne einstreichen und mit den Waffeln verzieren.

4. Zum Schluss die Mini-Schokokuss-Torte mit den restlichen Mini-Schokoküssen und bunten Schokolinsen dekorieren.

Mein Tipp
Statt in normaler Größe, lohnt es hier gemischte Mini-Schokoküsse zu verwenden, denn sie lassen sich viel besser und abwechslungsreicher dekorieren. Wer keine quadratische Springform besitzt, kann die Torte auch in einem Backrahmen herstellen und diesen auf ein mit Backpapier ausgelegtes Backblech setzen. So lässt sich die Größe der Schokokuss-Torte individuell bestimmen.

Schoko-Ingwer-Kuchen

Für ca. 12 Kuchenstücke
Form: Kastenform (25 cm)
Backzeit: ca. 40 Min.

Rührteig
160 g Zartbitterschokolade
(60 % Kakaoanteil)
150 g weiche Butter
80 g Weizenmehl
60 g gemahlene Mandeln
4 Eier
1 EL Zucker
1 Prise Salz
1 Päckchen Bourbon-
vanillezucker
150 g Puderzucker

Ingwer-Schoko-Creme
20 g Ingwerwurzel
80 ml Sahne
200 g Zartbitterschokolade
(60 % Kakaoanteil)
30 g kandierter Ingwer

Außerdem
Butter und Weizenmehl
für die Form
Kakaopulver zum Bestäuben,
nach Belieben

1. Den Backofen auf 180 °C Ober- und Unterhitze vorheizen. Die Form mit Butter einfetten und mit Mehl bestäuben, überschüssiges Mehl dabei abklopfen.

2. Für den Rührteig die Schokolade hacken und mit der Butter in einer Schüssel in einem Wasserbad schmelzen. Das Mehl mit den gemahlenen Mandeln mischen und unter die Schokolade rühren. Die Eier trennen. Eiweiße mit Zucker und Salz mit einem Handrührgerät mit Rührbesen steif schlagen. Eigelbe, Vanille- und Puderzucker mit einem Handrührgerät leicht schaumig schlagen. Zuerst die Eigelbmasse unter die Schokoladen-Butter-Mischung rühren, dann den Eischnee mit einem Schneebesen unterheben.

3. Die Schokoladenmasse in die vorbereitete Form füllen und den Kuchen im Backofen auf dem Rost im unteren Drittel ca. 40 Min. backen. Mit einem Holzspieß überprüfen, ob der Teig durchgebacken ist. Anschließend auf ein Kuchengitter stürzen, etwas stehen lassen, die Form abnehmen und den Kuchen vollständig auskühlen lassen.

4. Für die Creme den frischen Ingwer schälen, grob klein schneiden und mit der Sahne in einem kleinen Topf aufkochen. Vom Herd nehmen und ca. 5 Min. ziehen lassen. Die Schokolade sehr fein hacken und in eine Schüssel geben. Die heiße Sahne durch ein Sieb darüber gießen und verrühren. Den kandierten Ingwer in Würfel schneiden und beiseitestellen.

5. Den Schokoladenkuchen nach Belieben ein- oder zweimal waagerecht durchschneiden, die Schichten mit etwas Creme bestreichen und mit den kandierten Ingwerwürfeln bestreuen. Den Kuchen zusammensetzen, mit der restlichen Creme einstreichen und nach Belieben mit Kakaopulver bestäuben.

Mein Tipp
Wer kein großer Ingwer-Fan ist, kann den Ingwer
in der Schokoladen-Creme auch einfach weglassen.
Lecker schmecken alternativ auch getrocknete
Cranberrys oder Kirschen.

Brownies

Für ca. 20 Stücke
Form: quadratische Springform (24 × 24 cm)
oder Auflaufform (20 × 30 cm)
Backzeit: ca. 25–30 Min.

Zutaten
250 g Zartbitterschokolade
250 g Butter
6 Eier
350 g Zucker
1 Päckchen Bourbonvanillezucker
200 g Weizenmehl
1 Prise Salz

Außerdem
Butter für die Form

1. Den Backofen auf 180 °C Ober- und Unterhitze vorheizen. Die Form mit Butter einfetten.

2. Die Schokolade hacken und mit der Butter in einem Topf bei mittlerer Temperatur schmelzen, vom Herd nehmen und glatt rühren.

3. In einer Schüssel die Eier mit dem Zucker und Vanillezucker mithilfe eines Handrührgeräts mit Rührbesen schaumig schlagen. Die Schoko-Butter-Masse unterrühren. Anschließend das Mehl und Salz zufügen und mit einem Schneebesen unterheben.

4. Den Teig gleichmäßig in der Form verteilen und im Backofen ca. 25–30 Min. backen. Die Brownies müssen innen noch etwas feucht sein. Dann in der Form auskühlen lassen und erst dann in Stücke schneiden.

Mein Tipp
Jede amerikanische Hausfrau hat hier ihr eigenes Rezept. Probieren Sie doch mal dieses Geheimrezept. Brownies sollen recht kompakt und innen noch feucht bleiben. Darum haben sie auch mindestens so viel Schokoladenanteil wie Mehl. Achten Sie darauf, dass Sie eine Form wählen, in die Sie die Brownie-Masse nicht zu hoch, aber auch nicht zu niedrig füllen. Eine Höhe von drei Zentimetern sollte passen, sonst werden die Brownies zu trocken oder flach.

White-Chocolate-Peanutbutter-Blondies

Für 20 Kuchenstücke
Form: Auflaufform (25 × 20 cm)
Backzeit: ca. 25 Min.

Zutaten
125 g Weizenmehl
1 TL Backpulver
75 g weiße Schokolade
100 g weiche Butter
150 g Erdnussbutter mit Stückchen
175 g brauner Zucker
1 Ei
Mark von 1 Vanilleschote

Außerdem
Butter für die Form
25 g weiße Schokolade
frische Heidelbeeren, nach Belieben

1. Den Backofen auf 170 °C Ober- und Unterhitze vorheizen. Die Form mit Butter einfetten.

2. Mehl und Backpulver mischen und die Schokolade hacken.

3. Butter und Erdnussbutter mit einem Handrührgerät mit Rührbesen gut miteinander verrühren. Zucker, Ei und Vanillemark zugeben und nochmals gut durchrühren. Mehlmischung sowie Schokolade zugeben und untermischen.

4. Den Teig in die Form geben und im Backofen auf dem Rost auf mittlerer Schiene ca. 25 Min. backen, bis der Teig in der Mitte fast fest ist. Herausnehmen und vollständig in der Form auskühlen lassen.

5. Weiße Schokolade schmelzen und den Blondie damit besprenkeln. Trocknen lassen und in Stücke schneiden. Nach Belieben mit Heidelbeeren garnieren.

Mein Tipp
Weiße Schokolade ist einfach himmlisch! Praktisch sind auch weiße backfeste Schokoladendrops.

Schoko-Fudge

Für ca. 16 Kuchenstücke
Form: quadratische Springform (24 cm) oder Backblech mit Backrahmen
Backzeit: ca. 15–20 Min.

Zutaten
200 g Zartbitterschokolade (60 % Kakaoanteil)
180 g Butter
4 Eier
200 g brauner Zucker
1 Prise Salz
50 g gesiebtes Weizenmehl
120 g gemahlene Mandeln
Mark von 1 Vanilleschote

1. Den Backofen auf 180 °C Ober- und Unterhitze vorheizen. Die jeweilige Form mit Backpapier auslegen.

2. Die Schokolade in Stücke brechen und zusammen mit der Butter in einer Schüssel in einem heißen Wasserbad schmelzen. Die Eier trennen. Das Eiweiß mit einem Handrührgerät mit Rührbesen aufschlagen, langsam den Zucker und das Salz einrieseln lassen und steif schlagen. Mehl und Mandeln miteinander vermengen.

3. Die Eigelbe und das Vanillemark unter die geschmolzene Schokolade rühren. Dann die Eiweiße portionsweise mit einem Schneebesen unter die Schokoladenmasse heben. Zum Schluss die Mandel-Mehl-Mischung nur kurz unterheben.

4. Den Teig gleichmäßig in der Form verteilen und im Backofen auf dem Rost auf mittlerer Schiene ca. 15–20 Min. backen. Der Kuchen muss in der Mitte unbedingt feucht bleiben. Den fertigen Kuchen aus dem Ofen nehmen, etwas abkühlen lassen und aus der Form lösen. Auskühlen lassen und dann in 6 cm große Würfel schneiden.

Mein Tipp
Einfach dufte schmecken dazu pürierte Erd- oder Himbeeren mit einem Hauch Puderzucker und einem Schuss Zitronensaft! Außerdem lässt sich der Kuchen prima vorbereiten und bleibt auch gekühlt einige Tage saftig und frisch. Tolle Variationen gibt es außerdem durch unterschiedliche Nussarten, gemahlene Haselnüsse oder Kokosnussraspel.

Kalter Hund

Für 16 Stücke
Form: Kastenform (25 cm)
Standzeit: mind. 4 Std.

Zutaten
250 g Kokosfett
2 Eier
100 g Zucker
1 EL Bourbonvanillezucker
50 g Kakaopulver
4 EL Milch
50 g grob gemahlene Mandeln
300 g Butterkekse

1. Das Kokosfett bei schwacher Hitze schmelzen. Eier, Zucker, Vanillezucker, Kakao und Milch miteinander verquirlen. Das lauwarme Fett mit den Mandeln unter die Masse rühren.

2. Die Kastenform mit Backpapier auslegen und mit einer dünnen Schicht Schokocreme bedecken. Eine Lage Butterkekse hineingeben, mit der Creme bestreichen und eine weitere Schicht Butterkekse darauflegen. So fortfahren, bis alle Kekse und die ganze Creme aufgebraucht sind. Eventuell beschweren und im Kühlschrank mindestens 4 Std. fest werden lassen.

3. Nach der Kühlzeit aus der Form stürzen, das Backpapier abziehen und den Kuchen in ca. 1 cm dicke Scheiben schneiden. Direkt genießen!

Mein Tipp
Dieser Kastenkuchen aus Schichten von Schokoladenmasse und Butterkeksen ist seit Jahrzehnten ein Renner auf Geburtstagspartys. Kalte Schnauze, Schwarzer Peter, Zebrakuchen oder Keksbass sind weitere fantasievolle Namen für diesen Kuchenklassiker.

Mein Tipp
Diese Variante des Parfaits lässt sich super portionsweise einfrieren und hält sich in Frischhaltefolie gewickelt auch einige Zeit „auf Eis gelegt". Wer im Gefrierfach keinen Platz für ein ganzes Muffinblech hat, kann die Masse auch in Silikonformen füllen. Die gibt es in den unterschiedlichsten Formen, auch als Herzen passend zum Valentinstag!

Geeiste White-Chocolate-Cupcakes

Für 12 Cupcakes
Formen: Muffinblech,
Papier-Muffinförmchen
Standzeit: ca. 4–5 Std.

Zutaten
je 150 g frische Himbeeren,
Heidelbeeren und Kirschen
3 EL Zucker
3–4 EL Kirschlikör
150 g weiße Schokolade
3 Eigelb
225 g Puderzucker
750 g Vollmilch-Joghurt
100 g Mandelmus

Außerdem
weiße Schokolade
zum Verzieren

1. Die Beeren verlesen, waschen und abtropfen lassen. Die Kirschen waschen, entsteinen, zuckern und mit dem Likör beträufeln. Das Ganze etwa 60 Min. ziehen lassen.

2. Die weiße Schokolade in einem Topf schmelzen und etwas abkühlen lassen. Danach Eigelbe und Puderzucker mit den Rührbesen des Handrührgerätes cremig schlagen. Joghurt, Mandelmus und die geschmolzene Schokolade unterrühren. Die Kirschen etwas abtropfen lassen und alle Früchte vorsichtig unter die Joghurtmasse heben. Ein Muffinblech mit Papier-Muffinförmchen auskleiden, die Joghurtmasse in die Förmchen gleichmäßig verteilen und im Gefrierschrank ca. 3–4 Std. frieren.

3. Vor dem Servieren die Cupcakes aus dem Gefrierfach holen und kurz antauen lassen. Zum Verzieren noch etwas weiße Schokolade über die gefrorenen Cupcakes hobeln und sofort servieren.

Schoko-Blumentopf-Cupcakes

Für 12 Cupcakes
Formen: 12 Tontöpfchen
(à Ø 8–9 cm), 12 hohe Papier-
backförmchen, Backblech
Backzeit: ca. 20 Min.
Standzeit: ca. 30 Min.

Rührteig
150 g Zartbitterschokolade
125 g weiche Butter
225 g Zucker
1 Päckchen Bourbon-
vanillezucker
1 Prise Salz
4 Eier
160 g Weizenmehl
1 TL Backpulver
1 TL Kakaopulver

Belag
200 g Naturfrischkäse
(Doppelrahmstufe)
3 EL Zucker
3 EL Kakaopulver
12 Schokokekse

Außerdem
12 grüne Strohhalme
12 bunte Blüten

1. Die Tontöpfe ca. 30 Min. bedeckt mit kaltem Wasser stehen lassen, damit sie beim Backen nicht platzen. Herausnehmen, abtrocknen und je ein Papierbackförmchen hineingeben.

2. Den Backofen auf 180 °C Ober- und Unterhitze vorheizen.

3. Für den Teig Schokolade grob hacken. Butter und Schokolade in einem Topf bei schwacher Temperatur unter Rühren schmelzen, von der Kochstelle nehmen und in eine Rührschüssel geben. Zucker, Vanillezucker, Salz, Eier, Mehl, Backpulver und Kakao zufügen. Alles mit einem Handrührgerät mit Rührbesen zu einem glatten Teig verrühren.

4. Den Teig in die Tontöpfchen füllen, auf ein Blech stellen und im Backofen auf einer der unteren Schienen ca. 20 Min. backen. Cupcakes herausnehmen und auskühlen lassen.

5. Für den Belag Frischkäse, Zucker und Kakao mit dem Handrührgerät mit Rührbesen verrühren. Die Schokokekse in einen Gefrierbeutel geben und mit den Händen zerbröseln, sodass sie wie Erde aussehen. Die ausgekühlten Cupcakes mit der Frischkäsemasse bestreichen und mit den Keksbröseln bestreuen.

6. Strohhalme mit einer Schere etwas kürzen und als Stiel in die Cupcakes setzen. Jeweils eine Blüte in die Strohhalme geben.

Mein Tipp
So schmeckt der Frühling – Hingucker und Gaumenschmaus zugleich! Man kann die Cupcakes nicht nur selber essen, sondern auch ganz toll an Menschen verschenken, die man mag. Als Blüten eignen sich alle Lieblingsblumen.

Chocoholic

Schwarzwälder Trifle

Für 8–10 Portionen
Form: Glasschüssel
(Ø 22 cm)
Standzeit: ca. 60 Min.

Zutaten
200 g Schokoladenrührkuchen
(Basisrezept Rührteig mit
30 g Kakaopulver und 3–4 EL
Milch; s. S. 10)
1 Glas (720 g) Sauerkirschen
2 TL Speisestärke
2 EL Kirschwasser
250 g Speisequark (40 % Fett)
600 g Vanillejoghurt
4 EL Schokoladenraspel

Außerdem
Puderzucker zum Bestäuben

1. Den Schokoladenrührkuchen in 1 cm große Würfel schneiden.

2. Die Sauerkirschen auf einem Sieb abtropfen lassen und den Saft dabei auffangen. 200 ml der Abtropfflüssigkeit in einem Topf aufkochen. Die Speisestärke mit 2 EL kalter Abtropfflüssigkeit verrühren, den Saft im Topf damit binden und die Kirschen wieder zugeben. Anschließend abkühlen lassen.

3. Das Kirschwasser mit 3 EL Abtropfflüssigkeit verrühren und die Kuchenwürfel damit beträufeln.

4. Den Quark mit Vanillejoghurt und den Schokoraspeln verrühren. Abwechselnd je 1 Schicht Kuchenwürfel, Kirschen und Vanille-Quark in die Schüssel geben, das ganze wiederholen, bis die Zutaten aufgebraucht sind. Mit Kuchenwürfeln enden und ca. 60 Min. kalt stellen. Vor dem Servieren mit Puderzucker bestäuben.

Mein Tipp
Das Trifle lässt sich auch dekorativ in kleine Gläser schichten, dann wird es ein tolles Dessert und lässt sich in kleinen Portionen einfacher und individueller servieren.

Halbflüssiges Schokoküchlein

Für 4 Stück
Form: 4 Souffléförmchen
Backzeit: ca. 14 Min.
Standzeit: mind.
6 Std. kühlen oder
3 Std. gefrieren

Zutaten
100 g Butter
100 g Zartbitterschokolade
(66 % Kakaoanteil)
3 Eier
120 g Zucker
40 g Weizenmehl

Außerdem
Butter und Weizenmehl
für die Förmchen

1. Die Förmchen mit Butter einfetten und mit Mehl ausstreuen, das überschüssige Mehl abklopfen.

2. Die Butter und die Schokolade in einem Topf bei geringer Temperatur schmelzen.

3. Die Eier mit dem Zucker in einem Wasserbad mit einem Handrührgerät mit Rührbesen schaumig aufschlagen, bis sich das Volumen verdoppelt hat. Die Schokoladen-Buttermasse langsam dazu gießen und gut vermengen. Das Mehl mit einem Schneebesen unter die Eier-Schokoladenmasse heben.

4. Die Masse bis etwa 1 fingerbreit unter den Rand in die vorbereiteten Soufflé-Förmchen füllen. Die Masse mindestens 6 Std. gekühlt ruhen lassen oder ca. 3 Std. gefrieren.

5. Den Backofen auf 200 °C Ober- und Unterhitze vorheizen. Die gekühlten ca. 12–13 Min. bzw. die gefrorenen Schokoküchlein ca. 14 Min. im Backofen backen, anschließend stürzen und sofort warm servieren.

Mein Tipp
Endlich ein „easy" Rezept für die allseits beliebten Mini-Kuchen mit flüssigem Schokoladenkern. Ein Muss für Schoko-Fans und mit frischen Himbeeren und Vanilleeis ein super Dessert zu einem festlichen Abendessen.

Pain au chocolat

Für 16 Schokobrötchen
Formen: Backbleche
Backzeit: ca. 15–20 Min.

Zutaten
2 Packungen Blätterteig aus dem Kühlregal (à ca. 270 g)
16 Milchschokoladenriegel
1 Ei zum Bestreichen

1. Den Backofen auf 200 °C Ober- und Unterhitze vorheizen. Backbleche mit Backpapier belegen.

2. Die Teigplatten entrollen und in jeweils 8 Rechtecke schneiden. Die Milchschokoladenriegel gegebenenfalls halbieren und auf die Rechtecke verteilen. Die Ränder mit verquirltem Ei bestreichen und aufrollen.

3. Mit der Nahtseite nach oben auf die Bleche legen und mit verquirltem Ei bestreichen. Nacheinander im Backofen auf mittlerer Schiene ca. 15–20 Min. backen. Herausnehmen, auf Kuchengitter legen und auskühlen lassen.

Mein Tipp
Ganz easy und schnell gelingen diese fantastischen Schokoladenbrötchen! Wer etwas mehr Zeit und Muße hat, sollte auch einmal die Brötchen aus dem süßen Hefeteig aus der Backschule probieren. Den Teig ausrollen, 1–2 Milchschokoladenriegel einwickeln und schwupps in den Ofen damit!

Mini-Guinness-Schoko-Gugels

Für ca. 18 Gugels
Formen: Mini-Gugelform, Backblech
Backzeit: ca. 8–12 Min.

Zutaten
100 g Weizenmehl
10 g Kakao
1 TL Backpulver
50 g Butter
35 g Zartbitterschokolade
100 ml Guinness
2 Eier
100 g Zucker

Außerdem
Butter und Weizenmehl für die Form
Puderzucker zum Bestäuben

1. Den Backofen auf 180 °C Ober- und Unterhitze vorheizen. Die Mulden der Mini-Gugelform mit Butter einfetten und mit Mehl bestäuben, überschüssiges Mehl abklopfen.

2. Für die Gugels Mehl, Kakao und Backpulver mischen. Butter und Schokolade in einem Wasserbad schmelzen und abkühlen lassen, dann das Guinness unterrühren. Eier und Zucker mit den Rührbesen eines Handrührgerätes schaumig schlagen. Abwechselnd die Schokomasse und die Mehlmischung unter die Eiermasse rühren.

3. Den Teig in die Mulden füllen. Die Gugelform auf ein Backblech stellen und die Gugels im Backofen auf mittlerer Schiene ca. 8–12 Min. backen. Aus dem Ofen nehmen, in der Form vollständig auskühlen lassen und herauslösen. Die Mini-Gugels mit Puderzucker bestäuben.

Mein Tipp
Hmm, diese kleinen Kuchen sind mit einem Happs im Mund verschwunden. Kein Guinness im Haus? Dann kann man die Menge Bier auch einfach durch Rotwein ersetzen. Schmeckt ebenfalls super lecker!

Mein Tipp
Die Cookie Shots am besten einen Tag vor dem Verzehr zubereiten, dann können sie im Kühlschrank gut durchziehen. Schokostreusel jedoch erst kurz vor dem Servieren darauf streuen.

Chocolate Chip Cookie Shots
mit Pannacotta-Füllung

Für ca. 10 Stück
Formen/Materialien: runder Ausstecher (Ø 4 cm), 10 konisch geformte Becher, 10 Weinkorken
Backzeit: ca. 12–15 Min.
Standzeit: ca. 3 Std.

Cookie-Teig
200 g weiche Butter
100 g Zucker
1 Päckchen Bourbonvanillezucker
1 Prise Salz
1 Ei
300 g Weizenmehl
125 g backfeste Schokotröpfchen

Pannacotta-Füllung
3 Blatt Gelatine
200 ml Sahne
200 ml Milch
50 g Zucker
Mark von ½ Vanilleschote

Außerdem
Butter zum Einfetten
Weizenmehl zum Bestäuben und Bearbeiten
Backpapier
100 g Zartbitterschokolade
feine Schokoladenraspel zum Bestreuen

1. Für den Cookie-Teig Butter, Zucker, Vanillezucker und Salz in einer Schüssel mit den Knethaken eines Handrührgeräts verkneten. Erst das Ei und zum Schluss das Mehl sowie die Schokotröpfchen unterkneten. Den Teig zu einer Kugel formen, in Frischhaltefolie wickeln und ca. 1 Std. kalt stellen.

2. Den Backofen auf 180 °C Ober- und Unterhitze vorheizen. Die Becher mit Butter einfetten und mit Mehl bestäuben, überschüssiges Mehl abklopfen. Ein Drittel des Teigs auf einer leicht mit Mehl bestäubten Arbeitsfläche ca. 5 mm dick ausrollen und mit dem runden Ausstecher 10 Scheiben ausstechen. Die Böden der Becher damit auslegen. Den restlichen Teig ebenfalls auf der leicht bemehlten Arbeitsfläche ca. 5 mm dick und in einem Rechteck von ca. 25 × 30 cm ausrollen. Dann den Teig in 5 cm breite Streifen schneiden und diese mittig halbieren. Die Teigstreifen passend in die Becher an den Rand legen, ggf. überstehenden Teig abschneiden. Das Innere mit Backpapier auslegen und einen Weinkorken hineinstecken, damit alles stabil bleibt und nicht zusammenläuft.

3. Die Becher auf einem Backblech ins untere Drittel des Backofens stellen und die Cookie Shots ca. 12–15 Min. backen. Herausnehmen, kurz in der Form abkühlen lassen, stürzen und vollständig auskühlen lassen.

4. Die Schokolade in einem Wasserbad schmelzen, das Innere der Cookie Shots damit auspinseln und fest werden lassen.

5. Für die Füllung die Gelatine ca. 10 Min. in kaltem Wasser einweichen. Sahne, Milch und Zucker aufkochen. Vanillemark zugeben und alles etwas abkühlen lassen. Die Gelatine gut ausdrücken und unterrühren. Auf Zimmertemperatur abkühlen lassen, damit die Schokolade beim Einfüllen nicht schmilzt. Dann die Pannacotta in die Shots füllen und mindestens 2 Std. kalt stellen. Mit Schokoladenraspeln bestreut genießen.

Schoko-Tafeln

Für ca. 400 g
Form/Materialien: Auflaufformen, Frischhaltefolie
Standzeit: ca. 2 Std.

Schokolade
Öl zum Einfetten
200 g weiße und Vollmilch- oder Zartbitterschokolade

Toppings
Cranberrys, Dinkelpops, Kokoschips, Kürbiskerne, gehackte Mandeln, Pistazien, Walnüsse

1. Die Auflaufformen dünn mit Öl einpinseln und dann mit Frischhaltefolie auslegen. Die Schokoladensorten getrennt voneinander in einem Wasserbad schmelzen.

2. In die Formen gießen und mit den unterschiedlichen Toppings bestreuen. Im Kühlschrank ca. 2 Std. fest werden lassen.

Mein Tipp
Auch toll zum Kindergeburtstag als Schoko-Taler. Einfach die Schokolade in die Mulden einer Silikon-Muffinform füllen und die Kinder mit ihren Lieblingszutaten dekorieren lassen.

Trinkschokolade
am Stiel

Für 4 Stück
Formen: z. B. Becher (à 100 ml Inhalt), Holzlöffel oder Eisstiele
Standzeit: ca. 2 Std.

Schokolade
150 g Vollmilchkuvertüre
150 g Zartbitterkuvertüre

Außerdem
bunte Mini-Marshmallows
bunte Zuckerstreusel

1. Die Kuvertüren getrennt voneinander in einem Wasserbad schmelzen. Dann in geeignete Becher gießen und leicht anziehen lassen. Holzlöffel oder Eisstiele in die Schokolade stecken, mit Mini-Marshmallows oder Zuckerstreuseln bestreuen und im Kühlschrank innerhalb 2 Std. komplett fest werden lassen.

2. Zum Herauslösen kurz in heißes Wasser tauchen, zum Trocknen der äußeren Schicht auf Backpapier stellen und wieder fest werden lassen. Zum Genießen in heißer Milch schmelzen lassen.

Mein Tipp
Wer mag, kann die Schokolade noch mit Gewürzen aromatisieren, z. B. mit Zimt- oder, wer es etwas pikant mag, mit Chilipulver.

Rund um die Welt

Rund um die Welt

Lemon Curd

Für ca. 4 Gläser
Zubehör: Hochleistungsmixer mit Suppenfunktion, 4 Einmachgläser (à ca. 330 ml Inhalt)

Zutaten
7 Eier
200 ml frisch gepresster Zitronensaft
450 g Zucker
Salz
200 g weiche Butter

1. Eier, Zitronensaft, Zucker und 1 Prise Salz in den Behälter des Mixers geben und den Deckel verschließen.

2. Das Programm „Heiße Suppe" starten und warten, bis es beendet ist.

3. Dann auf kleine Stufe schalten, durch die Deckelöffnung portionsweise die Butter zugeben und die Masse bis zur gewünschten Konsistenz cremig mixen.

4. Das Lemon Curd in die Gläser abfüllen und verschließen. Es hält sich gekühlt ca. 2 Wochen.

Mein Tipp
Wer keinen Hochleistungsmixer mit automatischer Suppenfunktion besitzt, mixt das Ganze cremig auf und erwärmt das Lemon Curd unter ständigem Rühren in einem Topf auf dem Herd bis zur gewünschten Konsistenz.

Lemon Curd Tarte

Für 12 Tartestücke
Form: Tarteform (Ø 26 cm)
Backzeit: ca. 50 Min.
Standzeit: ca. 3 Std.

Teig
150 g weiche Butter
120 g Puderzucker
½ TL Salz
Mark von ½ Vanilleschote
Abrieb von ½ unbehandelten Zitrone
3 Eigelb
300 g Weizenmehl

Füllung
selbst gemachtes Lemon Curd oder 4 Gläser (à 320 g)

Außerdem
Butter zum Einfetten
Weizenmehl zum Bestäuben und Bearbeiten
Hülsenfrüchte zum Blindbacken

1. Aus den angegebenen Zutaten mit einem Handrührgerät mit Knethaken einen geschmeidigen Teig kneten. Anschließend zu einer Kugel formen, in Frischhaltefolie wickeln und ca. 1 Std. kalt stellen.

2. Den Backofen auf 180 °C Ober- und Unterhitze vorheizen. Die Tarteform mit Butter einfetten und mit Mehl bestäuben, überschüssiges Mehl abklopfen.

3. Den Teig auf einer leicht mit Mehl bestäubten Arbeitsfläche rund (Ø ca. 30 cm) ausrollen. Den Teig so in die Tarteform legen, dass auch der Rand bedeckt ist. Dann den Teigboden mit einer Gabel mehrfach einstechen. Mit einem Bogen Backpapier bedecken und mit Hülsenfrüchten beschweren. Im Backofen auf dem Rost im unteren Drittel ca. 30 Min. blindbacken. Anschließend herausnehmen und abkühlen lassen.

4. Die Backofentemperatur auf 120 °C Ober- und Unterhitze reduzieren. Das Lemon Curd auf dem Teig verteilen, glatt streichen und weitere 20–25 Min. backen. Dann herausnehmen und vollständig auskühlen lassen. Vor dem Genießen nochmals ca. 2 Std. kalt stellen.

Mein Tipp
Funktioniert auch prima im Mini-Format. Dafür den Teig ausrollen, ausstechen und die Mulden einer Mini-Muffinform damit auslegen. Dann backen und die fertigen ausgekühlten Böden mit Lemon Curd füllen. Noch schöner wird's, wenn die Mini-Tartes mit Obst der Saison dekoriert sind.

Rund um die Welt

Französischer Orangenkuchen

Für 12 Kuchenstücke
Form: Springform (Ø 26 cm)
Backzeit: ca. 40 Min.

Zutaten
3–4 unbehandelte Orangen
300 g Zucker
2 Zitronen
4 Eier
250 g Weizenmehl
½ Päckchen Backpulver
220 g flüssige Butter

1. Den Backofen auf 180 °C Ober- und Unterhitze vorheizen. Den Boden der Springform mit Backpapier auslegen.

2. Die Orangen heiß abwaschen, trocknen und in 5–8 mm dicke Scheiben schneiden. 50 g Zucker gleichmäßig auf das Backpapier streuen. Die Scheiben eng aneinander liegend darauf platzieren. Auf die Orangen nochmals 30 g Zucker streuen.

3. Für den Kuchenteig zunächst die Zitronen auspressen. Die Eier mit dem restlichen Zucker in der Rührschüssel einer Küchenmaschine schaumig aufschlagen. Mehl und Backpulver nur kurz unterheben. Zum Schluss den Zitronensaft und die flüssige Butter unterrühren.

4. Den Teig auf den vorbereiteten Orangen verteilen und glatt streichen. Im Backofen auf dem Rost im unteren Drittel ca. 40 Min. backen. Dann herausnehmen, noch heiß stürzen, das Backpapier abziehen und vollständig auskühlen lassen.

Mein Tipp
Wer mag, karamellisiert den Zucker und gießt das Karamell in die Form. Dann ähnelt der Kuchen einer klassisch französischen Tarte Tatin. Wer den Geschmack von Blutorangen mag, kann den Kuchen auch damit zubereiten.

Schwedische Mandeltorte

Für 12 Tortenstücke
Form: Springform (Ø 26 cm)
Backzeit: ca. 30–40 Min.
Standzeit: ca. 3 Std.

Zutaten
8 Eier
200 ml Sahne
400 g Zucker
200 g gemahlene ungeschälte Mandeln
150 g weiche Butter
100 g geröstete Mandelblättchen

1. Den Backofen auf 180 °C Ober- und Unterhitze vorheizen. Den Boden der Springform mit Backpapier auslegen.

2. Die Eier trennen. Jeweils 4 Eiweiße in getrennte Schüsseln geben und kalt stellen.

3. Sahne mit 200 g Zucker aufkochen und von der Kochstelle nehmen. Ein Drittel der Sahne zügig mit einem Schneebesen unter das gesamte Eigelb rühren. Dann die restliche Sahne unterrühren und noch einmal erwärmen, bis sie cremig dicklich wird. Jedoch nicht kochen, sonst gerinnt das Eigelb. Die Creme direkt auf der Oberfläche mit Frischhaltefolie abdecken, damit sich keine Haut bildet und auskühlen lassen.

4. Eine Portion Eiweiß mit einem Handrührgerät mit Rührbesen aufschlagen, dabei 100 g Zucker einrieseln lassen und steif schlagen. Dann 100 g Mandeln vorsichtig unterheben. Die Masse auf den Boden der Springform geben und glatt streichen. Im Backofen auf mittlerer Schiene ca. 15–20 Min. backen. Herausnehmen, vom Rand und vom Springformboden lösen und auf einem Kuchengitter auskühlen lassen. Den zweiten Boden auf die gleiche Weise backen.

5. Die Butter mit einem Handrührgerät mit Rührbesen ca. 5 Min. cremig rühren. Die Eigelb-Sahne-Mischung löffelweise unterschlagen.

6. Ein Drittel der Buttercreme auf einen Boden streichen, den zweiten Boden auflegen und alles mit der restlichen Creme vollständig einstreichen. Die gesamte Torte mit Mandelblättchen belegen und ca. 3 Std. kalt stellen.

Mein Tipp
Richtig lecker wird die Mandeltorte, wenn man sie über Nacht im Kühlschrank durchziehen lässt!

Rund um die Welt 213

Lagkage
Dänischer Schichtkuchen

Für 12 Stücke
Form: Backblech
Backzeit: ca. 20 Min.

Mandelboden
6 Eier
Salz
65 g Zucker
100 g Weizenmehl
1 EL Backpulver
50 g gemahlene geschälte Mandeln

Füllung
400 g Naturfrischkäse
200 g Schmand
Saft von 1 Zitrone
Mark von ½ Vanilleschote
1 kg Rote Grütze aus dem Kühlregal

1. Den Backofen auf 180 °C Ober- und Unterhitze vorheizen. Das Backblech mit Backpapier auslegen.

2. Die Eier trennen und die Eiweiße mit 1 Prise Salz mithilfe eines Handrührgeräts mit Rührbesen steif schlagen, anschließend kalt stellen. Die Eigelbe mit dem Zucker aufschlagen. Das Mehl und das Backpulver auf die Eimasse geben und zusammen mit den Mandeln mit einem Schneebesen unterheben.

3. Die Teigmasse auf das Backblech streichen und im Backofen auf mittlerer Schiene ca. 20 Min. backen. Anschließend herausnehmen, auskühlen lassen und vierteln.

4. Für die Creme den Frischkäse mit Schmand, Zitronensaft und dem Vanillemark verrühren.

5. Ein Teigviertel mit der Creme bestreichen und darauf etwas Rote Grütze geben. Ein weiteres Teigviertel auflegen und den Kuchen schichten. Die letzte Schicht sollte Creme mit Roter Grütze sein.

BLITZ-ROTE-GRÜTZE ZUM SELBERMACHEN:

Geben Sie eine 500 g Tiefkühl-Beerenmischung zusammen mit drei Esslöffeln Zucker in einen Topf und lassen sie bei schwacher Hitze auftauen. Lösen Sie eine Packung Vanillepuddingpulver in vier Esslöffeln Wasser auf und geben sie zu der Beerenmischung. So lange köcheln, bis sich alles miteinander verbunden hat, dann auskühlen lassen.

Mein Tipp
Ein ganz einfacher, aber ungewöhnlicher Schichtkuchen aus Skandinavien. Backen Sie den Mandelboden auf normaler Backblechgröße, dann lässt sich der Boden ganz einfach in vier gleich große Teile schneiden, die man dann schichten kann.

Aprikosen-Clafoutis

Für 6 Portionen
Form: Auflaufform (20 × 30 cm)
Backzeit: ca. 35–40 Min.

Zutaten
400 g frische Aprikosen
oder
1 Dose (425 g) Aprikosen
1 Vanilleschote
3 Eier
75 g Zucker
250 ml Sahne
45 g Weizenmehl

Außerdem
Butter für die Form
Zucker zum Ausstreuen
Puderzucker zum Bestäuben

1. Den Backofen auf 180 °C Ober- und Unterhitze vorheizen. Die Auflaufform mit Butter einfetten und mit Zucker ausstreuen.

2. Die Aprikosen waschen, halbieren und entsteinen. Die eingelegten Aprikosen abtropfen lassen. Die Vanilleschote längs aufschneiden und das Mark mit einem Messer herauskratzen. Die Eier mit Zucker und Vanillemark mit dem Rührbesen eines Handrührgeräts cremig aufschlagen. Danach die Sahne zugießen. Zum Schluss das Mehl mit einem Teigschaber unterheben.

3. Die Aprikosenhälften mit der gewölbten Seite nach unten in die Auflaufform legen. Den Teig darübergießen und im Backofen auf dem Rost auf mittlerer Schiene ca. 35–40 Min. backen. Mit Puderzucker bestäuben und noch warm servieren.

Mein Tipp
Dieser französische Nachspeisen-Klassiker ist ein Mittelding zwischen Auflauf und Kuchen. Die gesüßte, flüssige Eiermasse erinnert an Pfannkuchenteig. Probieren Sie anstatt Aprikosen auch eine Variante mit Kirschen.

Gut zu wissen!
Inspiriert wurde diese luftig-leichte Süßspeise von der russischen Ballerina Anna Pawlowa, die in Australien sowie Neuseeland gastierte. Beide Länder streiten sich bis heute um die Erfindung! Aber genießen lassen sich die Pavlovas weltweit, im Sommer gerne auch mit frischen Erdbeeren.

Pavlovas mit Beeren

Für ca. 6 Mini-Pavlovas
Zubehör: Backblech
Backzeit: ca. 2 Std

Pavlovas
4 Eiweiß
2 TL Speisestärke
200 g Zucker
1 TL heller Essig

Karamellbeeren
250 g Heidelbeeren
250 g Johannisbeeren
4 EL Zucker
Saft von 1 Zitrone
400 ml Sahne
1 Päckchen Bourbon-vanillezucker

1. Den Backofen auf 100 °C Ober- und Unterhitze vorheizen. Ein Backblech mit Backpapier auslegen.

2. Für die Pavlovas mit den Rührbesen eines Handrührgerätes das Eiweiß steif schlagen, dabei die Speisestärke zugeben und den Zucker einrieseln lassen. Die Eischneemasse in gleich großen Häufchen auf dem Backblech verteilen, dabei in die Mitte der Pavlovas eine Vertiefung drücken.

3. Anschließend die Pavlovas erst ca. 60 Min. bei 100 °C backen, dann die Temperatur auf 80 °C herunterdrehen und weitere 60 Min. backen. Danach im ausgeschalteten Ofen auskühlen lassen.

4. Für die Karamellbeeren die Beeren waschen und die Johannisbeeren mit einer Gabel von den Rispen streifen. Eine Pfanne erhitzen, den Zucker zugeben und bei mittlerer Temperatur langsam karamellisieren. Dann das Karamell mit Zitronensaft ablöschen und köcheln, bis sich der Karamell löst. Dann die Beeren zugeben und kurz mitköcheln. Während die karamellisierten Beeren auskühlen, die Sahne mit Vanillezucker steif schlagen, einen Klecks in die Vertiefungen der Pavlovas geben, die Beeren darauf verteilen und sofort servieren.

Cannoli Siciliani
Sizilianische Cremerollen

Für 10 Röllchen
Zubehör: 10 Sahnerollen-Formen, Spritzbeutel
Backzeit: ca. 3–4 Min.
Standzeit: ca. 2 Std.

Teigrollen
70 g Butter
25 g Zucker
2 Eier
50 ml Marsala
250 g Weizenmehl
Zimtpulver
Salz

Füllung
500 g Ricotta
200 g kalte Marzipanrohmasse
250 g Erdbeeren
150 ml Sahne
Abrieb von ½ unbehandelten Zitrone
1 Päckchen Bourbonvanillezucker
1 EL Puderzucker

Außerdem
Weizenmehl zum Bearbeiten
Pflanzenöl zum Einfetten und Frittieren
25 g gehackte Pistazien
Puderzucker zum Bestäuben

1. Für die Teigrollen die Butter zerlassen. Dann mit Zucker, 1 Ei, Marsala, Mehl und je 1 Prise Zimt und Salz in einer Küchenmaschine zu einem geschmeidigen Teig verkneten. In Frischhaltefolie gewickelt ca. 2 Std. kalt stellen.

2. Den Teig auf einer leicht bemehlten Arbeitsfläche ca. 3 mm dünn ausrollen und daraus 10 Quadrate (à 12 cm Kantenlänge) schneiden. Das restliche Ei verquirlen. Die Sahnerollen-Formen leicht einölen. Dann die Teigplatten um die Sahnerollen-Formen legen. Teigenden mit etwas Ei bestreichen, überlappend einrollen und leicht andrücken.

3. Das Öl zum Frittieren erhitzen. Die Teigrollen portionsweise ins heiße Öl geben und 3–4 Min. schwimmend darin ausbacken. Mit einer Schaumkelle herausheben und auf Küchenpapier abtropfen lassen. Die Formen vorsichtig herausziehen und die Teigrollen vollständig auskühlen lassen.

4. Für die Füllung den Ricotta in einem mit Küchenpapier ausgelegten Sieb gut abtropfen lassen. Marzipan fein reiben. Erdbeeren waschen, putzen und fein würfeln. Die Sahne steif schlagen.

5. Ricotta, Marzipan, Zitronenabrieb, Vanille- und Puderzucker mit einem Schneebesen gut verrühren. Erdbeeren und Sahne unterheben. Die Masse in einen Spritzbeutel geben und die Teigrollen damit füllen. Die Teigrollen mit Pistazien garnieren und mit Puderzucker bestäubt servieren. Sofort genießen oder kurz kalt stellen.

Mein Speed & Easy-Tipp
Wenn es mal schnell gehen muss, kann man in gut sortierten italienischen Supermärkten die Cannoli auch bereits fertig kaufen.

Rund um die Welt

Mein Tipp
Biskuitrollen sehen schwerer nachzumachen aus, als sie tatsächlich sind, einfach mal ausprobieren. Wenn der Teig doch mal reißen sollte: schnell mit flüssiger Schokolade flicken – in diesem Fall mit weißer – und dann großzügig damit überziehen.

Italienische Zitronen-Biskuitrolle

Für 15 Kuchenstücke
Form: Backblech
Backzeit: 10 Min.
Standzeit: ca. 2 Std.

Biskuitmasse
3 Eier
75 g Zucker
Salz
75 g Weizenmehl
1 TL Backpulver
25 g Speisestärke

Füllung
3 Blatt Gelatine
½ Bund Basilikum
400 ml Sahne
3 unbehandelte Zitronen
500 g Mascarpone
200 g Zucker
1 Päckchen Bourbonvanillezucker
50 g gehackte Pistazien

Außerdem
Butter zum Einfetten
Zucker zum Bestreuen
Puderzucker zum Bestäuben

1. Den Backofen auf 180 °C Ober- und Unterhitze vorheizen. Ein Backblech mit Butter einfetten und mit Backpapier belegen.

2. Für die Biskuitmasse die Eier in einer Rührschüssel mit einem Handrührgerät mit Rührbesen auf höchster Stufe ca. 1 Min. schaumig schlagen. Zucker und 1 Prise Salz in 1 Min. unter Rühren einstreuen und die Masse weitere 2 Min. schlagen. Mehl mit Backpulver und Stärke mischen, sieben und kurz auf niedrigster Stufe unterrühren. Den Teig auf das Backblech geben und glatt streichen. Im Backofen im unteren Drittel ca. 10 Min. backen.

3. Einen Backpapierbogen mit Zucker bestreuen. Den fertig gebackenen Biskuitboden darauf stürzen und mit dem Backpapier erkalten lassen.

4. Für die Füllung die Gelatine nach Packungsangabe in kaltem Wasser einweichen. Basilikum waschen, trocken schütteln, Blätter abzupfen. 200 ml Sahne und Basilikum erhitzen und bei geringer Temperatur ca. 6 Min. ziehen lassen. Dann abkühlen lassen und durch ein Sieb gießen.

5. Zitronen heiß abwaschen, trocknen und die Schale fein abreiben. Von 1 Zitrone den Saft auspressen. Mascarpone, die Hälfte der Zitronenschale, -saft, Basilikumsahne, 150 g Zucker und Vanillezucker verrühren. Gelatine ausdrücken, in einem kleinen Topf bei geringer Temperatur auflösen und 2 EL Mascarpone unterrühren. Dann alles in den restlichen Mascarpone rühren. Ca. 5 Min. kalt stellen, bis die Masse zu gelieren beginnt.

6. Die verbliebene Sahne steif schlagen und mit den Pistazien unter die gelierende Mascarponemasse heben. Die Creme gleichmäßig auf die Biskuitplatte verteilen, dabei einen ca. 2 cm breiten Rand frei lassen. Von der kurzen Seite aufrollen und ca. 2 Std. kalt stellen.

7. Inzwischen die restliche Zitronenschale mit dem übrigen Zucker mischen. Die gefüllte Biskuitrolle mit Puderzucker bestäuben und den Zitronenzucker darüber streuen.

Zuccotto
Italienische Kuppeltorte

Für 12 Stücke
Form: Schüssel (Ø 24 cm)
Standzeit: mind. 6 Std.

Zutaten
100 g gehackte Mandeln
600 ml Sahne
100 g Puderzucker
2 Päckchen Sahnesteif
100 g Schokoladenraspel
20 g Kakaopulver
1 Tasse kalter Espresso
1 Schokoladen-Biskuitboden
(s. S. 107)
5 EL Maraschino

1. Die Mandeln in einer Pfanne ohne Fett unter ständigem Rühren rösten. Die Sahne mit dem Puderzucker und Sahnesteif mit einem Handrührgerät mit Rührbesen steif schlagen. Die Hälfte der Sahne in eine andere Schüssel geben, die gerösteten Mandeln und Schokoraspel unterheben. Den Kakao mit dem kalten Espresso verrühren und unter die andere Sahne heben.

2. Den Biskuitboden in der Mitte einmal durchschneiden, sodass man zwei Biskuitböden erhält. Den einen Boden in 8 Tortenstücke teilen. Die Schüssel mit Frischhaltefolie und den Biskuitdreiecken mit der Spitze zum Boden zeigend auslegen. Die Dreiecke mit dem Maraschino tränken. Zuerst die Mandel-Sahne und darauf die Kakao-Espresso-Sahne in die Schüssel geben. Den zweiten Biskuitboden darauf legen.

3. Im Kühlschrank mindestens 6 Std. kalt stellen. Dann stürzen und die Frischhaltefolie entfernen.

Mein Tipp
Diese italienische Süßspeise wird in einer kuppelförmigen Form hergestellt und weckt Erinnerungen an Tiramisu und Cassata. Bitte beachten: Erst nach mindestens sechs Stunden im Kühlschrank kann das Zuccotto gestürzt und serviert werden.

Rund um die Welt 223

Cheesecake
New York Style

Für ca. 12 Kuchenstücke
Formen: Springform (Ø 26 cm), tiefes Backblech
Backzeit: ca. 75 Min.
Standzeit: ca. 7 Std.

Boden
75 g Butter
150 g Graham-Crackers oder Vollkorn-Butterkekse
1 Prise Salz

Cheesecake
1 kg Naturfrischkäse (Doppelrahmstufe)
150 g saure Sahne
250 g Zucker
1 Päckchen Bourbonvanillezucker
50 g gesiebtes Weizenmehl
4 Eier

Außerdem
Butter für die Form

1. Den Backofen auf 180 °C Ober- und Unterhitze vorheizen. Den Boden der Springform mit Backpapier belegen. Den Rand mit Butter einfetten. Die äußere Form gut mit Alufolie umwickeln, um sie für das Wasserbad abzudichten.

2. Die Butter schmelzen. Die Kekse in einer Küchenmaschine oder in einem Gefrierbeutel mit einer Teigrolle fein zerbröseln. Keksbrösel und Salz mit der flüssigen Butter gut vermischen, gleichmäßig auf dem Springformboden verteilen und andrücken.

3. In einer Küchenmaschine mit Rührbesen Frischkäse und saure Sahne einige Minuten gut miteinander verrühren. Zucker, Vanillezucker und Mehl zugeben und weiterrühren. Die Eier nach und nach zugeben.

4. Die Käsemasse in die Springform geben und glatt streichen. Die Springform auf das Blech stellen, bis zur Hälfte der Springform mit kochendem Wasser auffüllen. Im Backofen auf mittlerer Schiene ca. 45 Min. backen. Danach die Temperatur auf 150 °C reduzieren und ca. 30 Min. weiterbacken.

5. Den Ofen ausschalten und den Kuchen ca. 60 Min. bei halbgeöffneter Tür ruhen lassen. Danach auf einem Kuchengitter abkühlen lassen und ca. 6 Std. kalt stellen. Den Rand mit einem Messer lösen, dabei das Messer immer wieder in heißes Wasser tauchen und aus der Form lösen.

Mein Tipp
Das heiße Wasserbad im Ofen bewirkt, dass die Käsemasse gleichmäßig aufgeht und keine Risse bekommt. Die Springform noch zusätzlich in Alufolie eingepackt verhindert, dass Wasser in die Springform dringt und den schönen Kuchen ruiniert.

Japanischer Käsekuchen

Für ca. 12 Kuchenstücke
Formen: Springform
(Ø 20 cm), Tarteform
Backzeit: ca. 1 Std.
Standzeit: ca. 4 Std.

Zutaten
200 g Naturfrischkäse
50 g Naturjoghurt
100 ml Sahne
3 Eier
70 g Zucker
Mark von ½ Vanilleschote
2 EL Zitronensaft
10 g Weizenmehl
10 g Speisestärke

Außerdem
Puderzucker zum Bestäuben, nach Belieben

1. Alle Zutaten auf Zimmertemperatur bringen, deshalb ca. 30 Min. vor der Zubereitung aus dem Kühlschrank nehmen. Den Backofen auf 160 °C Ober- und Unterhitze vorheizen. Den Boden und den Rand der Springform passend mit Backpapier auslegen.

2. Den Frischkäse mit dem Naturjoghurt und der Sahne cremig rühren. Die Eier trennen. Die Hälfte des Zuckers, Eigelbe, Vanillemark und Zitronensaft zugeben und glatt rühren. Mehl und Stärke auf die Frischkäsecreme sieben und unterrühren.

3. Das Eiweiß mit dem restlichen Zucker sehr steif schlagen und mit einem Teigschaber portionsweise unterheben. Die Masse in die vorbereitete Form einfüllen.

4. Die Backform außen mit Aluminiumfolie einwickeln, damit kein Wasser eindringen kann. Den Kuchen in der Tarteform auf dem Rost in das untere Drittel des Backofens schieben. Dann heißes Wasser angießen, sodass die Kuchenform ca. 1 cm hoch im Wasser steht.

5. Den Kuchen ca. 35 Min. backen, dann die Backofentemperatur auf 120 °C reduzieren und weitere 12–15 Min. backen. Nach Ende der Backzeit den Backofen vollständig ausschalten und den Kuchen nochmals 10 Min. im Backofen lassen. Mittels Stäbchenprobe testen, ob der Kuchen gar ist. Dann den Kuchen herausnehmen, vollständig abkühlen lassen und für ca. 4 Std. in den Kühlschrank stellen.

6. Den Kuchen aus der Form lösen, nach Belieben mit Puderzucker bestäuben und genießen.

Mein Tipp
Falls beim Backvorgang auf der Kuchenoberfläche Risse entstehen, ist die Backofentemperatur zu hoch. Dann sofort reduzieren! Man kann diesen Kuchen auch in etwa 6 bis 8 kleinen Souffléförmchen backen und als köstliches Dessert mit Frucht- oder Karamellsauce servieren.

Rund um die Welt

Rund um die Welt

Getränkter Grießkuchen

Für 1 Auflaufform
Form: eckige Auflaufform
Backzeit: ca. 45 Min.

Grießkuchen
150 g weiche Butter
150 g Puderzucker
1 Päckchen Bourbon-vanillezucker
2 Eier
250 g Hartweizengrieß
250 g Weichweizengrieß
300 g Joghurt
½ Päckchen Backpulver
1 TL Zimt
100 g gemahlene Mandeln
2 EL Zitronensaft
3 EL Honig
2 EL Orangenblütenwasser

Sirup
350 g Zucker
500 ml Wasser
Saft von 1 Zitrone
Orangenblütenwasser
3 EL Honig

Außerdem
Butter und Weizenmehl für die Form

1. Den Backofen auf 180 °C Ober- und Unterhitze vorheizen. Die Auflaufform einfetten und mit Mehl bestäuben. Überschüssiges Mehl abklopfen.

2. Butter, Puderzucker und Vanillezucker in einer Schüssel mit den Rührbesen des Handrührgerätes verrühren. Die Eier dazugeben und cremig rühren. Grieß, Joghurt, Backpulver und Zimt nach und nach hinzufügen. Zuletzt die Mandeln, den Zitronensaft und Honig untermischen und mit dem Orangenblütenwasser verfeinern.

3. Die Masse in die Auflaufform geben und glatt streichen. Im Backofen ca. 20–30 Min. backen. Ist er schnittfest, den Kuchen aus dem Ofen nehmen, in Quadrate schneiden und für weitere 15 Min. goldbraun backen.

4. Für den Sirup Zucker, Wasser und Zitronensaft in einem Topf aufkochen und unter Rühren sirupartig einkochen. Anschließend mit Orangenblütenwasser und Honig verfeinern. Auskühlen lassen.

5. Den Grießkuchen aus dem Ofen nehmen, mit dem Sirup tränken und gut durchziehen lassen.

Mein Tipp
Um den Grießkuchen zu tränken, am besten mehrfach mit einem Holzstäbchen einstechen und mit Sirup beträufeln. So verteilt er sich gleichmäßig und der Kuchen bleibt länger saftig.

Türkischer Mohnkuchen

Für 12 Stücke
Form: Auflaufform (28 × 19 cm)
Backzeit: ca. 20–25 Min.

Mohnteig
4 Eier
¾ Tasse Zucker
1 Tasse Blaumohn
1 Tasse Weizenmehl
1 Päckchen Backpulver
1 Tasse Grieß
1 Tasse Sonnenblumenöl

Sirup
¾ Tasse Wasser
½ Tasse Zucker
Saft von ½ unbehandelten Zitrone

Topping
1 kleine Packung Magerquark
1 Becher Schmand
½ Tasse geröstete Kokosraspel, nach Belieben

1. Den Backofen auf 180 °C Ober- und Unterhitze vorheizen. Den Boden einer Auflaufform mit Backpapier auslegen.

2. Die Eier mit einem Handrührgerät mit Rührbesen cremig aufschlagen, dabei den Zucker einrieseln lassen.

3. Mohn, Mehl, Backpulver und Grieß zugeben, unterrühren und ganz zum Schluss das Öl einrühren. Die Masse in die Form füllen und auf dem Rost auf mittlerer Schiene im Backofen ca. 20–25 Min. backen.

4. Den Mohnkuchen auf einem Kuchengitter leicht abkühlen lassen. Dann aus der Form stürzen, das Backpapier abziehen und vollständig auskühlen lassen.

5. Für den Sirup Wasser, Zucker, Zitronensaft und -abrieb aufkochen und ca. 5 Min. kochen. Den Kuchen mehrfach mit einem Holzspieß einstechen, mit dem Sirup beträufeln und etwas einziehen lassen.

6. Für das Topping den Quark mit dem Schmand verrühren. Dekorativ auf den Kuchen streichen und nach Belieben mit Kokosraspel bestreuen.

Mein Tipp
Dieser tolle Kuchen lässt sich prima vorbereiten und bleibt lange saftig. Hier spart man sich das genaue Abwiegen der Zutaten, denn das Abmessen geht hier ganz einfach: Von fast allen Zutaten nimmt man einfach eine kleine Kaffeetasse voll.

Baklava

Für 1 Auflaufform
Form: eckige Auflaufform
(25–30 cm)
Backzeit: ca. 30 Min.

Teig
350 g Butter
1 kg Yufkateig
(aus dem Kühlregal)
80 g gemahlene Mandeln

Sirup
1 Zitrone
50 g Zucker
200 ml Wasser

Außerdem
Butter für die Form
Weizenmehl zum Bearbeiten
30 g gehackte Pistazien

1. Den Backofen auf 200 °C Ober- und Unterhitze vorheizen. Die Auflaufform mit Butter einfetten.

2. In einem Topf die Butter schmelzen. Yufkateig ausbreiten und in der Größe der Auflaufform ausschneiden.

3. Eine Teigplatte in die Form legen und mit Butter bestreichen. Mit den restlichen Teigplatten ebenso verfahren. Wenn die Hälfte der Teigplatten verbraucht ist, die Mandeln darauf verteilen und weiter schichten.

4. Vor dem Backen das Baklava in Rechtecke schneiden und mit der Butter beträufeln. Im Backofen ca. 30 Min. goldbraun backen.

5. In der Zwischenzeit für den Sirup die Zitrone auspressen. Zucker, Wasser und Zitronensaft in einem Topf aufkochen. Die Baklava aus dem Ofen nehmen, mit dem heißen Sirup übergießen, abkühlen und einziehen lassen. Mit gehackten Pistazien bestreut servieren.

Mein Tipp
Knusprig, aber bitte nicht zu dunkel! Wird die erste Schicht des Baklava im Ofen zu braun, einfach mit einem Bogen Backpapier abdecken.

Brunsviger
(Brauner-Zucker-Kuchen)

Für 16 Kuchenstücke
Form: tiefes Backblech
Backzeit: ca. 25–30 Min.
Standzeit: ca. 60 Min.

Teig
250 ml Milch
1 Würfel Hefe (42 g)
550 g gesiebtes Weizenmehl
100 g weiche Butter
2 EL Zucker
½ TL Salz
2 Eier

Belag
150 g Butter
150 g brauner Zucker

Außerdem
Weizenmehl zum Bearbeiten
Butter für die Form

1. Die Milch in einem Topf nur leicht erwärmen, die Hefe hineinbröckeln und darin auflösen.

2. Die restlichen Zutaten für den Teig in die Rührschüssel einer Küchenmaschine mit Knethaken geben.

3. Die Milch-Hefe-Mischung zugeben und den Teig ca. 10 Min. kneten, bis er sich von der Schüssel löst. Den Teig mit etwas Mehl bestäuben und mit einem feuchten Küchenhandtuch abgedeckt an einem warmen Ort ca. 60 Min. gehen lassen, bis er sich sichtbar vergrößert hat.

4. Den Backofen auf 180 °C Ober- und Unterhitze vorheizen. Das Backblech mit Butter einfetten. Den Teig auf einer leicht bemehlten Arbeitsfläche auf Größe des Blechs ausrollen und hineinlegen. Mit einem Kochlöffelstiel einige Vertiefungen in den Teig drücken.

5. Für den Belag die Butter schmelzen und den braunen Zucker zugeben. Die Mischung unter ständigem Rühren aufkochen. Die Butter-Zucker-Mischung über dem Teig verteilen. Im Backofen auf der mittleren Schiene ca. 25–30 Min backen. Herausnehmen und auskühlen lassen.

Mein Tipp
Dänen lieben's süß! Kein Kindergeburtstag ohne den Klassiker von der Insel Fünen. Zum Glück dürfen auch Große diese Köstlichkeit genießen! Sollte doch mal etwas übrigbleiben, lassen sich die Reste als French Toast zum Frühstück genießen. In Norwegen gibt man übrigens ein bisschen Kardamom zum Teig, einfach mal ausprobieren!

Æbleskiver

Für ca. 40 Æbleskiver
Form: Æbleskiverpfanne
Standzeit: ca. 30 Min.

Zutaten
½ Würfel Hefe (21 g)
2 EL Zucker
3 Eier
200 ml Buttermilch
200 ml Sahne
250 g Weizenmehl
1 Prise Salz

Außerdem
Butter für die Form
Puderzucker zum Bestäuben

1. Die Hefe in 2 EL lauwarmem Wasser auflösen, 1 Prise Zucker zugeben und kurz stehen lassen.

2. Die Eier trennen. Eigelb mit der Buttermilch und der Sahne mit den Rührbesen des Handrührgerätes verrühren. Das Mehl mit dem restlichen Zucker mischen, unter ständigem Rühren zur Eimasse geben und glatt rühren. Danach die Hefe zugeben. Anschließend die Eiweiße mit Salz steif schlagen und unter die Buttermilch-Ei-Masse heben. Den Teig abgedeckt an einem warmen Ort gehen lassen.

3. Die Mulden der Æbleskiverpfanne mit Butter einfetten und die Pfanne auf dem Herd heiß werden lassen. Die Mulden der Pfanne zur Hälfte mit Teig füllen und ausbacken. Wenn der Rand goldbraun wird, die Bällchen mit einer Gabel wenden und von allen Seiten goldgelb backen.

4. Zum Schluss die lauwarmen Æbleskiver mit Puderzucker bestäuben und gleich genießen.

Gut zu wissen!
Æbleskiver sind eine traditionelle dänische Weihnachtsleckerei und erinnern ein wenig an Pfannkuchen. Sie werden in einer speziellen Pfanne mit kugelrunden Vertiefungen ausgebacken. Sobald die Außenhülle eine goldbraune Farbe hat, werden sie gewendet, so entsteht ihre typische Kugelform. In Dänemark isst man sie mit Apfelscheiben oder Apfelmus, sie schmecken aber auch einfach nur mit Puderzucker. Dazu noch einen Glögg und die dänische Weihnachtsgemütlichkeit – "Julehygge" – ist perfekt!

Fritole veneziane

Für ca. 40 Fritole
Zubehör: Topf oder Fritteuse
Standzeit: ca. 4 Std. 30 Min.

Zutaten
50 g Rosinen
30 ml Grappa
500 g Weizenmehl
250 ml Milch
100 g Zucker
1 Würfel Hefe (42 g)
2 Eier
75 g weiche Butter
1 Prise Salz
80 g Pinienkerne
Abrieb von einer halben
unbehandelten Zitrone

Außerdem
Sonnenblumenöl
zum Frittieren
100 g Zucker
1 EL Zimt
Weizenmehl zum Bearbeiten

1. Die Rosinen zugedeckt über Nacht in Grappa einlegen.

2. Für den Vorteig das Mehl in eine große Schüssel geben und in die Mitte eine Mulde drücken. 125 ml Milch erwärmen und darin 1 EL Zucker sowie die Hefe auflösen. Die Hefemilch in die Mulde gießen und mit etwas Mehl bestäuben. Zugedeckt an einem warmen Ort ca. 15 Min. gehen lassen.

3. Die restliche Milch mit dem restlichen Zucker erwärmen und zum Vorteig geben. Dann Eier, Butter und Salz zugeben und mit den Knethaken des Handrührgerätes zu einem glatten Teig verarbeiten und zugedeckt an einem warmen Ort ca. 4 Std. ruhen lassen.

4. Nachdem der Teig aufgegangen ist, Pinienkerne, Zitronenabrieb und die Rosinen unter den Teig kneten und alles nochmal 15 Min. gehen lassen

5. In der Zwischenzeit das Öl erhitzen. Vom Teig etwa walnussgroße Kugeln abstechen und mit bemehlten Händen zu Kugeln formen. Die Fritole portionsweise im Öl unter gelegentlichem Wenden goldgelb ausbacken und auf Küchenpapier abtropfen lassen.

6. Zum Schluss Zucker und Zimt mischen, die warmen Fritole darin wenden und sofort servieren.

Gut zu wissen!
Genau wie die farbenfrohen Masken, gehören auch die Fritole veneziane zum Karneval in Venedig. Der Legende nach soll Marco Polo die Urform der Krapfen aus China mit in seine Heimat gebracht haben. Übrigens lassen sich die Rosinen auch problemlos in Apfel- oder Traubensaft einlegen!

Faworki

Für ca. 45 Faworki
Zubehör: Topf oder Fritteuse, Teigrädchen
Standzeit: ca. 60 Min.

Zutaten
300 g Weizenmehl
50 g Zucker
50 g Butter
2 Eier
100 ml Sahne
1½ TL Backpulver
1 EL Zitronensaft oder Wodka

Außerdem
Weizenmehl zum Bearbeiten
Sonnenblumenöl zum Frittieren
Puder- und Bourbonvanillezucker zum Bestäuben

1. Das Mehl in eine Schüssel geben und eine Mulde hineindrücken. Zucker, Butter, Eier, Sahne, Backpulver und Zitronensaft bzw. Wodka hinein geben. Alles vermischen und zu einem geschmeidigen Teig kneten. Wenn der Teig zu klebrig ist, noch etwas Mehl dazugeben. Den Teig ca. 60 Min. abgedeckt ruhen lassen.

2. Den Teig anschließend auf einer bemehlten Arbeitsfläche dünn ausrollen und mit einem Messer oder Teigrädchen ca. 3 cm breite und 10 cm lange Streifen schneiden. Jeden Streifen in der Mitte der Länge nach einschneiden und ein Streifenende durch die Öffnung ziehen, sodass Schlaufen entstehen.

3. Zum Frittieren das Öl in einem hohen Topf oder einer Fritteuse auf 180 °C erhitzen und die Faworki darin goldgelb ausbacken. Auf Küchenpapier abtropfen lassen. Puder- und Vanillezucker mischen und die noch warmen Faworki damit bestäuben.

Gut zu wissen!
An Altweiberfastnacht, in Polen auch „fetter Donnerstag" genannt, darf dort diese knusprige Kalorienbombe auf keinen Fall fehlen. Wegen ihrer Form werden sie in Deutschland auch gerne „Liebesschleifen" genannt und sind deshalb auch als Valentinsgebäck bestens geeignet!

Rund um die Welt

Churros

Für 15 Churros
Zubehör: Spritzbeutel mit Sterntülle
Backzeit: ca. 8–10 Min.

Zutaten
250 ml Wasser
20 g Butter
1 Prise Salz
150 g Weizenmehl
2 Eier

Außerdem
Pflanzenöl zum Frittieren
Puderzucker zum Bestreuen

1. In einem Topf Wasser, Butter und Salz unter Rühren aufkochen. Das Mehl auf einmal zugeben und mit einem Kochlöffel gut verrühren. So lange weiter glatt rühren, bis sich der Teig vom Topf löst und glatt ist. Den Teig in eine Rührschüssel geben und etwas abkühlen lassen. Die Eier nach und nach mit einem Handrührgerät mit Knethaken unterrühren. Der Teig hat die richtige Konsistenz, wenn er stark glänzt und in Spitzen an den Knethaken hängen bleibt.

2. Ausreichend Pflanzenöl in einer Fritteuse oder – falls nicht vorhanden – in einem Topf zum Frittieren erhitzen. Um zu testen, ob das Öl heiß genug ist, einen Holzkochlöffelstiel oder einen Holzspieß in das Öl halten. Wenn sich daran kleine Bläschen bilden, ist die richtige Temperatur erreicht.

3. Den Teig in einen Spritzbeutel mit großer Sterntülle füllen, portionsweise ca. 10–15 cm lange Stränge in das Öl spritzen und ca. 8–10 Min. goldgelb ausbacken. Auf Küchenpapier abtropfen lassen, mit Puderzucker bestreuen und am besten sofort genießen.

Mein Tipp
Churros werden in Spanien gerne zum Frühstück oder auch einfach mal zwischendurch verspeist, und zwar mit einer Tasse heißer, dickflüssiger Trinkschokolade, die fast an ein Fondue erinnert. Ein wahrhaftig süßer Genuss!

Dattel-Mamoul

Für ca. 24 Mamoul
Form: Backblech
Backzeit: ca. 20–25 Min.

Füllung
100 g Datteln
1–2 EL Orangenblütenwasser

Teig
175 g Weizenmehl
2 EL Zucker
90 g weiche Butter
1 EL Orangenblütenwasser
2–3 EL Milch

Außerdem
Puderzucker zum Bestäuben

1. Den Backofen auf 160 °C Ober- und Unterhitze vorheizen. Ein Backblech mit Backpapier auslegen.

2. Für die Füllung die Datteln entkernen und klein schneiden. Im Mixer mit Orangenblütenwasser und 1–2 EL Wasser pürieren, bis eine weiche Masse entsteht. Kalt stellen.

3. Für den Teig Mehl und Zucker in einer Schüssel mischen. Die Butter in kleine Stücke schneiden, zum Mehl geben und zu Streuseln verarbeiten. Orangenblütenwasser und Milch zugeben und alles zu einem weichen Teig verarbeiten. Eventuell noch etwas Milch zugeben.

4. Den Teig zu einer Kugel formen und daraus ca. 24 Bällchen rollen. In jedes Bällchen mit dem Finger eine Vertiefung drücken und die Füllung hineingeben. Den Teig über der Füllung schließen und die Ränder gut andrücken.

5. Die Mamoul auf das Backblech legen und im Backofen ca. 20–25 Min. backen, bis sie leicht gebräunt, aber noch weich sind. Die noch heißen Mamoul mit Puderzucker bestäuben und nach dem Auskühlen in einer Dose aufbewahren.

Rund um die Welt

Scones
mit Lemon Curd

Für ca. 25 Scones
Formen: 2 Backbleche,
runder Ausstecher (Ø 5,5 cm),
Gläser mit Schraubverschluss
Backzeit: ca. 15 Min.

Scones
500 g Weizenmehl
1 Päckchen Backpulver
1 EL Zucker
1 TL Salz
125 g weiche Butter
2 Eier
250 g Vollmilch-Joghurt

Lemon Curd
4 Zitronen
120 g Butter
500 g Zucker
6 Eier

Außerdem
Weizenmehl zum Bearbeiten
1 EL Sahne und 1 Eigelb zum Bestreichen

1. Für die Scones Mehl, Backpulver, Zucker und Salz in einer großen Schüssel mischen. Die Butter in Flöckchen dazugeben und mit den Fingern zu feinen Streuseln verarbeiten. Eier und Joghurt verrühren, die Mischung zu den Streuseln geben und vermischen.

2. Den Backofen auf 200 °C Ober- und Unterhitze vorheizen. Die Backbleche mit Backpapier auslegen.

3. Den Teig kurz mit den Händen durchkneten. Auf der bemehlten Arbeitsfläche ca. 2 cm dick ausrollen und mit dem Ausstecher Kreise ausstechen. Sahne und Eigelb verrühren, die Scones damit bestreichen und im Ofen ca. 15 Min. backen. Abkühlen lassen.

4. Für das Lemon Curd die Zitronen auspressen, die Butter in einem Topf schmelzen und mit Zucker und Zitronensaft glatt rühren. Die Eier in einer Schüssel in einem heißen Wasserbad mit den Rührbesen des Handrührgerätes schaumig schlagen. Die Zitronen-Masse hinzufügen und alles in dem Wasserbad ca. 10–15 Min. aufschlagen, bis eine helle Creme entsteht.

5. Das warme Lemon Curd sofort in saubere Gläser füllen, verschließen und abkühlen lassen. Das lauwarme Lemon Curd mit Scones genießen, restliches Curd im Kühlschrank aufbewahren.

Mein Tipp
Gut Ding will Weile haben! Beim Aufschlagen im Wasserbad darauf achten, dass das Wasser nicht zu heiß ist und die Schüssel das Wasser nicht berührt, sonst gibt's Rührei! Um auf Nummer sicher zu gehen, einfach bei geringer Wärmezufuhr aufschlagen, das dauert zwar länger, ist dann aber klümpchenfrei.

Brigadeiros

Für ca. 10 Brigadeiros
Zubehör: gusseiserner Topf, Pralinenförmchen
Kochzeit: ca. 11 Min.

Zutaten
400 g gesüßte Kondensmilch
1 EL Butter
4 EL Kakao

Verzierung
Schokostreusel, Kokosraspel und Nonpareilles

1. Kondensmilch, Butter und Kakao in einen gusseisernen Topf geben und bei mittlerer Temperatur zum Kochen bringen.

2. Unter Rühren ca. 10 Min. kochen, bis sich die Masse vom Boden und von den Seiten des Topfes löst. Eine weitere Minute kochen, dann den Topf von der Kochstelle nehmen und die Masse abkühlen lassen.

3. Aus der abgekühlten Masse mit angefeuchteten Händen kleine Bällchen formen und in Schokostreuseln, Kokosraspeln und bunten Zuckerperlen wenden. Die Pralinen kurz kalt stellen und in Pralinenförmchen servieren.

Mein Tipp
Für die beliebten brasilianischen Trüffelpralinen unbedingt gezuckerte Kondensmilch verwenden, da normale nicht andickt. Hübsch verpackt eignen sie sich hervorragend als kulinarisches Mitbringsel oder als süße Überraschung für zwischendurch!

Haselnuss-Barfi

Für ca. 6 Stück
Formen: herzförmige Silikon-Backform, Pfanne
Standzeit: ca. 60 Min.

Zutaten
150 g Zartbitterschokolade
200 g ganze Haselnüsse
200 ml Milch
40 g Butter
200 g Puderzucker

1. Die Schokolade in einem Wasserbad schmelzen, den Boden der Backform damit bedecken und auskühlen lassen. Die restliche Schokolade beiseitestellen.

2. Die Haselnüsse in eine kleine Schüssel geben, mit Wasser bedecken und ca. 60 Min. quellen lassen. In einem Sieb abtropfen lassen. Haselnüsse im Standmixer zerkleinern, die Milch darüber gießen und alles zu einer homogenen Paste verarbeiten.

3. In einer Pfanne die Butter schmelzen, die Nusspaste und den Puderzucker dazugeben und solange rühren, bis die Masse anfängt einzudicken. Dann die Pfanne von der Kochstelle nehmen und noch einige Minuten weiterrühren, bis die Masse sich zu einem zähen Kloß verbunden hat. Den Teig auskühlen lassen.

4. Zum Schluss den Teig in die vorbereitete Backform drücken und mit der restlichen Schokolade bestreichen. Die Form im Kühlschrank auskühlen lassen und die Barfis aus der Form drücken.

Mein Tipp
Der Name Barfi ist der Überbegriff für eine Süßigkeit aus Milch und Zucker, die es in Indien in unendlich vielen Variationen gibt. Dort sind sie sehr beliebt mit Mandeln, Pistazien oder Cashewkernen. Mischt man dann noch etwas gemahlenen Kardamom unter die Masse, fühlt man sich direkt in die bunte Welt Indiens versetzt.

Naankhatai

Für ca. 20 Kekse
Formen: Backblech,
runder Ausstecher
Backzeit: ca. 15 Min.

Zutaten
2 EL Milch
½ TL Safranfäden
6 Kardamomkapseln
150 g geschälte Pistazien
100 g Zucker
100 g weiche Butter
½ TL Pimentpulver
1 Prise Zimt
60 g Weizenmehl
60 g Kichererbsenmehl
40 g Grießmehl

Außerdem
Weizenmehl zum Bearbeiten
kandierte Fenchelsamen
zum Bestreuen

1. Die Milch erwärmen und die Safranfäden für einige Minuten darin einweichen. Die Kardamomkapseln im Mörser fein zerstoßen. Die Safranfäden mit der Milch und dem Kardamom zu einer cremigen Paste verarbeiten. Die Pistazien in einer Pfanne ohne Fett rösten, einige Pistazien zum Dekorieren beiseitestellen, den Rest hacken.

2. In einer Schüssel Zucker und Butter schaumig schlagen, dann die Safranpaste, Piment und Zimt unterrühren. Zum Schluss die Mehlsorten und die gehackten Pistazien hinzufügen.

3. Den Backofen auf 175 °C Ober- und Unterhitze vorheizen. Das Backblech mit Backpapier auslegen.

4. Den Teig auf einer bemehlten Arbeitsfläche ausrollen, Kekse ausstechen. Mit den Pistazien und zuckerüberzogenen Fenchelsamen bestreuen und leicht andrücken. Die Kekse auf das Backblech legen und etwa ca. 15 Min. im Backofen backen.

Mein Tipp
Zutatencheck: Wo findet man Kichererbsenmehl und zuckerüberzogene Fenchelsamen? Im gut sortierten Lebensmittelgeschäft oder im Asialaden.

Kammerjunker à la Enie

Für 1 Backblech
Form: Backblech
Backzeit: ca. 8–10 Min.

Zutaten
250 g Weizenmehl
125 g brauner Zucker
½ TL Kardamompulver
½ TL Ingwerpulver
½ TL weißer Pfeffer
½ Päckchen Backpulver
½ Päckchen Natron
125 g weiche Butter
4 EL Sahne

1. Den Backofen auf 190 °C Ober- und Unterhitze vorheizen. Ein Backblech mit Backpapier auslegen.

2. Mehl mit Zucker, Kardamom, Ingwer, Pfeffer, Backpulver und Natron mischen. Die Butter mit den Händen unterkneten und dabei nach und nach die Sahne zugeben. Den Teig eine kurze Zeit ruhen lassen.

3. Aus dem Teig Rollen formen. Ca. 1 cm dicke Scheiben abschneiden und diese auf das Backblech legen. Kammerjunker im Backofen ca. 8–10 Min. backen. Herausnehmen und abkühlen lassen.

Mein Tipp
In Dänemark isst man diese kleinen, schnell gebackenen Kekse im Sommer am liebsten über Koldskål, eine Buttermilch-Kaltschale, gebröselt zu Mittag. Eine clevere Alternative: Griechischen Joghurt mit Mineralwasser glatt rühren, mit etwas Vanille und Honig abschmecken, die Kammerjunker darüber bröseln und mit frischen Beeren servieren. Erfrischt herrlich!

Rund um die Welt

Otoshi-yaki
Japanische Cookies

Für ca. 35 Stück
Formen/Materialien:
Spritzbeutel mit Lochtülle
(Ø 10 mm), Backbleche
Backzeit: ca. 10 Min.

Teig
2 Eier
70 g Zucker
10 g flüssiger Honig
80 g Hakuriki-ko Weizenmehl
(z. B. Red Lotus)
8 g Maisstärke
2 Msp. Backpulver

Außerdem
10 g Puderzucker
10 g Maisstärke

1. Den Backofen auf 180 °C Ober- und Unterhitze vorheizen. Backbleche mit Backpapier belegen.

2. Die Eier trennen. Das Eiweiß mit einem Handrührgerät mit Rührbesen anschlagen, 40 g Zucker einrieseln lassen und steif schlagen. Die Eigelbe mit dem restlichen Zucker und Honig ebenfalls mit dem Handrührgerät hell und cremig aufschlagen.

3. Mehl mit Maisstärke und Backpulver vermischen und zur Eimasse geben. Zum Schluss das steif geschlagene Eiweiß unterheben.

4. Den Teig in einen Spritzbeutel mit Lochtülle füllen und kleine Tupfen mit 3 cm Durchmesser aufspritzen. Zum Bestäuben Puderzucker und Maisstärke vermischen und über die Teigportionen sieben.

5. Im Backofen auf einer der oberen Schienen ca. 10 Min. backen, bis die Kekse goldgelb sind. Dann herausnehmen, vom Blech ziehen und gut abkühlen lassen.

Mein Tipp
Otoshi-yaki sind traditionelle japanische Cookies, sie sind fettfrei und dadurch sehr leicht. Luftdicht verpackt lässt sich das Gebäck einige Wochen aufbewahren.
Wer mag, kann den Teig noch mit Matcha, Ingwerpulver oder geriebener Zitronenschale verfeinern.

Sunoboru Kukki
Schneeball-Plätzchen

Für ca. 20 Stück
Form: Backblech
Backzeit: ca. 20 Min.

Mürbeteig
250 g Weizenmehl
2 EL Speisestärke
60 g Puderzucker
1 Päckchen Bourbon-vanillezucker
150 g Butter
80 g gehackte Walnusskerne

Außerdem
Puderzucker zum Bestäuben

1. Den Backofen auf 160 °C Ober- und Unterhitze vorheizen. Backblech mit Backpapier belegen.

2. Mehl, Stärke und Puderzucker in eine Rührschüssel sieben. Vanillezucker und Butter zugeben und mit einem Handrührgerät oder einer Küchenmaschine mit Knethaken verkneten. Zum Schluss die gehackten Walnüsse unterkneten.

3. Aus dem Teig ca. 2 cm große Kugeln formen und auf das Backblech setzen, dabei etwas Abstand dazwischen lassen. Die Plätzchen im Backofen auf mittlerer Schiene ca. 20 Min. hell backen.

4. Dann herausnehmen, mit dem Papier vom Blech ziehen, sofort heiß mit Puderzucker bestäuben und auskühlen lassen.

Mein Tipp
Damit die Plätzchen ihrem Namen gerecht werden, sollten sie schön hell gebacken und dann mit einer dicken Schicht Puderzucker bestäubt werden. Wenn das Bestäuben direkt nach dem Backen erfolgt, wenn die Plätzchen noch heiß sind, bleibt der Puderzucker auch dick darauf liegen.

Rund um die Welt

Pancakes «Suzette»

Für ca. 15 Pancakes
Zubehör: beschichtete Pfanne
Backzeit: ca. 5 Min.

«Suzette»
3 unbehandelte Orangen
90 g Zucker
1 EL Butter
5–6 EL Orangenlikör
(z. B. Grand Marnier)

Pancakes
150 g Weizenvollkornmehl
100 g Buchweizenmehl
2 Päckchen Backpulver (30 g)
1 Päckchen Bourbonvanillezucker
1 Prise Salz
1 Päckchen Natron
80 g Zucker
2 Eier
450 ml Milch

Außerdem
Pflanzenöl zum Ausbacken

1. Eine Orange heiß abwaschen, trocknen und die Schale in Zesten abziehen. Diese Orange und eine weitere auspressen und von der übrigen die Filets herauslösen. Die Orangenzesten im ausgepressten Orangensaft und 50 g Zucker bei geringer Temperatur ca. 20 Min. kandieren. Dann die Zesten herausnehmen und den Orangensaft separat aufbewahren.

2. Für die Pancakes zunächst die trockenen Zutaten vermischen, dann die Eier und die Milch einrühren. Alles mit einem Schneebesen oder Handrührgerät zu einem glatten Teig verrühren. In einer beschichteten Pfanne in etwas heißem Öl portionsweise von beiden Seiten in ca. 5 Min. etwa 15 kleine Pancakes ausbacken. Herausnehmen und warm halten.

3. Den Orangensaft mit der Butter und dem Orangenlikör in der Pfanne erhitzen. Die Pancakes darin von beiden Seiten wenden, herausnehmen und wieder warm halten.

4. Zum verbliebenen Sud noch den restlichen Zucker geben und das Ganze zu Karamell kochen. Wenn das Karamell dickflüssig geworden ist, die Orangenfilets zugeben und damit überziehen.

5. Die karamellisierten Orangenfilets über die Pancakes geben und sofort warm genießen.

Mein Tipp
Wer mag, kann die Pancakes in dem Sirup mit dem Orangenlikör flambieren und dazu noch Vanilleeis servieren.

Bread- & Butter-Pudding

Für 6 Portionen
Form: Auflaufform (20 × 30 cm)
Backzeit: ca. 25 Min.

Zutaten
40 g Rosinen
5 EL Whiskey oder Apfelsaft
12 Scheiben Brioche oder Hefezopf (alternativ Weißbrot oder Toast ohne Rinde)
80 g weiche Butter
100 g Marmelade, z.B. englische Orangenmarmelade
2 Päckchen Vanillesauce ohne Kochen
500 ml Milch

Außerdem
Butter für die Form
Puderzucker zum Bestäuben

1. Den Backofen auf 200 °C Ober- und Unterhitze vorheizen. Die Rosinen mit Whiskey oder Apfelsaft übergießen und beiseitestellen.

2. Die Brioche-Scheiben auf einer Seite dünn buttern (bei der Verwendung von Weißbrot oder Toast zunächst die Rinden abschneiden, dann buttern). Die gebutterten Scheiben halbieren, sodass ca. 24 kleine Scheiben entstehen.

3. Eine ofenfeste Form mit Butter einfetten, dann die gebutterten Brotscheiben in fächerförmigen Lagen einschichten. Mit der Marmelade bestreichen und die eingeweichten Rosinen über und zwischen die Scheiben geben.

4. Das Vanillesaucenpulver mit der Milch verrühren und über die Brotscheiben gießen.

5. Auf dem Rost auf mittlerer Schiene im Backofen ca. 25 Min. backen. Vor dem Servieren mit Puderzucker bestäuben und warm servieren.

Mein Tipp
What's for pudding? Ein sehr britisch angehauchtes Rezept für einen der Dessertklassiker Großbritanniens. Eigentlich ist das Ganze eine gelungene Resteverwertung von altem Weißbrot, Toast, Brioche-Scheiben oder Croissants. In Deutschland kennt man ähnliche Rezepte als Scheiterhaufen.

English Muffins

Für 14 Muffins
Formen: beschichtete Pfanne, Ausstecher (Ø 7,5 cm)
Backzeit: ca. 10–16 Min.
Standzeit: ca. 30 Min.

Zutaten
300 ml Milch
30 g Butter
1 EL Zucker
½ Würfel Hefe (21 g)
Muskatnuss
450 g Weizenmehl
1 Prise Salz

Außerdem
feiner Mais- oder Weichweizengrieß zum Bearbeiten

1. Die Milch erwärmen und die Butter darin schmelzen. Zucker und Hefe darin auflösen und mit 1 Prise frisch geriebener Muskatnuss würzen. Die Mischung darf nicht zu heiß werden, sonst sterben die Hefezellen!

2. Das Mehl mit dem Salz in eine Rührschüssel geben. Die Hefemischung zugießen und mit einem Handrührgerät mit Knethaken in ca. 5 Min. zu einem weichen elastischen Teig verarbeiten. Mit einem feuchten Küchenhandtuch abgedeckt in der Schüssel an einem warmen Ort ca. 30 Min. gehen lassen, bis er sich sichtbar vergrößert hat.

3. Die Pfanne ohne Zugabe von Fett bei niedriger Temperatur heiß werden lassen. Den Teig auf eine mit Grieß bestreute Arbeitsfläche legen. Kurz durchkneten, mit einer Teigrolle ca. 2 cm dick ausrollen und Kreise ausstechen. Etwas Grieß auf den Pfannenboden streuen und die Teigkreise portionsweise hineinlegen. Von jeder Seite ca. 5–8 Min. backen, dabei immer im Auge behalten, damit sie nicht anbrennen!

Mein Tipp
English Muffins quer halbieren, nochmals toasten und entweder süß mit Konfitüre oder Honig verspeisen! Wessen Herz für Herzhaftes schlägt, kann die Muffins mit knusprigem Breakfast Bacon, Salami, Rührei und/oder Käse füllen. Sie bilden ebenso die Grundlage für den amerikanischen Brunch-Klassiker Eggs Benedict: Den halbierten Muffin mit Schinken oder Speck, einem pochierten Ei belegen und mit Sauce hollandaise begießen. Ausprobieren!

Blinis

Für ca. 12 Blinis
Form: beschichtete Pfanne
Backzeit: ca. 4 Min.
Standzeit: ca. 60 Min.

Zutaten
1 Päckchen Trockenhefe
125 ml lauwarmes Wasser
125 ml Milch
1 TL Zucker
75 g Buchweizenmehl
250 g Weizenmehl
3 EL weiche Butter
1 Eigelb
1 gestrichener TL Salz
3 EL saure Sahne

Außerdem
Pflanzenöl zum Braten
250 g Crème fraîche
1 Glas (100 g) Forellenkaviar

1. Für den Bliniteig Hefe, lauwarmes Wasser, Milch und Zucker verrühren. Die Mehlsorten in eine Schüssel sieben und die Hefemischung mit einem Handrührgerät mit Knethaken unterrühren. Den Teig mit einem feuchten Küchenhandtuch abgedeckt an einem warmen Ort ca. 60 Min. gehen lassen, bis er sich deutlich vergrößert hat.

2. Butter, Eigelb, Salz und saure Sahne unter den Teig rühren. In einer Pfanne etwas Öl heiß werden lassen. Den Teig esslöffelweise hineingeben und die Blinis portionsweise von beiden Seiten ca. 4 Min. goldbraun backen.

3. Crème fraîche auf den Blinis verteilen, Forellenkaviar obenauf geben und sofort genießen.

Mein Tipp
Blinis stammen aus Osteuropa und sind eine Art Eierkuchen. Das Besondere an dem Teig sind die Hefe und das Buchweizenmehl. Mit Räucherlachs oder Räucherforelle belegt schmecken sie ebenso fantastisch wie mit Kaviar. Zusammen mit einem Glas Sekt oder Champagner sind sie ideal um den Jahreswechsel einzuleiten.

Anpan
Japanische Brötchen

Für 8 Brötchen
Zubehör: Dampfgarer
Backzeit: ca. 10–15 Min.
Standzeit: ca. 100 Min.

Hefeteig
½ Päckchen Trockenhefe oder
½ Würfel Hefe (21 g)
120 ml lauwarmes Wasser
250 g Weizenmehl
30 g Zucker
25 g weiche Butter
1 Prise Salz
1 Ei

Außerdem
Weizenmehl zum Bearbeiten und Bestäuben
150 g süße rote Bohnenpaste (Anko)
Pflanzenöl zum Einfetten

1. Hefe im lauwarmen Wasser auflösen. Mehl, Zucker, Butter, Salz und Ei in eine Rührschüssel geben. Das Hefewasser zugießen und den Teig mit den Knethaken eines Handrührgeräts verkneten, bis er sich in der Mitte zusammenrollt. Dann noch weitere 5 Min. kneten und anschließend abgedeckt an einem warmen Ort ca. 40–50 Min. gehen lassen. Das Volumen sollte sich deutlich vergrößert haben.

2. Anschließend den Teig auf einer leicht bemehlten Arbeitsfläche noch einmal kurz durchkneten, in 8 gleich große Portionen aufteilen und zu Kugeln rollen. Diese abgedeckt noch einmal ca. 10 Min. gehen lassen. Währenddessen die Bohnenpaste in jeweils 8 ca. 20 g schwere Kugeln rollen.

3. Die Teigportionen flach drücken, die Bohnenpasten-Kugeln fest mit dem Teig umhüllen und so zu einer Art halbrunden Brötchen formen. Diese auf ein geöltes Backblech des Dampfgarers geben und an einem warmen Ort erneut ca. 30–40 Min. gehen lassen. Danach sollten die Kugeln deutlich vergrößert sein. Leicht mit Mehl bestäuben.

4. Im Dampfgarer bei 100 °C und 100 % Feuchtigkeit ca. 15 Min. garen. Alternativ im vorgeheizten Backofen bei 170 °C Ober- und Unterhitze ca. 10–15 Min. backen. Dann herausnehmen, auskühlen lassen und genießen.

Mein Tipp
Anpan sind in Japan sehr beliebt. Die süße Bohnenpaste macht aus den Brötchen eine kleine Leckerei. „An" bezeichnet dabei die Füllung, „pan" ist die Bezeichnung für Brot/Brötchen. Neben der traditionellen Anko-Füllung gibt es außerdem Varianten mit Maronen, Sesampaste oder Trockenfrüchten.

Piroggen

Für ca. 20 Piroggen
Zubehör: runder Ausstecher
(Ø 10 cm), Backblech
Backzeit: ca. 20 Min.
Standzeit: ca. 60 Min.

Piroggen
50 ml Milch
1 Prise Zucker
½ Würfel Hefe (21 g)
250 g Weizenmehl
125 g Quark
1 gestrichener TL Salz
50 ml Sonnenblumenöl
½ Bund gehackte Petersilie

Füllung
1 Zwiebel
1 Lauchstange
200 g Champignons
1 EL Sonnenblumenöl
250 g gemischtes Hackfleisch
Salz, Pfeffer
1 TL Muskatnuss

Außerdem
Weizenmehl zum Bearbeiten
1 Ei zum Bestreichen
1 EL Milch zum Bestreichen

1. Für die Piroggen die Milch leicht erwärmen, den Zucker einrieseln lassen, die Hefe in die fingerwarme Milch bröseln und darin auflösen. Das Mehl mit den restlichen Zutaten vermischen, die Hefe zugeben und alles zu einem Teig verrühren. Den Teig abgedeckt an einem warmen Ort ca. 60 Min. gehen lassen.

2. In der Zwischenzeit für die Füllung die Zwiebel schälen, halbieren und in feine Streifen schneiden. Den Lauch putzen, halbieren, waschen und ebenfalls in Streifen schneiden. Die Champignons putzen und würfeln. Das Öl in einem Topf erhitzen, das Hackfleisch darin krümelig braten und salzen. Die Zwiebeln zugeben und kurz mitdünsten, danach die Champignons und den Lauch zugeben und solange dünsten, bis der Lauch weich ist. Die Hackmasse mit Pfeffer, Muskat und gegebenenfalls Salz abschmecken und etwas abkühlen lassen.

3. Den Backofen auf 180 °C Ober- und Unterhitze vorheizen. Ein Backblech mit Backpapier auslegen.

4. Den Hefeteig kräftig kneten und auf einer bemehlten Arbeitsfläche dünn ausrollen. Mit dem Ausstecher Kreise ausstechen. In die Mitte jeweils einen Klecks Hackmasse geben. Den Teigrand mit etwas Wasser befeuchten, die Teigränder aufeinander klappen und mit einer Gabel festdrücken. Die Piroggen auf das Backblech setzen. Das Ei mit 1 EL Milch verquirlen, die Piroggen damit bepinseln und im Backofen ca. 20 Min. backen.

Mein Tipp
Diese gefüllten, deftigen Teigtaschen dürfen in Osteuropa bei keiner Festmahlzeit fehlen! Je nach Region werden sie unterschiedlich zubereitet, als Vorspeise, Hauptgericht und süß sogar als Nachtisch gereicht. Besonders köstlich schmecken sie mit gebratenen Zwiebeln und saurer Sahne serviert, hmmm!

Bruffins süß oder herzhaft

Für 16 Bruffins
Formen: 32 Papierbackförmchen, Backblech
Backzeit: ca. 20 Min.
Standzeit: ca. 1 Std.

Hefeteig
250 ml Milch
500 g Weizenmehl
1 Päckchen Trockenhefe
40 g Zucker
100 g weiche Butter
2 Eier

Für süße Bruffins
1 Päckchen Bourbonvanillezucker
1 TL unbehandelter Zitronenabrieb

Für herzhafte Bruffins
1 TL Salz

1. Für den Teig die Milch in einem Topf nur leicht erwärmen. Die restlichen Zutaten in die Rührschüssel einer Küchenmaschine geben und die warme Milch zugießen. Den Teig ca. 10 Min. kneten, bis er sich von der Schüssel löst. Teig halbieren, die eine Hälfte für die süße Variante mit Vanillezucker und Zitronenabrieb verkneten, die andere für die herzhafte mit Salz vermengen. Dann beide Teighälften mit einem Tuch abgedeckt an einem warmen Ort ca. 1 Std. gehen lassen.

2. Den Backofen auf 180 °C Ober- und Unterhitze vorheizen. Jeweils zwei Papierbackförmchen ineinander und auf ein Backblech stellen.

Mein Tipp
Das neue New Yorker Hype-Gebäck! Nach den Cronuts, jetzt der Bruffin – halb Brioche, halb Muffin. Hier sind der Fantasie keine Grenzen gesetzt. Einfach nach Lust und Laune süß oder herzhaft füllen: Walnuss mit Cranberrys und Ahornsirup oder Speck- und Zwiebelwürfel mit Crème fraîche schmecken in der Kombi genauso lecker wie Banane-Schoko oder Würstchen-Käse. Einfach drauf los probieren!

Füllungen:
Für 4 Apfel-Mandel-Bruffins
1 Apfel, gewürfelt
2 TL Zitronensaft
1 EL Zucker
1 gestrichener TL Zimtpulver
1 EL gehackte Mandeln

Für 4 Banane-Schoko-Bruffins
1 gehäufter EL Nuss-Nougat-Creme
1 kleine Banane, gewürfelt
1 EL gemahlene Haselnüsse

Für 4 Spinat-Lachs-Bruffins
100 g aufgetauter Rahmspinat
Salz, Pfeffer
80 g Räucherlachsscheiben
1 EL geröstete Pinienkerne

Für 4 Würstchen-Käse-Bruffins
1 EL Senf
1 Wiener Würstchen
(ca. 80 g), gewürfelt
40 g geriebener Käse
(z. B. Gouda)
1 EL Röstzwiebeln

Außerdem
Weizenmehl zum Bearbeiten
50 g flüssige Butter

3. Den Teig jeweils nochmals halbieren, auf einer leicht bemehlten Arbeitsfläche zu einem Rechteck ausrollen, die gewünschte Füllung darauf verteilen und aufrollen. 2,5 cm dicke Scheiben abschneiden und in die Papierbackförmchen legen. Die Bruffins mit flüssiger Butter bepinseln und im Backofen ca. 20 Min. backen. Dann herausnehmen und auskühlen lassen.

Rund um die Welt

252 Feste & Feiern

Feste & Feiern

Mein Tipp
Ich backe meiner Mama gerne mal Kuchen oder Törtchen, aber zum Muttertag muss es etwas ganz Besonderes sein. Und da habe ich eine Herzform besorgt, die natürlich zeigt, dass ich sie lieb habe. Wer keine solche Springform besitzt, kann den Teig auch in einer runden Form backen und mithilfe einer selbstgebastelten Schablone den Kuchen herzförmig ausschneiden.

Mutti-Frutti-Torte

Für 16 Tortenstücke
Form: Herzkuchen-Springform
(Ø 26 cm)
Backzeit: ca. 35 Min.
Standzeit: ca. 60 Min.

Rührteig
300 g Weizenmehl
3 gestrichene TL Backpulver
200 g Zucker
1 Päckchen Bourbon-
vanillezucker
250 g weiche Butter
6 Eier
6 EL Milch

Füllung
400 g Himbeeren
100 g flüssiger Honig
500 g Magerquark
200 g Schmand
2 Beutel Gelatine-Fix

Außerdem
Butter und Weizenmehl
für die Form
100 g Himbeerfruchtaufstrich
(ohne Fruchtstücke)
frische Himbeeren
buntes Zuckerdekor
und -perlen

1. Den Backofen auf 180 °C Ober- und Unterhitze vorheizen. Die Form mit Butter einfetten, mit Mehl bestäuben und überschüssiges Mehl abklopfen.

2. Für den Teig Mehl und Backpulver in eine Rührschüssel sieben. Übrige Zutaten zugeben und alles mit einem Handrührgerät mit Rührbesen kurz auf niedrigster, dann auf höchster Stufe ca. 2 Min. zu einem glatten Teig verarbeiten. In die Backform gießen und glatt streichen. Im Backofen auf dem Rost im unteren Drittel ca. 35 Min. backen. Ob der Kuchen gar ist, prüft man am einfachsten mit einem Holzspieß.

3. Den Kuchen nach dem Backen ca. 10 Min. abkühlen, stürzen und komplett erkalten lassen. Eventuell auf der Oberseite mit einem Messer geradeschneiden. Das Gebäckherz zweimal waagerecht durchschneiden. Den unteren Boden auf einer Tortenplatte mit dem Springformrand umlegen und mit der Hälfte des Fruchtaufstrichs bestreichen.

4. Für die Füllung die Himbeeren zerdrücken, durch ein Sieb streichen und mit Honig verrühren. Quark und Schmand glatt rühren, Gelatine-Fix zugeben und ca. 1 Min. unterrühren. Zum Schluss die Himbeer-Honig-Mischung zugeben. Etwa ein Drittel der Himbeercreme auf den unteren Boden streichen. Den mittleren Boden aufsetzen, mit dem restlichen Fruchtaufstrich und mit einem Drittel der Creme bestreichen. Oberen Boden auflegen und etwas andrücken. Die Oberfläche der Torte ebenfalls mit der Creme bestreichen, dabei etwas davon für den Rand beiseitestellen.

5. Die Torte ca. 60 Min. kalt stellen. Dann den Springformrand lösen und den Rand mit der restlichen Himbeercreme bestreichen. Üppig mit Beeren und Zuckerdekor nach Herzenslust belegen und verzieren.

Ombre Cake

Für 12 Kuchenstücke
Formen: Layer Cake
Backformen (Ø 15 cm,
z. B. von Wilton)
Backzeit: ca. 15–20 Min.
Standzeit: ca. 1 Std.

Teig (für 4 Böden)
120 g weiche Butter
265 g Zucker
1 Prise Salz
1 Päckchen Vanillearoma,
nach Belieben
4 Eiweiß
280 g Weizenmehl
2 TL Backpulver
180 ml Milch
flüssige blaue Lebens-
mittelfarbe

Füllung und Deko
300 g Lemon Curd (s. S. 208)
oder 1 Glas gekauftes
250 ml Sahne
1 Päckchen Sahnesteif
30 g Puderzucker
125 g Heidelbeeren

Außerdem
Butter zum Einfetten
Weizenmehl zum Bestäuben

1. Den Backofen auf 160 °C Umluft vorheizen. Die Formen mit Butter einfetten und mit Mehl bestäuben, überschüssiges Mehl abklopfen.

2. Für den Teig zuerst die Butter mit einem Handrührgerät mit Rührbesen cremig aufschlagen, dann Zucker, Salz sowie nach Belieben Vanille zugeben und zu einer glatten Masse verrühren. Nach und nach die Eiweiße zugeben und gut unterrühren. Mehl und Backpulver mischen und abwechselnd mit der Milch zur Butter-Zucker-Masse geben. Alles zu einem glatten Teig verrühren.

3. Dann den Teig mit einigen Tropfen Lebensmittelfarbe hell einfärben. Ein Viertel des Teigs in die vorbereitete Form füllen. Den Rest etwas dunkler einfärben und so weiter verfahren, bis kein Teig mehr übrig ist. Die Böden im Backofen ca. 15–20 Min. backen. Herausnehmen, leicht abkühlen, stürzen und vollständig auskühlen lassen. Böden ggf. begradigen und gebräunte Stellen abschneiden. Falls gewünscht, vier weitere Böden backen und in den weiteren Abstufungen einfärben.

4. Je nach gewünschter Farbe beginnen. Die Oberseite großzügig mit Lemon Curd bestreichen und die weiteren Böden auflegen, dabei jede Oberfläche, bis auf den letzten Boden, mit dem Lemon Curd einstreichen.

5. Die Sahne mit dem Sahnesteif und gesiebtem Puderzucker aufschlagen. Den Kuchen mit der Creme vollständig einstreichen. Dann ca. 1 Std. kalt stellen. Vor dem Servieren mit den Heidelbeeren garnieren.

Mein Tipp
Damit die Farben schön herauskommen, muss der Grundteig möglichst weiß bleiben, deshalb wird in diesem Rezept ausschließlich Eiweiß verwendet. Die Eigelbe lassen sich prima im selbst gemachten Eierlikör (s. S. 118) verarbeiten.

Magic Cake
Dreischichtiger Zauberkuchen

Für 12 Kuchenstücke
Form: Springform (Ø 18 cm)
Backzeit: ca. 55–60 Min.
Standzeit: ca. 3 Std.

Zutaten
500 ml Milch
125 g Butter
4 Eier
Salz
150 g Puderzucker
1 Päckchen Bourbon-vanillezucker
100 g Weizenmehl

Außerdem
Butter zum Einfetten
Puderzucker zum Bestäuben, nach Belieben

1. Die Backform mit Butter einfetten.

2. Milch erwärmen und die Butter darin schmelzen lassen. Eier trennen. Eiweiße und 1 Prise Salz mit einem Handrührgerät mit Rührbesen sehr steif schlagen. Eigelbe, Puder- und Vanillezucker ebenfalls mit dem Handrührgerät cremig rühren, dann unter Rühren die Milch-Butter-Mischung in einem dünnen Strahl einlaufen lassen. Das Mehl unterheben.

3. Den Eischnee portionsweise mit einem Schneebesen unterheben. Dann den Teig in die Form gießen und ca. 30 Min. beiseitestellen, damit sich die Masse etwas absetzt.

4. Den Backofen auf 160 °C Ober- und Unterhitze vorheizen. Den Kuchen auf dem Rost im unteren Drittel ca. 55–60 Min. lang goldbraun backen. Er sollte in der Mitte nicht mehr zu sehr wackeln, sondern nur noch etwas weich sein. Herausnehmen, auf einem Kuchengitter ca. 30 Min. abkühlen lassen, dann ca. 2 Std. in den Kühlschrank stellen. Nach Belieben zum Servieren mit Puderzucker bestäuben.

Mein Tipp
Der Teig ist recht dünnflüssig. Daher unbedingt eine Backform wählen, die gut schließt und aus der nichts auslaufen kann.

Konfetti-Layer-Cake

Für 16 Kuchenstücke
Form: Springform (Ø 26 cm)
Backzeit: ca. 35 Min.
Standzeit: ca. 1 Std.

Rührteig
300 g Weizenmehl
3 gestrichene TL Backpulver
200 g Zucker
1 Päckchen Bourbon-vanillezucker
250 g weiche Butter
6 Eier
6 EL Milch
100 g Zuckerkonfetti

Blitz-Buttercreme
1 Päckchen Puddingpulver Vanille-Geschmack
500 ml Milch
flüssige gelbe Lebensmittelfarbe
250 g weiche Butter

Außerdem
Butter und Weizenmehl für die Form
8 Brombeeren
8 Physalis
Zuckerkonfetti und Zuckerstreusel zum Dekorieren

1. Den Backofen auf 180 °C Ober- und Unterhitze vorheizen. Die Form mit Butter einfetten und mit Mehl bestäuben, überschüssiges Mehl abklopfen.

2. Für den Teig alle Zutaten, bis auf das Zuckerkonfetti, in eine Rührschüssel geben und mit einem Handrührgerät mit Rührbesen kurz auf niedrigster, dann auf höchster Stufe ca. 2 Min. zu einem glatten Teig verarbeiten. Zum Schluss nur kurz das Zuckerkonfetti unterrühren, in die Backform gießen und glatt streichen. Im Backofen auf dem Rost im unteren Drittel ca. 35 Min. backen. Ob der Kuchen gar ist, lässt sich am einfachsten mit einem Holzspieß überprüfen.

3. Den Kuchen nach dem Backen ca. 10 Min. abkühlen, stürzen und komplett erkalten lassen. Eventuell auf der Oberseite mit einem Messer geradeschneiden.

4. Für die Buttercreme Pudding mit Milch nach Packungsanleitung kochen. Zum Schluss einige Tropfen Lebensmittelfarbe zufügen, bis die gewünschte Intensität erreicht ist. Den heißen Pudding in eine Schüssel geben, die Oberfläche direkt mit Frischhaltefolie belegen und erkalten lassen. Die Butter mit einem Handrührgerät mit Rührbesen kräftig aufschlagen. Den Pudding esslöffelweise unterrühren.

5. Den Teigboden zweimal waagerecht durchschneiden. Den unteren Boden mit etwa einem Fünftel Buttercreme bestreichen. Den mittleren Boden aufsetzen, mit etwa der gleichen Buttercrememenge bestreichen. Oberen Boden auflegen und etwas andrücken. Den Kuchen vollständig mit der Buttercreme einstreichen und nach Belieben noch mit Buttercreme-Rosetten verzieren. Den Kuchen ca. 1 Std. kalt stellen. Kurz vor dem Servieren noch mit den Früchten dekorieren und mit Zuckerkonfetti und Streuseln verzieren.

Mein Tipp
Ein Hochstapler – wie es der Name schon sagt – ist der Layer Cake als ein gestapelter bzw. geschichteter Kuchen. Einzelne Kuchenböden werden mit Fruchtaufstrich, Sahne oder Buttercreme bestrichen und dann zusammengesetzt.

Feste & Feiern

Mein Tipp
Der absolute Hingucker: Meine beschwipste Pink-Champagner-Torte! Ein Gläschen in die Creme, ein Gläschen in die Bäckerin, so gelingt sie auf jeden Fall! Am besten lässt man die Torte über Nacht im Kühlschrank fest werden, dann ist sie gut durchgekühlt, schnittfest und verzehrbereit.

Pink-Champagner-Torte

Für ca. 16 Tortenstücke
Formen: Springform
(Ø 26 cm), Tortenring
Backzeit: ca. 20–25 Min.
Standzeit: ca. 5 Std.

Biskuitmasse
3 Eier
100 g Zucker
1 Prise Salz
75 g Weizenmehl
25 g Speisestärke
1 TL Backpulver

Creme
12 große Löffelbiskuits
10 Blatt Gelatine
500 g Magerquark
300 g Naturjoghurt
125 g Zucker
2 Päckchen Bourbon-
vanillezucker
100 ml Schaumwein (z. B.
Rosé Sekt oder Champagner)
250 ml Sahne

Belag
3 Äpfel
3 EL Zitronensaft
2–3 EL Butter
1 Päckchen roter Tortenguss
3 EL Zucker
250 ml Schaumwein (z. B.
Rosé Sekt oder Champagner)

1. Den Backofen auf 180 °C Ober- und Unterhitze vorheizen. Den Boden der Springform mit Backpapier auslegen.

2. Für den Biskuit die Eier mit einem Handrührgerät mit Rührbesen auf höchster Stufe ca. 1 Min aufschlagen. Nach und nach Zucker und Salz einrieseln lassen und weitere ca. 2 Min. schaumig schlagen. Mehl, Stärke und Backpulver mischen, über die Masse sieben und unterheben. In die Form füllen, glatt streichen und im Backofen ca. 20–25 Min. backen. Den Kuchen aus dem Backofen nehmen, vom Rand lösen, auf ein Kuchengitter stürzen und auskühlen lassen. Dann das Backpapier abziehen.

3. Einen Tortenring oder den gesäuberten Springformrand so um den Boden stellen, dass zwischen Boden und Tortenring ca. 1–2 cm frei bleiben. Die Löffelbiskuits halbieren, die Hälften mit der Zuckerschicht nach außen und der Schnittkante nach unten nebeneinander an den Tortenring stellen.

4. Für die Creme Gelatine ca. 10 Min. in kaltem Wasser einweichen. Quark, Joghurt, Zucker, Vanillezucker und Schaumwein mit einem Handrührgerät mit Rührbesen verrühren. Gelatine ausdrücken und bei schwacher Hitze in einem kleinen Topf auflösen. Gut mit 4–5 EL Quarkcreme verrühren, dann in die übrige Creme rühren. Sahne steif schlagen und portionsweise unterheben. Die Creme locker auf den Boden streichen und ca. 4 Std. kalt stellen.

5. Für den Belag Äpfel schälen, vierteln, Kerngehäuse herausschneiden. Äpfel in dünne Spalten schneiden und mit Zitronensaft beträufeln. Butter in einer Pfanne schmelzen. Apfelspalten hineingeben und ca. 3 Min. dünsten. Dann herausnehmen und abkühlen lassen.

6. Apfelspalten fächerartig dicht auf die Torte legen. Den Tortenguss und Zucker in einem kleinen Topf mischen, nach und nach mit dem Schaumwein anrühren und unter Rühren aufkochen. Den Guss ca. 1 Min. ruhen lassen, dann von der Mitte der Torte gleichmäßig über die Früchte verteilen. Die Torte ca. 1 Std. kalt stellen, danach den Tortenring entfernen und servieren.

Schwimmbad-Torte

Für 16 Tortenstücke
Formen: Springform (Ø 28 cm), Tortenring
Backzeit: ca. 20 Min.
Standzeit: mind. 2 Std.

Biskuitboden
4 Eier
4 EL heißes Wasser
120 g Zucker
40 g flüssige Butter
100 g Weizenmehl

Füllung
8 Blatt Gelatine
400 ml Sahne
500 g Magerquark
250 g Speisequark (40 % Fett)
2 EL Zitronensaft
100 ml Milch
125 g Zucker

Außerdem
1 Päckchen Fruchtgummifische
2 Päckchen klarer ungezuckerter Tortenguss
4 EL Zucker
4 EL Blue Curaçao
100 ml Sahne
1 Packung Löffelbiskuits

1. Den Backofen auf 180 °C Ober- und Unterhitze vorheizen. Den Springformboden mit Backpapier auslegen.

2. Die Eier mit heißem Wasser in einer Küchenmaschine auf höchster Stufe in 1 Min. schaumig schlagen. Zucker unter Rühren einrieseln lassen und die Masse weitere 2 Min. schlagen. Anschließend die Butter unterrühren.

3. Das Mehl dazu sieben und nur kurz auf niedrigster Stufe unterrühren. Den Teig in die Form füllen und glatt streichen. Die Springform auf dem Rost im unteren Drittel in den Backofen schieben und den Teig ca. 20 Min. backen.

4. Den Tortenboden aus der Form lösen, auf ein mit Backpapier belegtes Kuchengitter stürzen und erkalten lassen. Backpapier abziehen und den Boden mit einem Tortenring umstellen.

5. Für die Füllung die Gelatine ca. 10 Min. in kaltem Wasser einweichen. Sahne steif schlagen. Quark mit den restlichen Zutaten verrühren. Die Gelatine ausdrücken und in einem Topf bei geringer Hitze auflösen. Die Gelatine mit 4 EL Quarkmasse verrühren, dann unter die übrige Quarkmasse rühren. Die geschlagene Sahne unterheben. Die Füllung auf dem Boden glatt streichen. Die Torte mindestens 2 Std. kalt stellen.

6. Nach Ende der Kühlzeit die Fruchtgummifische auf die Creme legen. Den Tortenguss mit dem Zucker und Blue Curaçao nach Packungsanleitung zubereiten und auf dem Kuchen verteilen. Den Kuchen noch einmal ca. 15 Min. kalt stellen, bis der Guss fest ist. Den Tortenring entfernen.

7. Die Sahne steif schlagen, den Rand damit einstreichen und diesen mit den Löffelbiskuits verzieren.

Mein Tipp
Von wegen weniger ist mehr! Hier geht es ganz klar nur um Effekthascherei. Je wilder und ausgeklügelter das Motiv, desto größer der Wow-Faktor dieses Kuchens auf Basis einer Käse-Sahne-Torte. Garnieren Sie nach Herzenslust und besorgen Sie sich dafür ausgefallene, essbare Dekoration aus Frucht- oder Weingummi, Schokolade und Zuckerguss.

Feste & Feiern 263

Mein Autochen

Für ca. 12 Kuchenstücke
Form: rechteckige Springform (35 × 24 cm)
Backzeit: ca. 45–50 Min.
Standzeit: ca. 60 Min.

Zutaten
350 g weiche Butter
300 g Zucker
1 Päckchen Bourbon-vanillezucker
8 Eier
60 ml Erdbeersirup
400 g Weizenmehl
1 Päckchen Backpulver

Außerdem
Butter und Weizenmehl für die Form
Rollfondant in verschiedenen Farben (z.B. weiß, ca. 1 kg; türkis, gelb, rosa, à ca. 250 g)
2 runde Schokoladenkekse

1. Den Backofen auf 180 °C Ober- und Unterhitze vorheizen. Die Form mit Butter einfetten und mit Mehl bestäuben, dabei überschüssiges Mehl abklopfen.

2. Butter, Zucker und Vanillezucker in die Rührschüssel einer Küchenmaschine geben und cremig rühren. Die Eier einzeln zugeben und weiterrühren. Erdbeersirup zugießen. Mehl und Backpulver in die Schüssel sieben und alles zu einem glatten Teig verrühren.

3. Den Teig in die Form füllen und im Backofen auf einer der unteren Schienen ca. 45–50 Min. backen. Ob der Kuchen gar ist, prüft man am einfachsten mit einem Holzspieß. Herausnehmen, auf einem Kuchengitter ca. 10 Min. abkühlen lassen, dann auf einem glatten, schnittfesten Untergrund stürzen und vollständig auskühlen lassen.

4. Aus einem Karton eine Schablone in Form eines Autos z.B. Fiat 500 basteln. Die Schablone auf den Kuchen legen und mit einem Messer außen herum schneiden. Den weißen Fondant zwischen Backpapier passend für die Kuchenform dünn ausrollen, auf das Auto legen, damit auskleiden und andrücken. Die überstehenden Fondantreste abschneiden. Weitere Rollfondants ausrollen und diverse Autoteile ausschneiden. Das Auto damit dekorieren und noch zwei runde Schokoladenkekse als Räder anlegen. Im Kühlschrank ca. 60 Min. kalt stellen.

Mein Tipp
Aus dem Rührteig lassen sich beliebig andere Motive schneiden und passend verzieren. Auch die Kuchenreste kann man noch ganz easy verarbeiten, z.B. zu Cake Pops oder Cake Balls.

Mini-Piraten-Amerikaner

Für ca. 24 Amerikaner
Formen/Materialien: 2 Backbleche, Spritzbeutel mit Lochtülle, runder Ausstecher (Ø 4 cm)
Backzeit: ca. 15 Min.

Zutaten
100 g weiche Butter
100 g Zucker
1 Päckchen Bourbonvanillezucker
1 Prise Salz
2 Eier
1 Päckchen Vanille-Puddingpulver
250 g Weizenmehl
3 TL Backpulver
3 EL Milch

Verzierung
schwarze Zuckerschrift
Marzipanrohmasse
rote Lebensmittelfarbe
Kreise aus buntem Fondant

Mein Tipp
Wenn mal wieder der Klabautermann umgeht und nichts fertig wird: Die Mini-Amerikaner sind auch fix mit einem Puderzuckerguss und bunten Schokolinsen verziert. Das Beste daran: So ist die Deko für kleine und für große Gäste gleichermaßen geeignet.

1. Butter, Zucker, Vanillezucker und Salz mit den Rührbesen des Handrührgerätes ca. 5 Min. cremig rühren. Nacheinander die Eier unterrühren. Puddingpulver, Mehl und Backpulver mischen und ebenfalls unterrühren. Zuletzt die Milch hinzufügen.

2. Den Backofen auf 190 °C Ober- und Unterhitze vorheizen. Zwei Backbleche mit Backpapier auslegen.

3. Den Teig in einen Spritzbeutel mit Lochtülle füllen und auf die Backbleche mit ausreichend Abstand 4 cm große Teigkreise spritzen. Im Backofen auf der mittleren Schiene ca. 15 Min. backen.

4. Das Gebäck auf einem Kuchengitter auskühlen lassen. Inzwischen Marzipan ausrollen, kreisrund ausstechen und auf die flache Seite der Amerikaner legen. Mit schwarzer Zuckerschrift die Gesichter verzieren. Für das Piratenkopftuch Marzipan mit Lebensmittelfarbe einfärben, dünn ausrollen und mit einem Ausstecher die Kopftücher ausstechen und auf die Amerikaner legen. Die Kopftücher noch mit bunten Fondantkreisen verzieren.

Schaumclowns

Für 12 Schaumclowns
Formen: Muffinblech,
Papier-Muffinförmchen
Backzeit: ca. 15 Min.

Biskuitteig
4 Eier
60 g Zucker
1 Päckchen Bourbon-
vanillezucker
80 g Weizenmehl
½ TL Backpulver

Buttercreme
300 ml Milch
1½ EL Zucker
¾ Päckchen Sahne-
puddingpulver
30 g weiche Butter

Verzierung
1 Beutel Schokoladenglasur
bunte Schokodragees
weiße Zuckerschrift

Außerdem
Butter für die Form

1. Den Backofen auf 180 °C Ober- und Unterhitze vorheizen. Die Mulden eines Muffinblechs einfetten.

2. Für den Biskuitteig Eier in eine Schüssel geben und mit den Rührbesen eines Handrührgerätes ca. 1 Min. aufschlagen. Zucker und Vanillezucker zufügen und die Masse weitere 2 Min. schaumig schlagen. Mehl und Backpulver mischen und zügig unterheben. Die Biskuitmasse in die Mulden der Muffinform verteilen und im Backofen ca. 15 Min. backen. Nach dem Backen den Biskuit etwas abkühlen lassen, dann vorsichtig aus der Form drehen und auf einem Gitter auskühlen lassen.

3. Für die Buttercreme mit der Milch, dem Zucker und dem Puddingpulver einen Pudding kochen und abkühlen lassen. Anschließend den Pudding mit der Butter glatt rühren.

4. Die Teiglinge aufschneiden und die untere Hälfte mit Buttercreme bestreichen. Anschließend den Deckel darauf setzen.

5. Die Schokoladenglasur im Wasserbad erhitzen und die Teiglinge damit überziehen. Auf einem Kuchengitter fest werden lassen. Mit bunten Schokodragees und Zuckerschrift verzieren, vollständig auskühlen lassen und in Papierförmchen setzen.

Kuchen im Topf

Für 12 Kuchenstücke
Zubehör: Topf (Ø 20 cm)
mit ofenfesten Griffen
Backzeit: ca. 60 Min.

Teig
100 g Butter
350 ml Milch
4 Eier
125 g Puderzucker
200 g Weizenmehl
1 Päckchen Bourbon-
vanillezucker
1 Prise Salz

Früchtecreme
250 g Crème fraîche
½ TL Zimt
Heidel- und Johannis-
beeren nach Belieben

Außerdem
Butter für den Topf

1. Den Backofen auf 175 °C Ober- und Unterhitze vorheizen. Den Topf mit Butter einfetten.

2. Butter bei geringer Temperatur in einem Topf zerlassen und beiseitestellen. Milch erhitzen und ebenfalls beiseitestellen.

3. Die Eier trennen. Eigelbe und Puderzucker mit den Rührbesen des Handrührgerätes zu einer dicken, weißen Creme verrühren. Die flüssige Butter, Mehl und den Vanillezucker unterrühren. Die warme Milch nach und nach zum Teig geben. Eiweiße mit Salz steif schlagen und unter den Teig heben.

4. Den Teig in den Topf füllen und im Backofen ca. 60 Min. backen. Den Kuchen im Topf auskühlen lassen.

5. Für die Früchtecreme Crème fraîche mit Zimt glatt rühren und auf den Kuchen streichen. Die Beeren verlesen, waschen und abtropfen lassen. Beeren auf dem Kuchen verteilen und den Kuchen im Topf servieren.

Mein Tipp
Wie transportiert man einen Kuchen unfallfrei zum nächsten Picknick im Park? Richtig, im Topf! Dieser „Kuchen to go" lässt sich nicht nur bestens vorbereiten, sondern auch noch super einpacken. Füllt man die Creme in ein Glas mit Schraubverschluss kann man den Kuchen vor Ort dekorieren, so geht garantiert nichts schief!

Backmischung für Butterscotch-Brownies

Für 1 Backmischung
Form: großes Einmachglas (ca. 1,5 l) mit Deckel und Verschluss

Zutaten
250 g Weizenmehl
2 TL Backpulver
400 g brauner Zucker
1 Päckchen Bourbonvanillezucker
½ TL Salz
200 g gehackte Wal- oder Pecannüsse
50 g Kokosraspel

1. Das Mehl mit dem Backpulver mischen, als erstes in das Glas füllen, gleichmäßig verteilen und etwas andrücken.
2. Zucker mit Vanillezucker und Salz vermischen und obenauf füllen. Darauf die Nüsse geben und mit dem Deckel verschließen.
3. Die Kokosraspel in ein Cellophan-Tütchen geben und mit einem Geschenkband zubinden. Das Tütchen mit der Anleitung zum Fertigbacken an das Glas binden.

Mein Tipp
Das Einmachglas lässt sich individuell mit bunten Bändern, Geschenkanhängern und Aufklebern schmücken. Da kommt garantiert Freude auf!

Butterscotch-Brownies
Anleitung zum Fertigbacken

Für 12 Kuchenstücke
Form: quadratische Springform (24 cm)
Backzeit: ca. 40–45 Min.

Zutaten
170 g weiche Butter
3 Eier

Außerdem
Butter für die Form

1. Den Backofen auf 180 °C Ober- und Unterhitze vorheizen. Die Form mit Butter einfetten.
2. Die Butter in einem Topf schmelzen. Den Zucker aus dem Glas zugeben und kurz mit einem Handrührgerät mit Rührbesen verrühren. Etwas abkühlen lassen.
3. Die Eier mit einem Handrührgerät mit Rührbesen cremig aufschlagen. Die Butter-Zucker-Masse zugeben und alles gut verrühren. Die restlichen Zutaten und die Kokosraspel unterrühren.
4. Den Teig in die Form füllen und im Backofen auf dem Rost im unteren Drittel ca. 40–45 Min. backen. Herausnehmen und vollständig in der Form auskühlen lassen, daraus lösen und in Stücke schneiden.

Backmischung für Gewürzkuchen

Für 1 Backmischung
Form: großes Einmachglas (ca. 1,0 l) mit Deckel und Verschluss

Zutaten
300 g gesiebtes Weizenmehl
1 Päckchen Backpulver
300 g Rohrzucker
1 Prise Salz
1 TL Zimtpulver
1 TL Ingwerpulver
¼ TL Nelkenpulver
3 EL Kakaopulver
100 g Raspelschokolade Zartbitter

Mein Tipp
Wenn es draußen so richtig kalt ist, kommt dieser Kuchen mit einem schönen Becher Kaffee oder einer heißen Schokolade so richtig gut! Wer mag, kann ihn noch schnell mit Schokoglasur oder Puderzucker verzieren, und schon ist er fertig!

1. Das Mehl mit dem Backpulver mischen, als erstes in das Glas füllen, gleichmäßig verteilen und etwas andrücken.

2. Darauf den Rohrzucker geben. Salz, Zimt, Ingwer und Nelken mit dem Kakao vermischen und obenauf füllen.

3. Als letzte Schicht die Raspelschokolade darauf streuen und das Glas verschließen. Mit einem Geschenkband und der Anleitung zum Fertigbacken verzieren.

Gewürzkuchen

Für 12 Kuchenstücke
Form: Kastenform (25 cm) oder Gugelhupfform (Ø 22 cm)
Backzeit: ca. 55–60 Min.

Zutaten
125 g weiche Butter
5 Eier
200 ml Milch

Außerdem
Butter und Weizenmehl für die Form

Anleitung zum Fertigbacken

1. Den Backofen auf 180 °C Ober- und Unterhitze vorheizen. Die Form mit Butter einfetten und mit Mehl bestäuben, überschüssiges Mehl abklopfen.

2. Die Backmischung in die Rührschüssel einer Küchenmaschine geben. Butter, Eier und Milch zugeben. Zunächst auf niedriger Stufe, dann auf höchster Stufe zu einem glatten Teig verrühren, in die Form füllen und glatt streichen.

3. Im Backofen auf dem Rost im unteren Drittel ca. 55–60 Min. backen. Ob der Kuchen gar ist, prüft man am einfachsten mit einem Holzspieß. Herausnehmen, kurz in der Form stehen lassen, stürzen und vollständig auskühlen lassen.

Feste & Feiern

Carrot-Cheesecake

Für ca. 12 Kuchenstücke
Form: Springform
(Ø 26 cm)
Backzeit: ca. 75 Min.
Standzeit: ca. 6 Std. 15 Min.

Boden
75 g Butter
150 g Vollkorn-Butterkekse
1 Prise Salz

Cheesecake
1 kg Doppelrahm-
Frischkäse
150 ml Karottensaft
250 g Zucker
1 Päckchen Bourbon-
vanillezucker
50 g Weizenmehl
4 Eier

Außerdem
Butter für die Form

1. Den Backofen auf 180 °C Ober- und Unterhitze vorheizen. Den Boden der Springform mit Backpapier auslegen. Den Rand mit Butter einfetten.

2. Die Butter schmelzen. Die Kekse in einer Küchenmaschine oder in einem Gefrierbeutel mit einer Teigrolle fein zerbröseln. Keksbrösel und Salz mit der flüssigen Butter gut vermischen, gleichmäßig auf dem Springformboden verteilen und andrücken.

3. Mit den Rührbesen eines Handrührgerätes Frischkäse und Karottensaft einige Minuten gut miteinander verrühren. Zucker, Vanillezucker und Mehl zugeben, die Eier nach und nach unterrühren und alles zu einem glatten Teig verarbeiten.

4. Die Käsemasse in die Springform geben und glatt streichen. Im Backofen auf mittlerer Schiene ca. 45 Min. backen. Danach die Temperatur auf 150 °C reduzieren und ca. 30 Min. weiterbacken.

5. Den Ofen ausschalten und den Kuchen ca. 15 Min. bei halbgeöffneter Tür ruhen lassen. Danach auf einem Kuchengitter abkühlen lassen und im Kühlschrank ca. 6 Std. kalt stellen. Zum Servieren den Rand mit einem Messer lösen, dabei das Messer immer wieder in heißes Wasser tauchen und aus der Form lösen.

Spiegeleimuffins

Für 12 Muffins
Formen: Muffinblech,
12 Papier-Muffinförmchen
Backzeit: ca. 20–25 Min.
Standzeit: ca. 40 Min.

Zutaten
150 g Butter
1 Prise Salz
1 Päckchen Bourbon-
vanillezucker
150 g Zucker
4 Eier
300 g Weizenmehl
3 TL Backpulver
5 EL Milch
12 Aprikosenhälften
aus der Dose

Guss
200 g Puderzucker
1 TL Zitronensaft
1 Eiweiß

Außerdem
Butter und Weizenmehl
für die Form

1. Butter, Salz, Vanillezucker und Zucker mit den Rührbesen des Handrührgerätes cremig rühren. Eier einzeln unterrühren. Mehl und Backpulver mischen und abwechselnd mit der Milch in den Teig rühren.

2. Den Backofen auf 175 °C Ober- und Unterhitze vorheizen. Die Mulden eines Muffinblechs einfetten und mit Mehl bestäuben, überschüssiges Mehl abklopfen.

3. Den Teig in die Mulden verteilen und glatt streichen. Aprikosenhälften in die Mitte jedes Muffins legen und leicht andrücken. Im Backofen ca. 20–25 Min. backen. Muffins aus dem Backofen nehmen, nach ca. 10 Min. aus der Form lösen und auf einem Kuchengitter auskühlen lassen.

4. Sobald die Muffins ausgekühlt sind, den Puderzucker mit Zitronensaft und Eiweiß in eine Schüssel geben und mit den Rührbesen des Handrührgerätes zu einem dicken Guss verrühren.

5. Vor dem Servieren den Zuckerguss um die Aprikosen verteilen und ca. 30 Min. trocknen lassen. Die Muffins in Papierförmchen setzen und servieren.

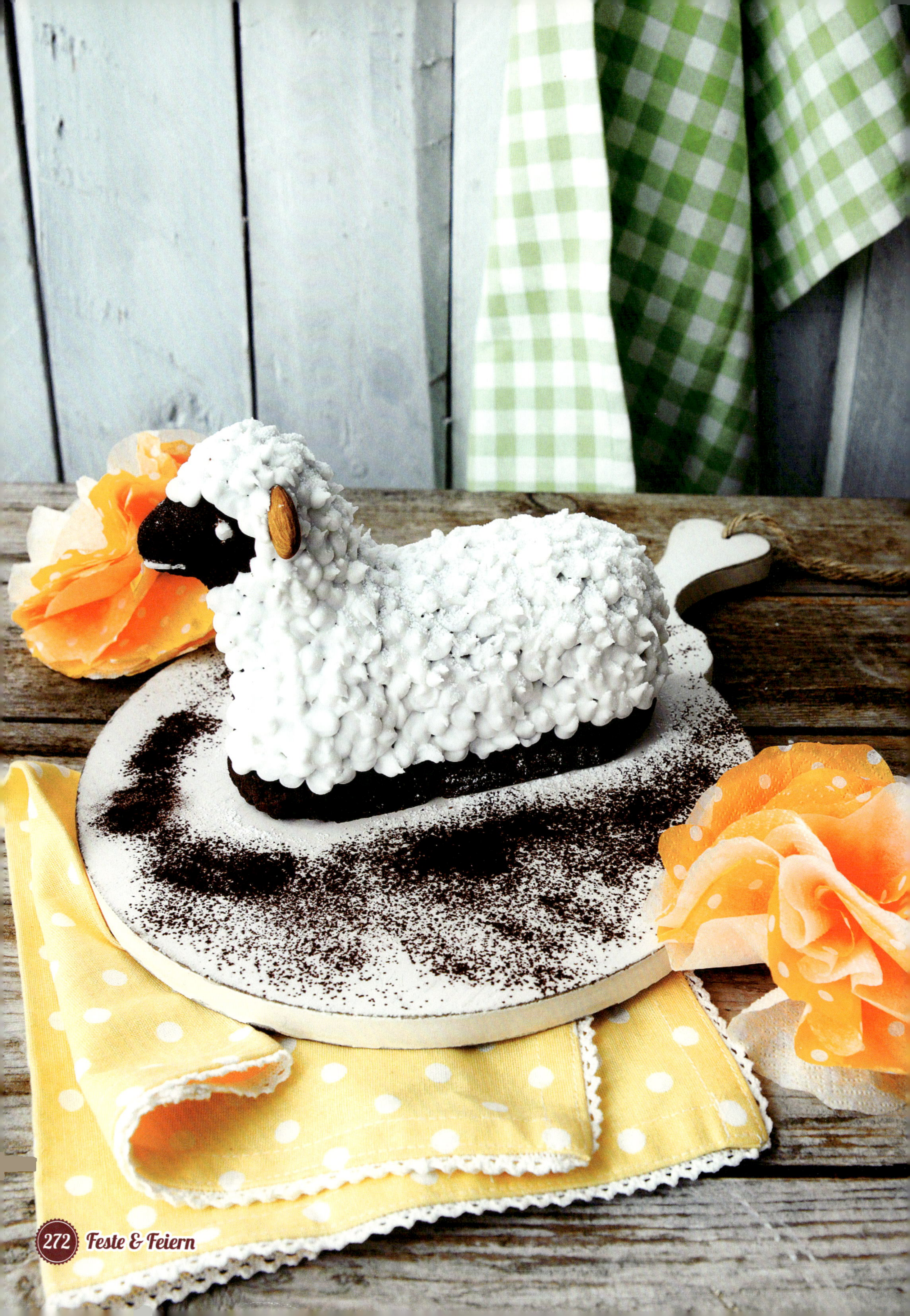

Schoko-Osterlamm

Für 1 Osterlamm
Formen: Backblech, Lammbackform (0,7 l Inhalt), Spritzbeutel mit kleiner Lochtülle
Backzeit: ca. 30–35 Min.

Rührteig
80 g Zartbitter-Schokolade
80 g weiche Butter
80 g Zucker
2 Eier
100 g Weizenmehl
25 g Speisestärke
1 TL Backpulver
1 Prise Salz
2 EL Milch

Verzierung
280 g Puderzucker
1 Eiweiß
2 Mandeln
weiße Zuckerschrift

Außerdem
Butter für die Form
Puderzucker zum Bestäuben

1. Den Backofen auf 180 °C Ober- und Unterhitze vorheizen. Die Lammbackform einfetten.

2. Die Schokolade grob hacken und in einem Wasserbad schmelzen. Etwas abkühlen lassen. Butter und Zucker mit den Rührbesen des Handrührgerätes cremig rühren. Die Eier nacheinander unterrühren und die Schokolade unterziehen.

3. Mehl, Speisestärke, Backpulver und Salz mischen. Erst die Mehlmischung portionsweise unter die Schokomasse rühren, dann die Milch zugeben und zu einem glatten Teig verrühren. Teig in die Lammbackform füllen und auf ein Backblech stellen. Im Backofen ca. 30–35 Min. backen. Herausnehmen und etwas abkühlen lassen. Das Lamm aus der Form nehmen und auskühlen lassen.

4. Das Lamm auf eine Platte stellen. Für das Lammfell 250 g Puderzucker mit dem Eiweiß zu einem dicken Guss verrühren und in einen Spritzbeutel mit kleiner Lochtülle füllen. Auf das Lamm kleine Tupfen aufspritzen, dabei das Gesicht frei lassen. An die Stelle der Ohren kleine Schlitze schneiden und die Mandeln in die Öffnungen stecken. Mit der Zuckerschrift Mund und Augen aufzeichnen und alles trocknen lassen. Zum Schluss das ganze Lamm noch mit Puderzucker bestäuben.

Möhrengugelhupf
mit Käsekuchenfüllung

Für ca. 12 Kuchenstücke
Form: Gugelhupf (Ø 22 cm)
Backzeit: ca. 50–55 Min.

Käsekuchenfüllung
250 g Quark (20 % Fett)
50 g flüssige Butter
50 g Zucker
1 Päckchen Bourbon-
vanillezucker
1 Ei
2 EL Weizenmehl
Saft von ½ Zitrone

Teig
200 g Möhren
4 Eier
Salz
200 g Puderzucker
1 Päckchen Bourbon-
vanillezucker
1 TL Zimtpulver
1 Msp. Ingwerpulver
Abrieb von 1 unbe-
handelten Zitrone
200 g gemahlene Mandeln
100 g Weizenmehl
1 Päckchen Backpulver

Außerdem
Butter und Weizenmehl
für die Form

1. Für die Füllung die angegebenen Zutaten zu einer glatten Masse verrühren und bis zur weiteren Verarbeitung kühl stellen.

2. Den Backofen auf 175 °C Ober- und Unterhitze vorheizen. Die Gugelhupfform einfetten und mit Mehl bestäuben, überschüssiges Mehl abklopfen.

3. Die Möhren putzen, schälen und fein reiben. Die Eier trennen. Eiweiß mit 1 Prise Salz steif schlagen und zur Seite stellen. Eigelbe, Puder- und Vanillezucker, Gewürze sowie Zitronenabrieb schaumig rühren. Möhren, Mandeln, Mehl und Backpulver zum Schluss unterrühren. Den Eischnee vorsichtig mit einem Teigschaber unterheben.

4. Die Hälfte des Kuchenteigs in die Form geben. Die Käsekuchenmischung vorsichtig mit einem großen Löffel darauf geben und darauf achten, dass die Füllung etwa 1 cm Abstand zum Rand der Backform hat. Den restlichen Möhrenkuchenteig darauf verteilen und glatt streichen. Den Kuchen im Backofen auf dem Rost im unteren Drittel ca. 50–55 Min. backen. Mittels Stäbchenprobe testen, ob der Kuchen durchgebacken ist. Dann herausnehmen, kurz in der Form abkühlen lassen, stürzen und vollständig auskühlen lassen.

Mein Tipp
Wer mag, kann den Kuchen noch mit einer saftigen Zitronenglasur überziehen. Und am besten schmeckt er, wenn er einen Tag durchgezogen ist!

Verdrehte Osterhäschen im Nest

Für 1 Osternest und 2 Häschen
Form: Backblech
Backzeit: ca. 20 Min.
Standzeit: ca. 55 Min.

Hefeteig
300 ml Milch
1 ½ Würfel Hefe (63 g)
750 g Weizenmehl
75 g Zucker
1 TL Salz
2 Eier
125 g weiche Butter

Außerdem
2 Eigelb und 3 EL Sahne zum Bestreichen

1. Die Milch erwärmen und die Hefe darin auflösen. Mehl, Zucker, Salz, Eier und Butter in Flöckchen in eine Rührschüssel geben. Die Hefemilch zugießen und alles mit den Knethaken des Handrührgerätes zu einem glatten Teig verarbeiten. Zugedeckt an einem warmen Ort ca. 45 Min. gehen lassen.

2. Den Teig nochmals durchkneten und ein Drittel abnehmen. Den Rest in 3 Stücke teilen und zu 3 gleich langen Strängen rollen. Aus den Teigsträngen einen Zopf flechten und zu einem Kranz legen. Die Enden zusammendrücken. Nochmals kurz gehen lassen.

3. Den Backofen auf 200 °C Ober- und Unterhitze vorheizen. Ein Backblech mit Backpapier auslegen.

4. Den restlichen Teig zu 4 Strängen rollen. Jeweils ein kleines Stück für das Schwänzchen abnehmen. Die Teigstränge verkordeln, das Schwänzchen in die Mitte setzen. Eigelb mit der Sahne verquirlen, Kranz und Häschen damit bestreichen, alles auf ein Blech setzen und im Backofen ca. 20–25 Min. backen.

Mein Tipp

Hefe ist empfindlich und braucht eine angenehme „Betriebstemperatur" um richtig aufzugehen. Die Milch darf daher weder zu kalt noch zu warm sein, am Besten testet man sie mit dem eigenen Finger. Wenn die Milch eine angenehme Wärme hat und weder zu kalt noch zu warm ist, fühlt sich darin auch die Hefe wohl. Eine Prise Zucker dazu und die Hefemilch lässt sich zu einem luftigen Hefeteig verarbeiten.

Kürbis-Gugelhupf

Für 2 Gugelhupfe
Formen: 2 Gugelhupfformen (Ø 16 cm)
Backzeit: ca. 40 Min.

Rührteig
250 g Hokkaidokürbis
300 g Zucker
½ TL Muskatnuss
½ TL Pimentpulver
½ TL Zimtpulver
1 Prise Salz
2 Eier
125 ml Sonnenblumenöl
200 g Weizenmehl
½ Päckchen Backpulver

Guss
40 g Butter
125 g Puderzucker
2–3 EL Wasser
einige Tropfen orangefarbene Lebensmittelfarbe

Außerdem
Butter und Weizenmehl für die Formen

1. Den Kürbis putzen, waschen und in kleine Würfel schneiden. Etwas Wasser in einem Topf erhitzen, Kürbis zufügen, aufkochen und zugedeckt ca. 8–10 Min. bei geringer Temperatur köcheln. Dann in einem Sieb abtropfen lassen.

2. Den Backofen auf 180 °C Ober- und Unterhitze vorheizen. Die Gugelhupfformen mit Butter einfetten und mit Mehl bestäuben, überschüssiges Mehl abklopfen.

3. Kürbisfleisch mit einem Kartoffelstampfer zerdrücken oder mit einem Stabmixer pürieren. Kürbismus, Zucker, Muskatnuss, Piment, Zimt, Salz, Eier und Öl mit einem Handrührgerät mit Rührbesen verrühren. Mehl und Backpulver auf den Teig sieben und vorsichtig unterheben.

4. Den Teig gleichmäßig auf die Formen verteilen und im Backofen auf dem Rost auf einer der unteren Schienen ca. 40 Min. backen. Ob der Kuchen gar ist, prüft man am einfachsten mit einem Holzspieß. Die fertigen Kuchen aus der Form auf zwei Kuchengitter stürzen und vollständig auskühlen lassen.

5. Für den Guss die Butter schmelzen und den Puderzucker unterrühren. Das Wasser unter Rühren zufügen bis eine zähflüssige Konsistenz erreicht ist und mit Lebensmittelfarbe einfärben. Die Kuchen mit der Glasur verzieren und trocknen lassen.

Mein Tipp
Um aus den zwei Gugelhupfen einen Halloween-Kürbis zu bauen, einen Kuchen auf den Kopf stellen und an der Unterseite mit etwas Guss bestreichen. Den anderen Kuchen darauf setzen und den restlichen Guss darüber laufen lassen, dabei ca. 1 EL beiseitestellen. 50 g Marzipan mit einigen Tropfen grüner Lebensmittelfarbe einfärben. Einen Kürbisstiel daraus formen und mit der übrigen Glasur in der Mitte des Kuchens befestigen. Nach dem Trocknen der Glasur ein schaurig-schönes Gesicht mit Lebensmittelfarbe auf den Kuchen malen.

Kürbis-Pie

Für 1 Kürbis-Pie
Formen: Tarteform (Ø 26 cm), Backblech
Backzeit: ca. 45 Min. und 60 Min.
Standzeit: ca. 60 Min.

Mürbeteig
200 g weiche Butter
150 g Zucker
1 Päckchen Bourbon-vanillezucker
1 Prise Salz
1 Ei
250 g Weizenmehl
100 g Weizenvollkornmehl

Kürbisfüllung
1 kg Hokkaidokürbis
150 g brauner Zucker
½ TL Salz
2 TL Zimt
1 TL Ingwerpulver
½ TL Muskatnuss
1 Prise gemahlene Nelken
1 Prise Kardamom
½ TL Abrieb einer unbehandelten Zitrone
2 Eier
1 Eigelb
360 ml Sahne

Außerdem
Butter für die Form
Weizenmehl zum Bearbeiten

1. Für den Mürbeteig alle Zutaten in eine Schüssel geben und mit den Knethaken des Handrührgerätes zu einem glatten Teig verkneten. Zu einer Kugel formen, in Frischhaltefolie wickeln und mindestens 60 Min. im Kühlschrank ruhen lassen.

2. Den Backofen auf 180 °C Ober- und Unterhitze vorheizen. Die Form mit Butter einfetten und mit Mehl bestäuben, überschüssiges Mehl abklopfen. Ein Backblech mit Backpapier auslegen.

3. Den Kürbis waschen, Stiel entfernen und halbieren. Mit einem Löffel Kerne und Fasern entfernen. Die Kürbishälften auf das Backblech legen und im Backofen ca. 45 Min. weich backen. Danach den Kürbis etwas abkühlen lassen und im Standmixer pürieren.

4. Den Teig auf einer leicht bemehlten Arbeitsfläche nicht zu dünn ausrollen. Die Tarteform damit vollständig auslegen.

5. In einer großen Schüssel Zucker, Salz, Gewürze und Zitronenschale mischen. Die Eier und das Eigelb zugeben und schaumig schlagen. Die Masse mit dem Kürbispüree und der Sahne glatt rühren, auf dem Mürbeteig verteilen und ca. 60 Min. backen. Herausnehmen, abkühlen lassen und lauwarm servieren.

Monster-Cake-Pops

Für ca. 20 Cake-Pops
Form/Materialien: Springform (Ø 24 cm), ca. 20 Cake-Pop-Stiele, Zahnstocher
Backzeit: ca. 60 Min.
Standzeit: ca. 60 Min.

Rührteig
250 g weiche Butter
200 g Zucker
1 Päckchen Bourbonvanillezucker
1 Prise Salz
4 Eier
400 g Weizenmehl
100 g Speisestärke
1 Päckchen Backpulver
2 EL Kakao
3 EL Milch
200 g Frischkäse

Verzierung
grüne Glasurlinsen (ca. 600 g)
Puderzucker
dunkle Schokoladenglasur

Außerdem
Butter und Weizenmehl für die Form

1. Den Backofen auf 180 °C Ober- und Unterhitze vorheizen. Die Form mit Butter einfetten und mit Mehl bestäuben, überschüssiges Mehl abklopfen.

2. Für den Rührteig Butter, Zucker, Vanillezucker und Salz schaumig rühren. Nach und nach die Eier zugeben. Mehl, Speisestärke, Backpulver und Kakao in einer extra Schüssel mischen und mit der Milch zügig unter den Teig rühren. Den Teig in die vorbereitete Springform füllen und ca. 60 Min. backen, anschließend den Kuchen gut auskühlen lassen und aus der Form lösen.

3. Für die Cake-Pops den ausgekühlten Teig in einer Schüssel zerkrümeln. Nach und nach Frischkäse unter die Krümel mischen und alles gut verrühren, bis die Masse fest ist. Der Teig sollte nicht zu feucht und klebrig sein. Mit einem Teelöffel Teig abnehmen und zu kleinen Bällchen formen. Die Bällchen für ca. 30 Min. ins Gefrierfach legen.

4. In der Zwischenzeit die grünen Glasurlinsen in einem heißen Wasserbad schmelzen. Die Teigbällchen aus dem Eisfach nehmen.

5. Die Cake-Pop-Stiele ca. 2 cm tief in die Glasur tauchen, in die Bällchen stecken und für ca. 10 Min. in den Kühlschrank stellen.

6. Die Cake-Pops anschließend in die Glasur tauchen. Sie sollten dabei den Boden nicht berühren. Cake-Pops wieder herausziehen und gut abtropfen lassen. Dabei den Stiel am Gefäßrand vorsichtig aufklopfen, sodass überschüssige Glasur ablaufen kann. Die Cake-Pops zum Trocknen in ein Glas oder eine andere Halterung stellen.

7. Für die Augen den Puderzucker mit 1–2 TL Wasser vermischen, bis eine zähe Masse entsteht. Mit einem Zahnstocher auf jeden Cake-Pop ein weißes Auge aufmalen und trocknen lassen. Danach mit geschmolzener Schokoladenglasur die Pupillen einzeichnen.

Frankenstein-Marshmallows

Für ca. 30 Marshmallows
Form/Materialien: Topf, eckige Auflaufform (ca. 25 × 30 cm), Zuckerthermometer, ca. 30 Lolli-Stiele, Zahnstocher
Standzeit: ca. 10 Std.

Marshmallows
120 ml Wasser
400 g Zucker
60 g Glukosesirup
25 Blatt Gelatine
4 Eiweiß
grüne Lebensmittelfarbe

Verzierung
100 g Zartbitterkuvertüre
100 g Schokostreusel
Puderzucker

1. Wasser mit Zucker und Glukosesirup in einen Topf füllen und auf 117 °C erhitzen (mit einem Zuckerthermometer kontrollieren). Währenddessen die Gelatine in kaltem Wasser einweichen und das Eiweiß steif schlagen. Sobald der Zuckersirup die notwendige Temperatur erreicht hat, die Gelatine ausdrücken und im Sirup auflösen. Den Sirup durch ein Sieb zum Eischnee gießen, dabei die Masse weiterschlagen und die grüne Lebensmittelfarbe zugeben. Die Masse ca. 5 Min. weiterschlagen. Eine Auflaufform mit Frischhaltefolie auskleiden, die Marshmallowmasse einfüllen und am besten über Nacht kalt stellen.

2. Nach dem Auskühlen die Masse aus der Auflaufform stürzen, in Stücke schneiden und auf Lolli-Stiele stecken.

3. Für die Verzierung die Kuvertüre in einem Wasserbad schmelzen. Die Schokostreusel in eine kleine Schüssel geben. Die obere Seite der Marshmallows in die geschmolzene Schokolade tunken, dann in die Schokostreusel.

4. Für die Augen den Puderzucker mit 1–2 TL Wasser vermischen, bis eine zähe Masse entsteht. Mit einem Zahnstocher die Augen aufmalen und trocknen lassen. Dann mit Kuvertüre Pupillen, Münder und Narben zeichnen.

Mein Tipp
Für's schaurig-schöne Gruselbuffet kann man auch gekaufte Marshmallows nehmen und diese mit Lebensmittelfarbe einfärben. Hierfür eignet sich eine sogenannte Pressstempelkanne, mit der man üblicherweise Kaffee zubereitet. Darin die Lebensmittelfarbe in etwas Wasser auflösen, die Marshmallows zugeben und zum gleichmäßigen Einfärben unter Wasser drücken. Nach ein paar Sekunden rausholen, trocken tupfen und verzieren.

Enies Winterdrinks

Hot Caipi

Für 4 Drinks – Zubereitungszeit: ca. 15 Min.

Zutaten 4 Bio-Limetten, 6 EL brauner Zucker, 150 ml Cachaça (Zuckerrohrschnaps), 800 ml Wasser

Die Limetten heiß waschen und trocken reiben. Erst längs vierteln, dann quer halbieren. Limetten, Zucker und je 1 Schuss Cachaça in 4 Gläser verteilen. Die Limetten mit einem Stößel leicht zerdrücken. Das Wasser und den Rest Cachaça erhitzen, nicht aufkochen. In die Gläser füllen, einmal umrühren und heiß servieren.

Holunderpunsch

Für 10 Gläser – Zubereitungszeit: ca. 20 Min.

Zutaten 1 l Holundersaft, 500 ml Apfelsaft, 500 ml Wasser, 140 g Zucker, 10 Stangen Zimt, 1 Apfel

Holundersaft, Apfelsaft, Wasser, Zucker und Zimtstangen in einen Topf geben und aufkochen. Den Apfel vierteln, schälen, entkernen und in Stücke schneiden. Den Punsch auf die Gläser verteilen, dabei die Zimtstangen entfernen. In jedes Glas einige Apfelstücke geben.

Dänischer Glühwein

Für 10 Gläser – Zubereitungszeit: ca. 30 Min.

Zutaten 2 Flaschen trockener Rotwein, 3 dünne Streifen unbehandelte Zitronenschale, 3 Kardamomkapseln, 3 Nelken, 1 Stück Ingwer, 1 Zimtstange, 150 g Zucker, 100 g Rosinen, 50 g geschälte, gehackte Mandeln, 100 ml Wodka

150 ml Rotwein in einen Topf gießen. Die Zitronenschalen und alle Gewürze hinzufügen – den Ingwer vorher schälen. Die Mischung fast bis zum Siedepunkt erhitzen und beiseitestellen. Die Flüssigkeit durch ein Sieb gießen und mit dem restlichen Rotwein, Zucker, Rosinen und Mandeln erwärmen – aber nicht kochen. Glögg von der Kochstelle nehmen, den Wodka hinzufügen und sofort servieren.

Ingwer-Orangen-Daiquiri

Für 4 Drinks – Zubereitungszeit ca. 20 Min.

Zutaten 1 Stück Inger, 240 ml Rum, 120 ml frisch gepresster Limettensaft, 8 TL Orangenmarmelade, 2 Orangenscheiben

Den Ingwer schälen, in zwei dicke Scheiben schneiden und in einen Topf geben. Rum, Limettensaft und Orangenmarmelade dazugeben und erhitzen, nicht aufkochen. Den Inhalt des Topfes durch ein Sieb gießen und auf 4 Martinigläser verteilen. Die Orangenscheiben halbieren und jedes Glas mit einer Hälfte dekorieren.

Ingwer-Orangen-Daiquiri

Hot Caipi

Holunderpunsch

Dänischer Glühwein

Feste & Feiern

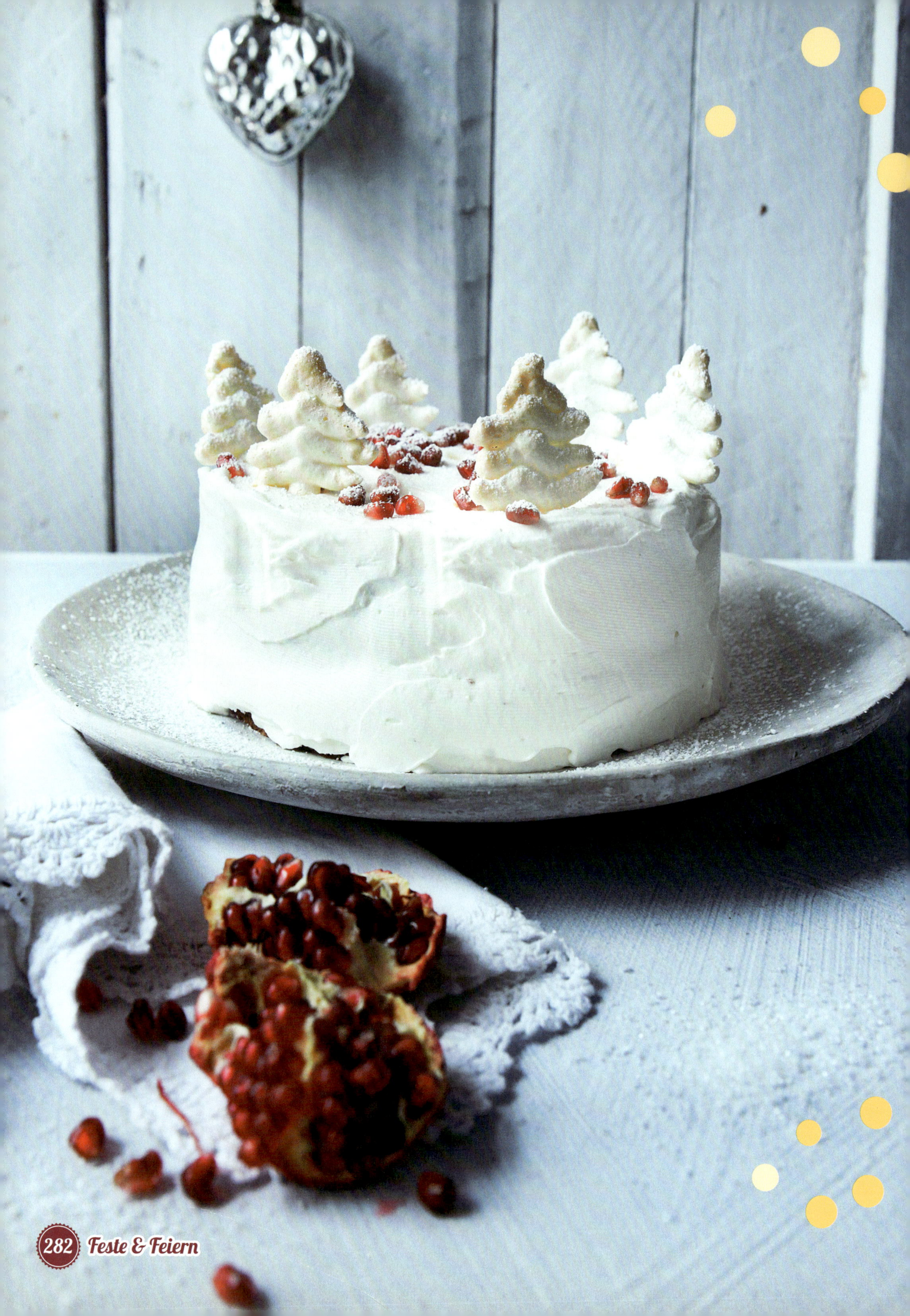

Winterapfel-Torte mit Schneetannen

Für ca. 6 Tortenstücke
Formen/Materialien: Backblech, Springform (Ø 18 cm), Spritzbeutel mit Lochtülle, Tortenring
Backzeit: ca. 45 Min. und 60 Min.

Schneetannen
1 Eiweiß
1 Spritzer Zitronensaft
1 Prise Salz
50 g Zucker
1 Msp. Speisestärke

Schokoteig
250 g Butter
200 g Puderzucker
4 Eier
300 g Weizenmehl
1 EL Kakao
½ TL Zimt
1 TL Backpulver
125 ml Apfelglühwein

Frosting
500 g weiche Butter
500 g Puderzucker
250 g Joghurt
2–3 EL Winterapfel-Likör

Außerdem
Butter für die Form
Granatapfelkerne zum Verzieren
Puderzucker zum Bestäuben

1. Den Backofen auf 100 °C Ober- und Unterhitze vorheizen. Ein Backblech mit Backpapier auslegen.

2. Für die Schneetannen Eiweiß, Zitronensaft und Salz steif schlagen, dabei den Zucker einrieseln lassen. Die Speisestärke unterrühren. Eischnee in einen Spritzbeutel mit kleiner Lochtülle füllen und Tannen auf das Backblech spritzen. Im Backofen ca. 45 Min. backen. Auskühlen lassen.

3. Den Backofen auf 175 °C vorheizen. Die Springform mit Butter einfetten.

4. Für den Schokoteig Butter und Puderzucker cremig rühren. Die Eier nach und nach zugeben. Mehl, Kakao, Zimt und Backpulver mischen. Im Wechsel mit dem Apfelglühwein unter den Teig rühren. Den Teig in die Springform füllen und im Backofen ca. 60 Min. backen. Evtl. nach 45 Min. mit Alufolie abdecken. Anschließend auskühlen lassen.

5. Den Kuchen zweimal quer durchschneiden. Um den unteren Boden einen Tortenring legen.

6. Für das Frosting Butter und Puderzucker mit den Rührbesen des Handrührgerätes schaumig rühren. Nach und nach Joghurt und Likör zugeben und glatt rühren. Ein Viertel der Creme auf den unteren Boden streichen. Den mittleren Boden daraufsetzen. Das zweite Viertel Creme darauf verteilen und den oberen Boden darauflegen.

7. Die Torte mit dem Rest Frosting üppig einstreichen. Mit Schneetannen und Granatapfelkernen verzieren. Für den „Schnee-Look" mit reichlich Puderzucker bestäuben.

Einfacher Butterstollen

Für 2 Stollen
Form: Backblech
Backzeit: ca. 60 Min.
Standzeit: 3 Std. 30 Min.

Teig
100 g Rosinen
6 EL Rum oder lauwarmes Wasser
250 ml Milch
1 kg Weizenmehl
1 Würfel (42 g) Hefe
250 g Zucker
je 1 Prise Salz, Pimentpulver, Muskatblütenpulver
400 g weiche Butter
2 Marzipanstangen, nach Geschmack

Außerdem
Weizenmehl zum Bearbeiten
100 g Butter zum Bestreichen
Puderzucker zum Bestäuben

1. Die Rosinen in Rum oder Wasser einweichen und abdecken. Die Milch in einem Topf lauwarm erwärmen.

2. Das Mehl in die Rührschüssel einer Küchenmaschine sieben. In die Mitte eine Vertiefung drücken, die Hefe hineinbröckeln und mit 1 EL Zucker bestreuen. Ein Drittel Milch in die Vertiefung gießen. Hefe und Zucker mit etwas Mehl vom Rand verrühren, bis sich die Hefe aufgelöst hat. Den Vorteig zugedeckt ca. 30 Min. an einem warmen Ort gehen lassen.

3. Den übrigen Zucker, die restliche Milch, die Gewürze und die Butter in Flocken zugeben. Alles in der Küchenmaschine mit Knethaken zu einem glatten Teig verarbeiten. Den Teig so lange kneten, bis er sich leicht vom Schüsselrand löst. Die Schüssel mit einem feuchten Küchenhandtuch abdecken und den Teig ca. 60 Min. an einem warmen Ort gehen lassen.

4. Den Teig auf einer leicht bemehlten Arbeitsfläche durchkneten und etwas flach drücken. Die eingeweichten Rosinen darauf häufen und mit den Händen unterkneten. Den Teig halbieren, jede Hälfte mit einer Teigrolle etwas flach rollen. Nach Belieben mit den Marzipanstangen belegen. Dann eine Seite bis knapp über die Mitte schlagen, sodass die typische Stollenform entsteht. Auf ein mit Backpapier belegtes Backblech legen und nochmals ca. 2 Std. gehen lassen.

5. Den Backofen auf 180 °C Ober- und Unterhitze vorheizen. Im Backofen auf mittlerer Schiene ca. 60 Min. backen.

6. Die Butter schmelzen. Die Stollen nach dem Backen mit etwas Butter einstreichen, während des Abkühlens mehrmals damit bestreichen. Wenn sie ganz abgekühlt sind, dick mit Puderzucker bestäuben. Gut verpackt an einem kühlen Ort aufbewahren. Die Stollen vor dem Verzehr mindestens 14 Tage durchziehen lassen.

Christstollen-Pudding
mit Schokosauce

Für 1 Pudding
Formen: Wasserbad-
Puddingform (1 l Inhalt),
tiefes Backblech
Backzeit: ca. 60 Min.
Standzeit: ca. 15 Min.

Pudding
140 g Christstollen
2 EL gehackte Haselnüsse
1 EL Rosinen
je 1 EL Zitronat und Orangeat
2 Eier
1 Päckchen Bourbon-
vanillezucker
3 EL brauner Zucker
125 ml Milch
4 EL Orangenlikör
1 Prise Salz

Schokosauce
200 g Zartbitterschokolade
200 ml Sahne
1–2 TL Kakao

Außerdem
Butter für die Form

1. Den Christstollen in kleine Stücke brechen. Christstollen, Haselnüsse, Rosinen, Zitronat sowie Orangeat in eine Schüssel geben und alles gut vermischen.

2. Die Eier trennen. Eigelb, Vanillezucker und braunen Zucker mit den Rührbesen des Handrührgerätes schaumig schlagen. Milch und Likör hinzufügen. Die Eiermilch über die Stollenmischung geben und alles ca. 15 Min. durchziehen lassen.

3. Den Backofen auf 160 °C Ober- und Unterhitze vorheizen. Die Puddingform einfetten.

4. Die Ei-Stollen-Mischung kurz durchrühren. Das Eiweiß mit Salz steif schlagen und unter die Masse heben.

5. Die Masse in die Puddingform füllen und glatt streichen. Die Form verschließen, in das tiefe Backblech stellen und das Blech mit Wasser befüllen. Den Pudding im Backofen ca. 60 Min. backen.

6. Für die Sauce die Schokolade in Stücke brechen. Die Sahne mit dem Kakao glatt rühren und erhitzen. Die Schokolade darin schmelzen, abkühlen lassen und zum warmen Pudding servieren.

Festtags Cupcakes

Für 12 Cupcakes
Form/Material: Muffinblech,
Spritzbeutel mit Sterntülle
Backzeit: ca. 20–25 Min.

Cupcakes
120 g weiche Butter
150 g Zucker
1 Päckchen Bourbon-
vanillezucker
2 Eier
150 g Weizenmehl
1 TL Backpulver
1 EL Kakao
1 Prise Salz
125 ml Milch
12 Doppelkekse

Creme
300 g Doppelrahm-
Frischkäse
100 g weiche Butter
180 g Puderzucker
8–10 Doppelkekse

Außerdem
Butter und Weizenmehl
für die Form
silberfarbene Zuckerperlen

1. Den Backofen auf 180 °C Ober- und Unterhitze vorheizen. Die Mulden eines Muffinblechs mit Butter einfetten und mit Mehl bestäuben. Überschüssiges Mehl abklopfen.

2. Für die Cupcakes die Butter mit den Rührbesen des Handrührgerätes verrühren. Nach und nach den Zucker und den Vanillezucker einrieseln lassen und schaumig schlagen. Die Eier nach und nach zugeben. Mehl, Backpulver, Kakao und Salz mischen und abwechselnd mit der Milch in den Teig rühren.

3. In jede Mulde des Muffinblechs einen Keks legen und dann mit Teig auffüllen. Das Muffinblech auf ein Backblech stellen und im Backofen im unteren Drittel ca. 20–25 Min. backen. Herausnehmen und vollständig auskühlen lassen.

4. Für die Creme Frischkäse, Butter und Puderzucker cremig rühren. Die Kekse in einer Küchenmaschine fein zerkleinern und unter die Creme heben. Die Creme in einen Spritzbeutel füllen und auf die Cupcakes spritzen. Mit den silberfarbenen Zuckerperlen dekorieren.

Mein Tipp
Nach Ablauf der Backzeit mit einem Holzspieß in den Teig stechen. Klebt kein Teig mehr daran, flott aus dem Ofen nehmen. Falls doch, noch einige Minuten weiter backen und nochmals prüfen.

Spekulatius-Bratapfel-Trifle

Für 6 Stück
Formen: Gläser
(à ca. 200 ml Inhalt)
Kühlzeit: ca. 1 Std.

Apfelragout
2 Äpfel
1 EL Zucker
1 Päckchen Bourbonvanillezucker
2 EL Apfelsaft
½ TL Zimtpulver

Creme
100 ml Sahne
1 Päckchen Sahnesteif
400 g Naturfrischkäse
200 g Naturjoghurt
75 g Zucker
1 Päckchen Bourbonvanillezucker
½–1 TL Zimtpulver
Lebkuchengewürz,
nach Belieben

Kekse
150 g Spekulatius, Karamell- oder Gewürzkekse

1. Äpfel schälen, Kerngehäuse entfernen und in kleine Würfel schneiden. Zucker und Vanillezucker in einer Pfanne hell karamellisieren. Apfelwürfel zugeben und kurz dünsten. Mit Apfelsaft ablöschen und mit Zimt verfeinern. Die Würfel bei geringer Temperatur bissfest dünsten, dann abkühlen lassen.

2. Für die Creme zunächst die Sahne mit dem Sahnesteif aufschlagen und kalt stellen. Frischkäse, Joghurt, Zucker, Vanillezucker, Zimt und nach Belieben etwas Lebkuchengewürz mit den Rührbesen eines Handrührgeräts verrühren. Anschließend die Sahne unterheben.

3. Das Gebäck grob zerbröseln, einige für die Deko beiseitestellen, und die Brösel abwechselnd mit der Creme und dem Apfelragout dekorativ in die Gläser schichten. Dann ca. 1 Std. kalt stellen. Kurz vor dem Genießen mit einigen Keksbröseln bestreuen.

Mein Tipp
Wer das Dessert außerhalb der Weihnachtszeit genießen möchte, kann es auch je nach Saison variieren, z. B. mit frischen Beeren und Butterkeksen.

Lebkuchen

Für ca. 6 Lebkuchen
Formen: Backblech, runder Plätzchenausstecher
Backzeit: ca. 15–20 Min.
Standzeit: ca. 2 Std.

Lebkuchenteig
60 g Butter
125 g Honig
50 g Zucker
250 g Weizenmehl
1 TL Backpulver
8 g Lebkuchengewürz
1 EL Kakao
1 Ei

Zuckerguss
1 Eiweiß
einige Tropfen Zitronensaft
einige Tropfen Kirschwasser
einige Tropfen rote Lebensmittelfarbe
100 g Puderzucker

Außerdem
Mehl zum Bearbeiten

1. Für den Teig Butter, Honig und Zucker in einem Topf aufkochen, in eine Schüssel geben und abkühlen lassen.

2. Das Mehl mit Backpulver, Lebkuchengewürz und Kakao in einer Rührschüssel mischen. Das Ei zugeben und mit der erkalteten Butter-Honig-Masse mit den Knethaken des Handrührgerätes oder einer Küchenmaschine zu einem glatten Teig verkneten, zu einer Kugel formen und in Frischhaltefolie eingewickelt bei Zimmertemperatur ca. 2 Std. ruhen lassen.

3. Den Backofen auf 160 °C Ober- und Unterhitze vorheizen. Ein Backblech mit Backpapier auslegen.

4. Den Lebkuchenteig auf einer bemehlten Arbeitsfläche ca. 1,5 cm dick ausrollen und runde Lebkuchen ausstechen. Die Lebkuchen im Backofen auf der mittleren Schiene ca. 15–20 Min. backen, vom Blech nehmen und auf einem Kuchengitter auskühlen lassen.

5. Zum Verzieren Eiweiß, Zitronensaft, Kirschwasser, Lebensmittelfarbe und Puderzucker mit den Rührbesen des Handrührgerätes aufschlagen und auf die Lebkuchen streichen.

Mein Tipp
Aus dem Lebkuchenteig kann man natürlich auch andere Motive ausstechen, passend zu Weihnachten z. B. Sterne oder Tannenbäume. Mit buntem Zuckerguss und Zuckerperlen verziert sind sie der Hingucker in jeder Keksdose.

Bûche de Noël

Für ca. 16 Kuchenstücke
Form: Backblech
Backzeit: ca. 10 Min.
Standzeit: ca. 60 Min.

Biskuitmasse
5 Eier
75 g Zucker
1 Päckchen Bourbon-vanillezucker
75 g Weizenmehl
25 g Speisestärke

Creme
250 g Zartbitterkuvertüre
100 g Puderzucker
250 g weiche Butter
2 EL Whiskey-Sahne-Likör

Außerdem
Zucker zum Bestreuen
Kakaopulver zum Bestäuben
50 g Schokoladenraspel Zartbitter

1. Den Backofen auf 200 °C Ober- und Unterhitze vorheizen. Das Backblech mit Backpapier auslegen.

2. Für die Biskuitmasse die Eier trennen. Eiweiß mit einem Handrührgerät mit Rührbesen steif schlagen, dabei Zucker und Vanillezucker einrieseln lassen. Eigelbe nacheinander zugeben und unterrühren. Mehl und Speisestärke mischen, auf die Eischaummasse sieben und locker unterheben. Den Teig auf das Backblech streichen und im Backofen ca. 8–10 Min. backen. Biskuit auf einen mit Zucker bestreuten Backpapierbogen stürzen und auskühlen lassen. Dann das Backpapier abziehen.

3. Für die Creme die Kuvertüre grob hacken und in einer Schüssel in einem heißen Wasserbad schmelzen, danach etwas abkühlen lassen. Puderzucker mit der Butter mit dem Handrührgerät mit Rührbesen cremig aufschlagen. Schokolade und Likör vorsichtig unter die Buttercreme heben.

4. Den Biskuit mit zwei Drittel der Schoko-Creme bestreichen. Von der Längsseite her aufrollen. Mit der restlichen Creme rundherum bestreichen. Mit den Zinken einer Gabel auf der Creme eine Baumstammstruktur ziehen. Anschließend den Kuchen ca. 60 Min. kalt stellen.

5. Bûche aus dem Kühlschrank nehmen. Mit Kakaopulver bestäuben und mit Schokoladenraspel bestreuen.

Mein Tipp

Dies hier ist der klassische Weihnachtskuchen („bûche" = Baumstamm) in Frankreich und nicht so einfach. Denn den Biskuit zu einer Rolle zu formen, ist ganz schön tricky! Easy geht es allerdings, wenn man die gebackene Teigplatte mit Schwung auf ein gezuckertes Backpapier stürzt. Das Backpapier abziehen – wenn es kleben bleibt, kurz ein feuchtes, kaltes Handtuch auf das Papier legen. Dann den Biskuit noch heiß mit dem gezuckerten Backpapier einrollen, abkühlen lassen und danach wieder ausrollen und füllen. Et voilà!

Dreikönigskuchen

Für 1 Kuchenblech
Form: Backblech
Backzeit: ca. 25–30 Min.

Zutaten
100 g Puderzucker
2 Eier
50 g Quark
2 EL Weizenmehl
50 g Butter
100 g gemahlene Mandeln
1 EL Rum
2 Packungen Blätterteig
(aus dem Kühlregal)

Außerdem
1 getrocknete Bohne
1 Eigelb zum Bestreichen
1 TL Zucker zum Bestreuen

1. Puderzucker, Eier, Quark und Mehl mit den Rührbesen des Handrührgerätes verrühren.

2. In einem Topf die Butter mit den Mandeln verrühren, die Quarkmasse zugeben und den Topf auf den Herd stellen. Bei geringer Wärmezufuhr die Masse langsam erhitzen, dabei kräftig rühren, bis sie zu einer Creme andickt. Die Mandelcreme vom Herd nehmen, den Rum unterrühren und abkühlen lassen.

3. Den Backofen auf 180 °C Ober- und Unterhitze vorheizen. Ein Backblech mit Backpapier auslegen.

4. Einen Blätterteig auf das Backblech legen, die Creme darauf verteilen, dabei einen 2 cm breiten Rand lassen. Die getrocknete Bohne in die Mandelcreme drücken. Den zweiten Blätterteig ausrollen, mit einem Messer ein Muster in den Teig ritzen und auf die Mandelcreme legen. Den Rand mit einer Gabel festdrücken.

5. Das Eigelb mit etwas Wasser verrühren und die Kuchenoberfläche damit einpinseln. Mit dem Zucker bestreuen und den Kuchen im Backofen 25–30 Min. backen.

Gut zu wissen!
Der Dreikönigskuchen wird – wie der Name schon verrät – am 6. Januar zum Festtag der Heiligen Drei Könige gebacken. Wer beim Essen auf die versteckte Bohne stößt, darf für einen Tag König oder Königin der Familie sein.

Superfood, Vegan & Low Carb

Superfood, Vegan & Low Carb

Mein Tipp
Das Besondere am Wacky Cake ist seine Zubereitung. Er wird ohne Ei, Butter und Milch zubereitet und direkt in der Backform gerührt. Deshalb sollte man darauf achten, dass das Wasser kalt ist, sonst gibt es Klümpchen. Diesen Kuchen verfeinere ich oft nach dem Backen noch, indem ich ihn mit Zimt-Zucker bestreue.

vegan

Apple Wacky Cake

Für 12 Kuchenstücke
Form: Springform (Ø 26 cm)
Backzeit: ca. 1 Std.

Belag
750 g säuerliche Äpfel
(z. B. Boskop, Elstar)
2 EL Zitronensaft

Teig
500 g Weizenmehl
2 TL Backpulver
350 g Zucker
1 Päckchen Bourbon-
vanillezucker
1 Prise Salz
1 EL Essig
4 EL Zitronensaft
100 ml Sonnenblumenöl
500 ml kaltes Wasser

Außerdem
Sonnenblumenöl
zum Einpinseln

1. Backofen auf 180 °C Ober- und Unterhitze vorheizen. Die Springform dünn mit Öl einpinseln.

2. Für den Belag die Äpfel schälen, vierteln und mehrmals der Länge nach einritzen. Mit Zitronensaft beträufeln, damit sie nicht braun werden.

3. Für den Teig Mehl, Backpulver, Zucker, Vanillezucker und Salz in die Springform geben. Mit einem Löffel zwei kleine Mulden und eine etwas größere Mulde in die Mehlmischung drücken. In die beiden kleinen jeweils Essig und Zitronensaft, in die große Mulde das Öl geben. Dann das kalte Wasser angießen und alles mit einem Teigschaber direkt in der Form zu einem glatten Teig verrühren.

4. Die Äpfel gleichmäßig auf dem Teig verteilen und etwas hineindrücken. Im Backofen auf dem Rost im unteren Drittel ca. 1 Std. goldgelb backen. Herausnehmen, auf einem Kuchengitter auskühlen lassen und aus der Form lösen.

Veganer Käsekuchen

vegan

Für 12 Kuchenstücke
Form: Springform (Ø 26 cm)
Backzeit: ca. 50–60 Min.
Standzeit: ca. 3 Std.

Veganer Mürbeteig
200 g Margarine
100 g Zucker
1 Prise Salz
300 g Weizenmehl
2 Msp. gemahlene Vanille

Füllung
250 g Margarine
800 g Seidentofu
2 unbehandelte Zitronen
400 g Naturtofu
150 g Zucker
1 Päckchen Bourbonvanillezucker
80 g Speisestärke

Außerdem
Margarine zum Einfetten
Weizenmehl zum Bearbeiten

1. Die Springform einfetten. Aus den angegebenen Zutaten einen glatten Teig kneten. Zwei Drittel des Teigs direkt auf dem Springformboden ausrollen und mit dem Springformrand umstellen. Den restlichen Teig auf einer leicht bemehlten Arbeitsfläche zu einem dünnen Strang rollen und zu einer Schnecke aufrollen. Die Teigschnecke innen am Springformrand entlangrollen und dann zu einem Rand hochdrücken. Die Springform mit Frischhaltefolie abgedeckt ca. 1 Std. in den Kühlschrank stellen.

2. Den Backofen auf 180 °C Ober- und Unterhitze vorheizen.

3. Für die Füllung die Margarine schmelzen und etwas abkühlen lassen. Den Seidentofu in ein mit Küchenpapier ausgelegtes Sieb geben und ca. 10 Min. abtropfen lassen. Die Zitronen heiß abwaschen, trocknen und die Schale abreiben. Den Saft auspressen und zusammen mit Seiden- und Naturtofu, flüssiger Margarine, Zucker, Vanillezucker und Stärke in einem leistungsstarken Standmixer fein pürieren.

4. Die Tofumasse in die vorbereitete Springform füllen und im Backofen auf dem Rost im unteren Drittel ca. 50–60 Min. backen, bis bei der Garprobe nur noch wenig von der Füllung am Stäbchen haftet. Herausnehmen, auf einem Kuchengitter auskühlen lassen und anschließend ca. 2 Std. kalt stellen.

Mein Tipp
Wer Obst im Käsekuchen mag, gibt zunächst ein Drittel der Tofumasse auf den Boden, dann seine vorbereiteten Lieblingsfrüchte darauf und anschließend die restliche Füllung. So weicht der Boden nicht so leicht durch. Dann wie beschrieben backen.

Limetten-Kokos-Käsekuchen

Für 12 Kuchenstücke
Form: Springform (Ø 26 cm)
Backzeit: ca. 12 Min.
Standzeit: mind. 4 Std.

Boden
120 g Reismehl
75 g Kokosraspel
60 g flüssige Butter
40 g Birkenzucker (Xylit)

Füllung
6 Blatt Gelatine
460 g Naturfrischkäse
100 g Birkenzucker (Xylit)
460 ml Sahne
250 ml frisch gepresster Limettensaft
einige Tropfen grüne Lebensmittelfarbe, nach Belieben

Außerdem
Butter zum Einfetten
3 EL geröstete Kokosraspel
Abrieb von 1 unbehandelten Limette

1. Den Backofen auf 180 °C Ober- und Unterhitze vorheizen. Die Springform mit Butter einfetten.

2. Für den Boden Reismehl mit Kokosraspeln, Butter und Birkenzucker mischen, dann gleichmäßig auf dem Springformboden verteilen und festdrücken. Den Boden im Backofen auf dem Rost im unteren Drittel ca. 12 Min. backen, bis er leicht gebräunt ist. Dann auf einem Kuchengitter abkühlen lassen.

3. Die Gelatine ca. 10 Min. in kaltem Wasser einweichen. Den Frischkäse mit dem Birkenzucker cremig rühren. Die Sahne steif schlagen.

4. Den Limettensaft leicht erwärmen und die ausgedrückte Gelatine darin auflösen. Nach Belieben einige Tropfen Lebensmittelfarbe unterrühren, bis die gewünschte Färbung erreicht ist. Den Limetten-Gelatine-Mix unter ständigem Rühren sehr langsam unter den Frischkäse mischen.

5. Die geschlagene Sahne unter die Frischkäsemasse heben, dann alles gleichmäßig in der Springform auf dem Boden verteilen und glatt streichen. Für mindestens 4 Std. in den Kühlschrank stellen. Aus der Form lösen, mit den Kokosraspeln sowie der Limettenschale garnieren und genießen.

Mein Tipp
Das Reismehl sorgt hier für ein Minimum an Kohlenhydraten und das Beste: Du musst den Ofen nur ganz kurz anschmeißen, um diese spritzige und glutenfreie Low-Carb-Leckerei zuzubereiten.

Saftiger Karottenkuchen

Low Carb

Für 15 Kuchenstücke
Form: Kastenform (25 cm)
Backzeit: ca. 40 Min.

Teig
250 g Karotten
1 Dose (425 g) Ananas
2 Eier
150 g Rohrohrzucker
2 EL Pflanzenöl
220 g Dinkelmehl (Type 630)
50 g Kokosraspel
1 Päckchen Backpulver
½ TL Salz
2 TL Zimtpulver
30 g geröstete gehackte Mandeln

Außerdem
Butter zum Einfetten
Dinkelmehl zum Bestäuben

1. Den Backofen auf 175 °C Ober- und Unterhitze vorheizen. Die Kastenform mit Butter einfetten, mit Dinkelmehl bestäuben, überschüssiges Mehl abklopfen und kalt stellen.

2. Die Karotten schälen und fein raspeln. Ananas gut abtropfen lassen und mit einem großen Messer sehr fein hacken, damit ebenfalls Raspel entstehen. Erneut abtropfen lassen.

3. Die Eier mit einem Handrührgerät mit Rührbesen schaumig rühren. Erst den Zucker, dann das Öl gut unterrühren, danach die Karotten- und Ananasraspel ebenfalls zugeben.

4. In einer zweiten Schüssel Dinkelmehl mit Kokosraspel, Backpulver, Salz und Zimt mischen. Nach und nach in die Schüssel mit den feuchten Zutaten geben, damit ein homogener Teig entsteht. Zum Schluss die Mandeln unterheben.

5. Den Kuchenteig in die Form füllen, glatt streichen und im Backofen auf dem Rost im unteren Drittel ca. 40 Min. backen. Mit einem Stäbchen prüfen, ob der Kuchen fertig ist. Er darf innen aber noch schön saftig sein! Dann herausnehmen und auf einem Kuchengitter auskühlen lassen.

Mein Tipp
Wer mag, kann dem Kuchen noch ein cooles Frosting verleihen. Dazu 200 g fettreduzierten Naturfrischkäse mit 80 g Puder- oder Birkenzucker verrühren und dekorativ auf dem Kuchen verteilen. Wenn der Kuchen am Vortag zubereitet wird, zieht er nochmal schön durch.

Supersaftiger Schokokuchen
mit Zucchini

Low Carb

Für 12 Kuchenstücke
Form: Gugelhupfform
(Ø 22 cm)
Backzeit: ca. 60–65 Min.

Teig
175 g weiche Butter
175 g Rohrohrzucker
2 Eier
170 g Dinkelvollkornmehl
80 g Kokosmehl
3 EL Kakao
2 TL Backpulver
1 Prise Salz
300 ml Milch
100 g Zartbitterschokolade (70 % Kakaoanteil), grob gehackt oder fein geraspelt
1 Zucchini (ca. 200 g), fein geraspelt und gut ausgedrückt

Schokoglasur
100 g Zartbitterschokolade (70 % Kakaoanteil)
1 EL Pflanzenöl

Außerdem
Butter zum Einfetten
Dinkelvollkornmehl zum Bestäuben

1. Den Backofen auf 180 °C Ober- und Unterhitze vorheizen. Die Gugelhupfform mit Butter einfetten, mit Mehl bestäuben, überschüssiges Mehl abklopfen.

2. Für den Teig Butter und Zucker in der Rühschüssel einer Küchenmaschine cremig rühren. Dann nacheinander die Eier unterrühren. Dinkel- und Kokosmehl mit Kakao, Backpulver und Salz mischen. Abwechselnd mit der Milch unterrühren. Zum Schluss Schoko- und Zucchiniraspel unterheben. Den Teig in die Form füllen und im Backofen ca. 60–65 Min. backen. Herausnehmen, kurz in der Form abkühlen lassen, auf ein Kuchengitter stürzen und auskühlen lassen.

3. Für die Glasur Schokolade in grobe Stücke brechen, Öl zugeben und in einem Wasserbad schmelzen. Den ausgekühlten Kuchen mit der Schokolade überziehen und fest werden lassen.

Mein Tipp
Der Kuchen ist durch die Zucchini schön saftig und locker und nicht so kompakt und mächtig wie manch anderer Schokokuchen.

Italienischer Nusskuchen

glutenfrei

Für 16 Kuchenstücke
Form: Gugelhupfform
(Ø 26 cm)
Backzeit: ca. 30–40 Min.

Zutaten
8 Eier
Salz
200 g brauner Zucker
400 g gemahlene Nüsse
(z. B. Hasel-, Walnüsse oder Mandeln)

Außerdem
Butter zum Einfetten
gemahlene Nüsse
zum Ausstreuen
Puderzucker zum Bestäuben

1. Den Backofen auf 180 °C Ober- und Unterhitze vorheizen. Die Form mit Butter einfetten, mit gemahlenen Nüssen ausstreuen und Überschüssiges abklopfen.

2. Die Eier trennen. Das Eiweiß mit 1 Prise Salz mit einem Handrührgerät oder mit einer Küchenmaschine mit Rührbesen steif schlagen. Anschließend die Eigelbe sorgfältig aufschlagen, bis es dick cremig und die Farbe heller wird. Dann nach und nach den Zucker einrieseln lassen und so lange weiterrühren, bis sich die Kristalle aufgelöst haben.

3. Nun die gemahlenen Nüsse einrühren. Zum Schluss den Eischnee mit einem Teigschaber unterheben, damit eine luftige Schaummasse entsteht.

4. Die Masse in die Form füllen und im Backofen auf der mittleren Schiene ca. 30–40 Min. backen. Falls der Kuchen auf der Oberfläche zu dunkel wird, einfach mit einem Bogen Backpapier bedecken.

5. Den Kuchen herausnehmen, in der Form leicht abkühlen lassen, dann stürzen und auf einem Kuchengitter vollständig auskühlen lassen. Zum Servieren mit Puderzucker bestäuben.

Mein Tipp
Wer es etwas frischer mag, kann einige wenige unbehandelte Orangen- oder Zitronenzesten zugeben.

Mandarinenkuchen

vegan · glutenfrei

Für 24 Kuchenstücke
Form: quadratische Springform (24 cm)
Backzeit: ca. 45 Min.
Standzeit: ca. 30 Min.

Chia-Gel
1 EL Chia-Samen
3 EL Wasser

Mandarinenkuchen
2 Dosen (à 317 g) Mandarinen
180 g Margarine oder Kokosöl
250 g Kokosblütenzucker
4 EL Chia-Gel
100 g Apfelmus
200 g Buchweizenmehl
150 g Maismehl
50 g Mandelmehl
1 ½ TL Backpulver
1 Prise Salz
100 ml Agavendicksaft
150 ml ungesüßter Mandeldrink
100 ml Olivenöl
Abrieb von 1 unbehandelten Orange

Außerdem
Pflanzenöl zum Einfetten
80 g Aprikosenkonfitüre zum Abglänzen

Mein Tipp
Das Chia-Gel fungiert hier als Ersatz für Eier. Deshalb ist es wichtig, dass die Samen gut quellen.

1. Für das Chia-Gel die Samen mit dem Wasser mischen und mindestens 30 Min. quellen lassen. Von dem entstandenen Gel 4 EL verwenden, das restliche Chia-Gel für andere Rezepturen verschlossen im Kühlschrank aufbewahren. Es ist gekühlt ca. 5 Tage haltbar.

2. Den Backofen auf 175 °C Ober- und Unterhitze vorheizen. Die Springform mit etwas Öl einpinseln.

3. Mandarinen in einem Sieb abtropfen lassen. Margarine oder Kokosöl in einem kleinen Topf schmelzen. Mit den anderen Zutaten, bis auf die Mandarinen, mit einem Handrührgerät mit Rührbesen schnell zu einem glatten Teig vermengen. Kurz ruhen lassen, dann in die Form füllen.

4. Die Mandarinen auf den Teig legen und vorsichtig hineindrücken. Im Backofen auf dem Rost auf der mittleren Schiene ca. 45 Min. backen. Mit einem Stäbchen prüfen, ob der Kuchen fertig ist. Herausnehmen, auf einem Kuchengitter auskühlen lassen.

5. Die Aprikosenkonfitüre in einem kleinen Topf erwärmen und den Kuchen damit überziehen, damit er schön glänzt.

Protein Brownies

Für ca. 12 Brownies
Form: Brownie-Form
(25 × 20 cm)
Backzeit: ca. 30–35 Min.
Standzeit. ca. 8 Std.

Zutaten
150 g ganze Haselnüsse
75 g braune Linsen
75 g Kakao
1 TL Backpulver
½ TL Natron
1 EL Flohsamenschalen
2 Prisen Salz
200 g entsteinte Datteln
200 ml Wasser

Außerdem
Kakao oder Puderzucker
zum Bestäuben

1. Haselnüsse und Linsen mit kaltem Wasser bedecken und ca. 8 Std. ziehen lassen. Anschließend abtropfen lassen und die Linsen nach Packungsangabe weich kochen, abschütten und etwas abkühlen lassen. Dann fein pürieren, ggf. noch etwas Wasser zugeben. Die Haselnüsse in einem leistungsstarken Standmixer fein mahlen.

2. Den Backofen auf 180 °C Ober- und Unterhitze vorheizen. Die Form mit Backpapier auslegen.

3. Kakao und Backpulver mit Natron, Flohsamen und Salz gut vermischen. Gemahlene Haselnüsse zur Kakaomischung geben. Die Datteln hacken und mit dem Wasser im Mixer zu einer feinen Creme pürieren. Zusammen mit dem Linsenpüree zur Kakaomischung geben und alles gründlich vermengen.

4. Den Teig gleichmäßig in der Form verteilen. Im Backofen auf dem Rost im unteren Drittel ca. 30–35 Min. backen, dann mit einem Holzstäbchen testen, ob der Teig fertig gebacken ist. Die Brownies dürfen noch ein wenig feucht sein.

5. Anschließend herausnehmen, auf einem Kuchengitter vollständig auskühlen lassen. Dann stürzen und das Backpapier entfernen. Mit Kakao oder Puderzucker bestäuben und in Stücke geschnitten genießen.

Mein Tipp
Linsen im Kuchen? Ja richtig gelesen! Diese Brownies strotzen nur so vor Protein, kommen zudem ganz ohne Mehl aus und schmecken superlecker.

Gedämpfte Cappuccino-Küchlein

Für 8 Küchlein
Zubehör: Dampfgarer,
8 Förmchen oder Tassen
(ca. 80 ml Inhalt)
Backzeit: ca. 20 Min.

Teig
2 Eier
100 g weiche Butter
90 g Zucker
2 Prisen Salz
Mark von 1 Vanilleschote
1 Tasse kalter starker
Espresso (ca. 50 ml)
50 g Weizenmehl
50 g Weichweizengrieß
½ TL Backpulver

Sirup
100 ml Wasser
30 g Zucker
½ Zimtstange
1 Sternanis
½ TL Kardamomkapseln,
angedrückt

Außerdem
Butter zum Einfetten
Kakaopulver zum Bestäuben
200 ml geschlagene Sahne,
nach Belieben

1. Die Förmchen oder Tassen mit Butter einfetten.

2. Für den Teig Eier trennen, das Eiweiß mit einem Handrührgerät mit Rührbesen steif schlagen. Butter, Zucker und Salz schaumig rühren. Eigelbe und Vanillemark unterrühren. Espresso zugießen. Mehl, Grieß und Backpulver mischen und abwechselnd mit dem Eischnee unterheben. Den Teig in die vorbereiteten Förmchen oder Tassen füllen.

3. Die Förmchen bzw. Tassen im Dampfgarer bei 100 °C und 100 % Feuchtigkeit ca. 20 Min. dämpfen.

4. Für den Sirup alle Zutaten zusammen aufkochen und bei geringer Temperatur ca. 15 Min. ziehen lassen, dann absieben.

5. Zum Anrichten die Küchlein noch warm auf Teller stürzen und den Sirup darüber träufeln. Mit Kakaopulver bestäuben und nach Belieben mit geschlagener Sahne servieren.

Mein Tipp
Statt frisch zubereitetem Espresso nehme ich manchmal auch Instant-Espressopulver, weil das so easy ist. Einfach in 50 ml heißem Wasser auflösen, kalt werden lassen und zugießen.

Kastanien-Erdmandel-Muffins
mit Feigen

vegan glutenfrei

Für 10 Muffins
Formen: 12er-Muffinform, Papierbackförmchen
Backzeit: ca. 20 Min.

Zutaten
100 g Kastanienmehl
50 g Erdmandelmehl
30 g Mandelmehl
80 g Rohrohrzucker
1 Päckchen Backpulver
½ TL Zimtpulver
¼ TL gemahlene Vanille
1 Prise Salz
70 g flüssiges Kokosöl
100 ml Mandeldrink
10 kleine Feigen (oder andere Früchte, z. B. Aprikosen, Heidel-, Himbeeren)

Außerdem
Puderzucker zum Bestäuben

Mein Tipp
Die im Rezept angegebenen glutenfreien Alternativen zu Weizen- oder Dinkelmehl bekommt man im Bioladen, im Reformhaus und mittlerweile auch in gut sortierten Supermärkten.

1. Den Backofen auf 200 °C Ober- und Unterhitze vorheizen. Die Mulden der Muffinform mit Papierbackförmchen auslegen.

2. Alle Zutaten, bis auf die Früchte, mit einem Handrührgerät mit Rührbesen vorsichtig verrühren, bis ein glatter Teig entsteht.

3. Die Feigen waschen, den Stielansatz entfernen und auf der anderen Seite kreuzweise mit einem Messer einritzen.

4. Den Teig gleichmäßig in die Förmchen füllen, die Feigen mit der eingeschnittenen Seite nach oben in den Teig drücken. Im Backofen auf dem Rost im unteren Drittel ca. 20 Min. goldbraun backen.

5. Die Muffins aus dem Backofen nehmen, abkühlen lassen, aus der Form lösen und noch warm mit Puderzucker bestäubt genießen.

Superfood, Vegan & Low Carb

Blaubeerküchlein
mit Chia-Samen

vegan

Für 12 Küchlein
Formen: 12er-Muffinform, Papierbackförmchen
Backzeit: ca. 20–25 Min.

Zutaten
20 g Chia-Samen
70 ml Wasser
50 g entsteinte Soft-Datteln
100 g frische oder tiefgefrorene Blaubeeren
100 g Dinkelvollkornmehl
100 g Buchweizenmehl
60 g gemahlene Mandeln
1 Päckchen Backpulver
½ TL Zimtpulver
1 Msp. gemahlene Vanille
2 Eier
150 ml Haferdrink
2 EL Pflanzen- oder 30 g flüssiges Kokosöl
40 g Ahornsirup

Außerdem
Aprikosenkonfitüre zum Abglänzen

1. Den Backofen auf 180 °C Ober- und Unterhitze vorheizen. Die Mulden der Muffinform mit den Förmchen auslegen.

2. Die Chia-Samen im Wasser einweichen. Die Datteln fein hacken. Frische Blaubeeren verlesen, waschen und abtropfen lassen. Tiefgefrorene antauen lassen.

3. Für den Teig Mehlsorten, Mandeln, Backpulver, Zimt und Vanille mischen. Eier, Haferdrink, Öl und Chia-Samen sowie Ahornsirup unterrühren. Zum Schluss die Datteln unterheben.

4. Den Teig in die Förmchen füllen. Die Blaubeeren darauf verteilen. Im Backofen auf dem Rost im unteren Drittel ca. 20–25 Min. backen. Die Form herausnehmen und die Muffins auf einem Kuchengitter auskühlen lassen.

5. Die ausgekühlten Küchlein auf der Oberfläche mit erwärmter Aprikosenkonfitüre bestreichen, damit sie schön glänzen.

Mein Tipp
Chia-Samen, die kleinen Superfood-Wunderkörner, verändern in Wasser ihre Konsistenz. Vermischt man sie damit, bilden sie ein Gel. Zum einen sind sie wegen ihrer Inhaltsstoffe und zum anderen in der veganen Küche als Ersatz für Eier sehr beliebt.

Low-Carb-Apfel-kuchenmuffins

Für 12 Muffins
Form: 12er-Muffinform, Papierbackförmchen
Backzeit: ca. 35–40 Min.

Zutaten
1 Apfel
115 g flüssige Butter
75 g Birkenzucker (Xylit)
100 g Naturfrischkäse
5 Eier
170 g Mandelmehl
1 TL Backpulver
1 TL gemahlene Vanille
1 gehäufter TL Zimtpulver
1 Prise Salz

Außerdem
Birkenzucker-Zimtmischung, nach Belieben

1. Den Backofen auf 180 °C Ober- und Unterhitze vorheizen. Die Mulden mit Papierbackförmchen auslegen.

2. Zunächst den Apfel schälen, entkernen und in kleine Würfel schneiden. Butter, Birkenzucker und Frischkäse in eine Schüssel geben und mit einem Handrührgerät mit Rührbesen verrühren.

3. Nach und nach die Eier zugeben, anschließend Mandelmehl, Backpulver, Vanille, Zimt sowie Salz zufügen. Alles zu einem cremigen Teig verrühren und zum Schluss die Apfelwürfel unterheben.

4. Den Teig in die Mulden verteilen. Im Backofen auf dem Rost im unteren Drittel ca. 35–40 Min. backen. Dann herausnehmen und auf einem Kuchengitter auskühlen lassen. Nach Belieben mit der Zucker-Zimtmischung bestreuen.

Mein Tipp

Mandelmehl, auch Mandelgrieß genannt, besteht aus sehr fein gemahlenen geschälten Mandeln, die entölt wurden. Es wird häufig für die Herstellung feiner Gebäcke, z. B. Macarons und auch für Low-Carb-Rezepte verwendet. Als Alternative kann man auch gemahlene Mandeln verwenden, diese jedoch besser noch einmal mahlen, sodass sie feiner werden.

Superfood, Vegan & Low Carb

Matcha-Cupcakes

Für 12 Cupcakes
Formen: 12 Tassen
(à 100 ml), Backblech
Backzeit: ca. 20–25 Min.
Standzeit: ca. 15 Min.

Cupcakes
120 g weiche Butter
150 g Zucker
1 Päckchen Bourbon-
vanillezucker
2 Eier
150 g Weizenmehl
1 TL Backpulver
1 EL Matcha-Grüntee-Pulver
1 kräftige Prise Salz
125 ml Milch

Topping
3 frische Eiweiß
100 g Zucker
1 Prise Salz
200 g weiche Butter
1 Dose (425 g) Mango

Außerdem
Butter und Weizenmehl für die
Formen

1. Den Backofen auf 180 °C Ober- und Unterhitze vorheizen. Die Tassen mit Butter einfetten und mit Mehl bestäuben, überschüssiges Mehl abklopfen.

2. Für die Cupcakes die Butter mit einem Handrührgerät mit Rührbesen cremig rühren. Nach und nach den Zucker und den Vanillezucker einrieseln lassen und so lange rühren, bis die Masse luftig und schaumig geworden ist.

3. Die Eier nacheinander unterrühren. Mehl, Backpulver, Matcha-Pulver und Salz mischen und portionsweise abwechselnd mit der Milch untermengen.

4. Die Tassen zu zwei Drittel mit Teig füllen. Auf das Backblech stellen und im Backofen im unteren Drittel ca. 20–25 Min. backen. Mit einem Holzspieß prüfen, ob die Cupcakes durchgebacken sind. Herausnehmen und vollständig auskühlen lassen.

5. Für das Topping das Eiweiß mit dem Zucker und dem Salz in einer Schüssel in einem Wasserbad schaumig aufschlagen, das dauert ca. 6–8 Min. lang.

6. Das aufgeschlagene Eiweiß in die Schüssel einer Küchenmaschine mit Rührbesen geben und bei mittlerer bis hoher Geschwindigkeit kalt schlagen. Dann bei mittlerer Geschwindigkeit die Butter flöckchenweise unterrühren.

7. Die Mangos abtropfen lassen, einige in Spalten schneiden und für die Dekoration beiseitelegen. Die restlichen Mangos pürieren, durch ein Sieb streichen und dann löffelweise unterheben. Die Buttercreme weitere 5 Min. bei mittlerer Stufe verrühren. Die Creme in einen Spritzbeutel mit Lochtülle füllen, dekorativ auf die Cupcakes spritzen, mit den Mangospalten verzieren und ca. 15 Min. kalt stellen.

Mein Tipp
Ach, du grüne Neune! Diese Cupcakes sind in leuchtendem Grün mit Matcha – einem pulverisierten Grüntee – eingefärbt. Lecker begleitet durch die Süße der Mango. Toll ist auch die Kombination mit Kirschen oder Litschis.

Mandelküchlein
mit Matcha

Für 12 Küchlein
Form: 12er Whoopie-Pie-Backform
Backzeit: ca. 9 Min.

Zutaten
190 g Butter
75 g gemahlene Mandeln
3 EL Matcha-Tee
50 g Weizenmehl
150 g Puderzucker
4 Eiweiß

Außerdem
Butter für die Form
Puderzucker zum Bestäuben

1. Den Backofen auf 180 °C Ober- und Unterhitze vorheizen. Die Mulden der Backform mit Butter einfetten.

2. Die Butter zerlassen und leicht abkühlen lassen. Mandeln, Matcha-Tee, Mehl und Puderzucker vermengen. Eiweiß dazugeben und alles mit einem Rührbesen zu einem glatten Teig verrühren. Die zerlassene Butter unter ständigem Rühren unterziehen.

3. Den Teig in die Form füllen und die Küchlein ca. 4 Min. im Backofen backen, dann die Temperatur auf 160 °C reduzieren und weitere 5 Min. backen. Die Küchlein im ausgeschalteten Ofen einige Minuten ruhen lassen, dann herausnehmen, aus der Form lösen und auf einem Kuchengitter auskühlen lassen. Mit Puderzucker bestäuben.

Mein Tipp
Diese Mandelplätzchen sind super zart! Ihre grüne Farbe erhalten sie durch Zugabe von Matcha, einem pulverisierten Grüntee. Matcha wird in Japan aber nicht nur als Heißgetränk zubereitet, sondern ist auch in Speisen und Getränken ein fester Bestandteil der japanischen Küche. Für einen sommerlichen Asia-Shake einfach 1 TL Matcha mit 1 Banane, 300 ml Milch und 3 Eiswürfeln in einen Standmixer geben und einmal kräftig durchmixen. Die Bananenmilch mit Eiswürfeln und einem bunten Strohhalm servieren, fertig ist die pure Erfrischung!

Energiebällchen
mit Matcha

vegan

Für ca. 20 Bällchen
Standzeit: ca. 1 Std.

Zutaten
100 g gemahlene Mandeln
130 g Hafermehl (oder aus Haferflocken selbst gemahlen)
35 g Agavendicksaft
50 g flüssiges Kokosöl
4 g Matcha

1. Die gemahlenen Mandeln, das Hafermehl, den Agavendicksaft, das geschmolzene Kokosöl und den Matcha in eine Rührschüssel geben und zu einem klebrigen Teig verarbeiten. Die Masse zu mundgerechten Kugeln formen.

2. Damit sie fest werden, ca. 1 Std. kalt stellen. In einem luftdicht verschließbaren Behälter im Kühlschrank halten sich die Matcha-Bällchen bis zu 1 Woche.

Mein Tipp
Diese kleinen, fein-würzigen Energiebündel sind die besten selbst gemachten Wachmacher überhaupt. Wer mag, kann sie auch noch mit etwas Matcha einpudern. Dazu etwas Pulver in einen Plastikbeutel geben, die Kugeln einzeln hineinfallen lassen und den Beutel so lange schütteln, bis die Matcha-Bällchen gleichmäßig umhüllt sind.

Mochi
Japanische Reisbällchen

Für ca. 16 Stück
Zubehör: Backblech,
Fleischwolf mit feiner Scheibe
Standzeit: ca. 1 Std.

Reismasse
250 g Milchreis (Rundkorn)
500 ml Wasser
100 g Maisstärke

Füllung
50 g getrocknete Früchte
(Aprikosen, Datteln, Pflaumen)

Außerdem
Maisstärke zum Pudern
gehackte Mandeln,
nach Belieben

1. Milchreis gut mit Wasser bedecken und ca. 1 Std. einweichen. Dann abschütten, unter fließendem Wasser abspülen und in einen Topf geben. Mit dem Wasser aufgießen, abgedeckt aufkochen lassen und auf niedriger Temperatur ca. 25 Min. weich kochen. Dann den gegarten Milchreis vollständig auskühlen lassen.

2. Die Hälfte der Maisstärke auf ein Backblech sieben, und das Blech unter einen Fleischwolf stellen. Den Milchreis dreimal durch die feine Scheibe des Fleischwolfs lassen. Die Reismasse sollte glasig und sehr klebrig sein. Die restliche Maisstärke darüber sieben und die Masse mit den Händen in eine rechteckige Form bringen.

3. Die Früchte in sehr kleine Würfel schneiden. Von der Reismasse kleine Portionen abstechen, Taler formen, mit den getrockneten Früchten füllen und zu Kugeln rollen. Diese in Maisstärke wenden, damit sie nicht mehr kleben. Alternativ die noch klebrigen Kugeln in gehackten Mandeln wälzen.

4. Sofort genießen oder nur kurz aufbewahren, sonst werden sie trocken.

Mein Tipp
Klassisch werden die Mochi mit süßer roter Bohnenpaste aus Adzukibohnen gefüllt. Sie ist bei uns im gut sortierten Asialaden erhältlich. Klebreismehl, ebenfalls im Asialaden, ersetzt die Prozedur mit Milchreis und Fleischwolf.

Superfood-Knuspermüsli

vegan

Für ca. 500 g
Form: Backblech
Backzeit: ca. 15–18 Min.

Zutaten
2 EL Kokosöl
100 g kernige Haferflocken
150 g Buchweizengrütze
50 g gehackte Walnusskerne
35 g Kürbiskerne
60 g Superfrucht-Beeren-mischung
2 EL Agavendicksaft
2 EL Kokosblütenzucker

1. Den Backofen auf 180 °C Ober und Unterhitze vorheizen. Das Backblech mit Backpapier belegen.

2. Das Kokosöl bei geringer Temperatur schmelzen und anschließend abkühlen lassen. Sobald es abgekühlt ist, mit den angegebenen Zutaten in einer Schüssel vermischen.

3. Alles dünn auf dem Backblech verteilen und im Backofen ca. 15–18 Min. lang rösten, bis das Knuspermüsli goldbraun ist. Dabei einmal wenden.

4. Herausnehmen, auskühlen lassen und in einem Behälter an einem kühlen, trockenen Ort aufbewahren.

Mein Tipp
Hier sind der Fantasie und dem persönlichen Geschmack keine Grenzen gesetzt. Einfach nach Lust und Laune experimentieren, welche Zutaten gut schmecken und prima miteinander harmonieren.

vegan

Müsliriegel
mit Cranberrys

Für ca. 18 Riegel
Form: Auflaufform
(25 × 30 cm)
Standzeit: mind. 8 Std.

Zutaten
350 g entsteinte Datteln
270 g Haferflocken
80 g Mandeln
120 ml Ahornsirup
120 g Nusscreme oder -mus
35 g Kürbiskerne
60 g getrocknete Cranberrys

1. Die Form mit Backpapier auslegen.

2. Datteln, Haferflocken und Mandeln in einen Standmixer geben und so lange zerkleinern, bis nur noch kleine Stückchen vorhanden sind.

3. In einer Rührschüssel Ahornsirup und Nusscreme bzw. -mus verrühren. Dattelmischung, Kürbiskerne und Cranberrys untermengen.

4. Die Masse in die vorbereitete Form geben, gleichmäßig verteilen und so hineindrücken, dass die Masse dicht gepresst ist und den ganzen Boden der Form bedeckt. Dann mindestens 8 Std. an einem trockenen und kühlen Ort beiseitestellen und fest werden lassen.

5. Nach der Standzeit das Backpapier mit der Müslimasse herausheben und diese in Riegel schneiden.

6. In einem luftdicht verschließbaren Behälter trocken und kühl gelagert halten sich die Riegel bis zu 2 Wochen lang.

Mein Speed & Easy-Tipp
Wer es nicht abwarten kann, die „Trockenzeit" lässt sich verkürzen: Einfach die Müslimasse in der Auflaufform im vorgeheizten Backofen bei 120 °C Ober- und Unterhitze ca. 25–30 Min. trocknen.

Superfood, Vegan & Low Carb

Quinoa-Porridge
mit Pflaumenkompott

vegan

Für 4 Portionen
Zubehör: Topf
Kochzeit: 15–20 Min.

Quinoa-Porridge
170 g Quinoa
600 ml Kokosmilch (oder ein anderer Pflanzendrink)
½ TL Zimtpulver, nach Belieben

Pflaumenkompott
6 mittelgroße Pflaumen
100 g Kokosblütenzucker
250 ml Wasser
1 Zimtstange
4 EL Nussmus

Zum Servieren
Ahornsirup zum Beträufeln
Kokosraspel, nach Belieben

1. Quinoa und Kokosmilch in einem mittelgroßen Topf vermischen und zum Kochen bringen. Nach Belieben Zimt zufügen und abgedeckt bei geringer Temperatur ca. 15–20 Min. köcheln, bis die Quinoa weich, aber noch bissfest ist.

2. Für das Kompott die Pflaumen halbieren, die Steine entfernen und die Hälften in Spalten schneiden. Kokosblütenzucker, Wasser und Zimtstange in einem Topf aufkochen. Die Pflaumen zufügen und so lange köcheln, bis sie weich sind. Anschließend die Zimtstange herausnehmen.

3. Wenn der Quinoa-Porridge gar, aber noch ein bisschen flüssig ist, auf 4 Schüsseln verteilen und je 1 EL Nussmus unterrühren. Das Pflaumenkompott darüber geben, mit Ahornsirup beträufeln und nach Belieben mit Kokosraspel bestreuen.

Mein Tipp
Dieses Rezept ist meine Alternative zum aktuellen Porridge-Trend mit Haferflocken. Das kleine Korn ist reich an pflanzlichem Eiweiß und da es zu den Pseudogetreiden zählt, auch glutenfrei. Übrigens, Kokosblütenzucker süßt genauso wie „normaler" Zucker, allerdings mit einem niedrigeren glykämischen Index. Er schmeckt nicht nach Kokos, sondern ganz leicht nach Karamell.

Smoothie Bowl

vegan

Für 2 Portionen
Zubehör: Hochleistungsmixer

Smoothie
300 ml Granatapfelsaft
2 Orangen
½ Banane
8 g geschälte Ingwerwurzel
3 EL flüssiger Honig oder Ahornsirup
300 g tiefgefrorene Beerenmischung

Toppings
frische Früchte (z. B. Brom-, Him- oder Johannisbeeren, Mango)
getrocknete Früchte (z. B. Gojibeeren, Cranberrys)
Getreide und Nüsse (z. B. gepuffter Amaranth, Dinkelpops, gehackte Mandeln, Haferflocken, Kürbiskerne)

1. Den Granatapfelsaft in den Behälter des Mixers gießen. Orangen samt der weißen Haut schälen und vierteln. Banane schälen und klein schneiden.

2. Dann alle Zutaten in angegebener Reihenfolge in den Behälter geben und mit dem Deckel verschließen.

3. Je nach verwendetem Gerät wie in der Bedienungsanleitung beschrieben zubereiten und bis zur gewünschten Konsistenz mixen. Den Smoothie in Schälchen füllen und mit den gewünschten Toppings sofort servieren und genießen.

Superfood, Vegan & Low Carb

316 *Superfood, Vegan & Low Carb*

Gedämpfter Kokosmilchreis mit Früchten

vegan

Für 2 Portionen
Zubehör: Dampfgarer, Glasschälchen
Garzeit: ca. 40 Min.

Zutaten
60 g Milchreis
1 Dose (165 ml) Kokosmilch
30 g Rohrohrzucker
10 g Kokosflocken
80 g gemischte Früchte
(z. B. Heidel-, Him-, Rote Johannisbeeren, Mango)

Außerdem
Kokoschips zum Bestreuen

1. Den Milchreis in zwei kleine Glasschälchen verteilen.

2. Die Kokosmilch mit dem Zucker und den Kokosflocken verrühren und jeweils die Hälfte über den Milchreis gießen. Die Schälchen mit Frischhaltefolie abdecken.

3. In den Dampfgarer stellen und darin bei 100 °C und 100 % Feuchtigkeit ca. 40 Min. dämpfen.

4. Die Früchte entsprechend waschen, putzen und klein schneiden. Nach Geschmack den Milchreis warm oder kalt mit den Früchten genießen und mit Kokoschips bestreuen.

Mein Tipp
Der Dampfgarer bringt etwas mehr Feuchtigkeit mit ins Spiel. Wer jedoch keinen besitzt, kann den Milchreis auch im vorgeheizten Backofen bei 100 °C Ober- und Unterhitze ca. 40 Min. garen. Oder ganz klassisch im Topf zubereiten.

Tomaten-Wassermelonen-Gazpacho

Für ca. 8 Portionen
Zubehör: Hochleistungsmixer

Gazpacho
300 g Strauchtomaten
250 g rotes Wassermelonenfruchtfleisch
¼ rote Chilischote
2 Stängel Oregano
1 EL Tomatenmark
1 EL Zucker
8 Eiswürfel
Salz

Spieß
2 Datteltomaten
½ Kugel Mozzarella zur Deko

1. Die Tomaten waschen, Strünke herausschneiden und vierteln. Wassermelone ebenfalls grob klein schneiden. 8 kleinere Stücke für die Spieße beiseitestellen. Chili waschen und entkernen. Oregano waschen und trocken schütteln.

2. Alle Zutaten in der angegebenen Reihenfolge in den Behälter des Mixers geben.

3. Je nach verwendetem Gerät wie in der Bedienungsanleitung beschrieben zubereiten und bis zur gewünschten Konsistenz mixen. Dann mit Salz abschmecken und in gekühlte Gläser füllen.

4. Für die Deko Datteltomaten waschen und in Scheiben schneiden. Mozzarella in Würfel schneiden und abwechselnd mit der Tomate und Wassermelone aufspießen. Die Spieße auf den Gläsern verteilen und sofort genießen.

Superfood, Vegan & Low Carb

Gurken-Trauben-Kaltschale

Für 4 Gläser
Zubehör: Hochleistungsmixer

Kaltschale
250 ml gekühlte Buttermilch
2 Stängel Dill
2 Stängel Minze
½ Salatgurke (ca. 250 g)
1 Stängel Staudensellerie
150 g kernlose helle Weintrauben
1 EL Senf
4 Eiswürfel
Salz, Pfeffer

Deko
4 feine Stängel Staudensellerie mit Grün

1. Die Buttermilch in den Behälter des Mixers geben. Kräuter waschen, trocken schütteln und nach Belieben zupfen oder ganz lassen. Für die Deko 1 Scheibe Gurke abschneiden und vierteln. Salatgurke und Staudensellerie putzen, waschen und grob würfeln. Weintrauben waschen und abzupfen.

2. Alle Zutaten in der angegebenen Reihenfolge in den Behälter geben.

3. Je nach verwendetem Gerät wie in der Bedienungsanleitung beschrieben zubereiten und bis zur gewünschten Konsistenz mixen. Dann mit Salz und Pfeffer abschmecken und in gekühlte Gläser füllen. Mit Staudensellerie und Gurkenvierteln dekorieren.

Chia-Milchshake

Für 4 Gläser
Zubehör: Hochleistungsmixer
Standzeit: ca. 30 Min.

Zutaten
1 EL Chia-Samen
600 ml Milch
200 g Apfel
200 g kernlose helle Weintrauben
200 g Preiselbeeren (aus dem Glas)
1 Päckchen Bourbonvanillezucker

1. Die Chia-Samen in 200 ml Vollmilch ca. 30 Min. quellen lassen. Die restliche Milch in den Behälter des Mixers gießen. Apfel waschen, entkernen und vierteln. Weintrauben waschen und abzupfen.

2. Dann alle Zutaten in angegebener Reihenfolge in den Behälter geben und mit dem Deckel verschließen.

3. Je nach verwendetem Gerät wie in der Bedienungsanleitung beschrieben zubereiten und bis zur gewünschten Konsistenz mixen.

Melonen-Beeren-Wasser

Für 4 Gläser
Standzeit: ca. 4 Std.

Zutaten
250 g rotes Wassermelonenfruchtfleisch
100 g Heidelbeeren
½ Bund Minze
1–2 Handvoll Eiswürfel
1 Flasche gekühltes Mineralwasser

1. Das Wassermelonenfruchtfleisch in Würfel schneiden. Die Heidelbeeren verlesen und waschen. Minze waschen und trocken schütteln.

2. Das Obst mit der Minze und den Eiswürfeln in einen Krug geben. Mit dem Mineralwasser aufgießen und sofort genießen. Wer einen intensiveren Geschmack möchte, verwendet stilles Wasser und lässt die Mischung einige Stunden oder über Nacht ziehen. Dann kurz vor dem Servieren mit Eiswürfeln auffüllen.

Superfood, Vegan & Low Carb

Erdbeer-Pfirsich-Smoothie

Für 4 Gläser
Zubehör: Hochleistungsmixer

Zutaten
150 g tiefgefrorene Erdbeeren
250 g geputzte Erdbeeren
250 g entsteinte Plattpfirsiche
3 Stängel Minze
1 Päckchen Bourbon-vanillezucker
300 ml frisch gepresster Blutorangensaft oder Direktsaft aus dem Kühlregal

1. Die gefrorenen und frischen Erdbeeren in den Behälter des Mixers geben. Die Plattpfirsiche klein schneiden und auf die Erdbeeren geben. Minze waschen, trocken schütteln und die ganzen Stängel oder nur die Blätter verwenden. Minze mit dem Vanillezucker zugeben und mit dem Blutorangensaft aufgießen. Mit dem Deckel verschließen.

2. Je nach verwendetem Gerät wie in der Bedienungsanleitung beschrieben zubereiten und bis zur gewünschten Konsistenz mixen.

Beeriger Smoothie

Für 4 Gläser
Zubehör: Hochleistungsmixer

Zutaten
300 ml frisch gepresster Blutorangensaft oder Direktsaft aus dem Kühlregal
½ Banane
200 g geputzte Erdbeeren
150 g Himbeeren
150 g Heidelbeeren
250 g tiefgefrorene Beerenmischung
50 g getrocknete Cranberrys
6 g geschälte Ingwerwurzel
40 g brauner Rohrzucker, nach Belieben

1. Den Saft in den Behälter des Mixers gießen. Banane schälen und klein schneiden. Die Erdbeeren ggf. klein schneiden. Dann alle Zutaten in angegebener Reihenfolge in den Behälter geben und mit dem Deckel verschließen.

2. Je nach verwendetem Gerät wie in der Bedienungsanleitung beschrieben zubereiten und bis zur gewünschten Konsistenz mixen. Nach Belieben süßen.

Mandeldrink-Smoothie
mit Orangen und Banane

Für 4 Gläser
Zubehör: Hochleistungsmixer

Zutaten
400 ml Mandeldrink
3 Orangen
1 Banane
200 g Honigmelonenfruchtfleisch
50 g entsteinte Datteln
6 Eiswürfel

1. Den Mandeldrink in den Behälter des Mixers gießen. Orangen samt der weißen Haut schälen und vierteln. Banane schälen und klein schneiden. Melone ebenfalls klein schneiden.

2. Dann alle Zutaten in angegebener Reihenfolge in den Behälter geben und mit dem Deckel verschließen.

3. Je nach verwendetem Gerät wie in der Bedienungsanleitung beschrieben zubereiten und bis zur gewünschten Konsistenz mixen.

Exotischer Smoothie

Für 4 Gläser
Zubehör: Hochleistungsmixer

Zutaten
300 ml Maracujasaft
150 g Mangofruchtfleisch
150 g Papayafruchtfleisch
150 g Ananasfruchtfleisch
1 Kiwi
½ kleine Banane (ca. 50 g)
10 Eiswürfel
40 g brauner Rohrzucker, nach Belieben

1. Den Maracujasaft in den Behälter des Mixers gießen. Mango, Papaya und Ananas grob klein schneiden. Kiwi schälen und vierteln. Banane ebenfalls schälen und klein schneiden.

2. Dann alle Zutaten in angegebener Reihenfolge in den Behälter geben und mit dem Deckel verschließen.

3. Je nach verwendetem Gerät wie in der Bedienungsanleitung beschrieben zubereiten und bis zur gewünschten Konsistenz mixen. Nach Belieben mit dem Zucker nachsüßen.

Superfood, Vegan & Low Carb

Wassermelonen-Limonade

Für 4 Gläser
Zubereitungszeit: ca. 10 Min.

Zutaten
900 g Melonenfruchtfleisch
Saft von 2 Limetten
2–3 EL Zucker
Eiswürfel
je 1 unbehandelte Orange und Zitrone in Scheiben
3 Stängel Minze
ca. 250 ml Mineralwasser

1. Melonenfruchtfleisch, Limettensaft und Zucker im Mixer fein pürieren.

2. Mit Eiswürfeln, Orangen- und Zitronenscheiben sowie Minze auf die Gläser verteilen. Mit Mineralwasser auffüllen.

Grüner Smoothie

Für 4 Gläser
Zubereitungszeit: ca. 15 Min.

Zutaten
100 g Salatgurke
100 g Blattsalat
1 Banane
½ Grapefruit
150 g Ananas (aus der Dose)
½ Bund Minze
300 ml Wasser

1. Gurke schälen und klein schneiden. Salat waschen, trocken schleudern und die Blätter klein zupfen. Banane und Grapefruit schälen und klein schneiden. Ananas abtropfen lassen.

2. Minze waschen, trocken schütteln und die Blätter abzupfen. Alle Zutaten in einen Standmixer geben und mit dem Wasser auffüllen. Dann alles vorsichtig pürieren, in Gläser abfüllen und gleich genießen.

Beeren-Smoothie

Für 4 Gläser
Zubereitungszeit: ca. 15 Min.

Zutaten
je 200 g Heidel- und Himbeeren
2 EL Honig
300 g Joghurt
2 Päckchen Bourbonvanillezucker
Milch

1. Beeren verlesen, waschen und abtropfen lassen. Dann in einen Mixer geben und pürieren. Honig, Joghurt und Vanillezucker zugeben und alles zu einer homogenen Masse mixen.

2. Anschließend so viel Milch zugießen, dass der Smoothie eine cremige, aber leicht flüssige Konsistenz erhält. In Gläser füllen.

Zitronenlimo

Für 4 Gläser
Zubereitungszeit: ca. 15 Min.

Zutaten
einige Minzblättchen
Johannisbeeren
7 Bio-Zitronen
125 g Zucker
125 ml Wasser
Mineralwasser
Minzblätter
Zitronenscheiben
zum Garnieren

1. Für die Eiswürfel in die Mulden einer Eiswürfelform je ein Minzblatt und einige Johannisbeeren legen. Mit Wasser auffüllen und gefrieren.

2. Für den Zitronensirup die Zitronen heiß abwaschen und trocken reiben. Schale fein abreiben, Saft auspressen. Beides mit Zucker und Wasser in einen Topf geben, erhitzen und etwa 5 Min. kochen lassen. In eine Flasche füllen und abkühlen lassen.

3. Für eine erfrischende Zitronenlimonade den Sirup im Verhältnis 1:10 mit Mineralwasser auffüllen und nach Belieben mit Eiswürfeln und frischen Zitronenscheiben servieren.

Gyokpo Palep Lugpa
Schnelle gedämpfte Brote

vegan

Für 8 Brote
Zubehör: Dampfgarer,
Dampfgarerblech
Backzeit: ca. 15–20 Min.
Standzeit: ca. 25 Min.

Zutaten
1 Päckchen Backpulver
1 Päckchen Natron
250 g Weizenmehl
120 ml Wasser

Außerdem
Weizenmehl zum Bearbeiten
Pflanzenöl zum Einfetten

1. Backpulver und Natron sorgfältig mit dem Mehl mischen. Dann nach und nach das Wasser in die Mitte geben und mit den Knethaken eines Handrührgeräts zu einem geschmeidigen Teig kneten. Den Teig an einem warmen Ort abgedeckt ca. 15 Min. ruhen lassen.

2. Anschließend auf einer leicht mit Mehl bestäubten Arbeitsfläche noch einmal kurz durchkneten und zu einem Rechteck ausrollen. In 8 gleich große Streifen schneiden und zu Schnecken aufrollen. Dann auf ein mit Öl eingefettetes Dampfgarerblech legen und nochmals ca. 10 Min. an einem warmen Ort gehen lassen.

3. Nach Ende der Gehzeit im Dampfgarer bei 100 °C und 100 % Feuchtigkeit ca. 10–15 Min. dämpfen. Danach herausnehmen und auskühlen lassen.

Mein Tipp
Traditionell werden die gedämpften Brote zu Suppen gereicht.

Superfood, Vegan & Low Carb

Burger Buns vom Grill

vegan

Für 12 Buns
Zubehör: Gas- oder Holzkohlekugelgrill, Back-/Pizzastein
Backzeit: ca. 12–15 Min.
Standzeit: ca. 1½ Std.

Zutaten
300 ml Sojadrink
1 Würfel Hefe (42 g)
550 g Weizenmehl
200 g Dinkelmehl (Type 630)
40 g Rohrohrzucker
200 g Seidentofu
2 TL Salz
1 Msp. Brotgewürz
60 ml Olivenöl

Außerdem
Weizenmehl zum Bearbeiten
Sesamsamen zum Bestreuen

1. Sojadrink erwärmen und die Hefe darin auflösen. Die Mehlsorten mit den restlichen Zutaten mithilfe einer Küchenmaschine mit Knethaken ca. 10 Min. kneten. An einem warmen Ort abgedeckt ca. 1 Std. gehen lassen, bis sich das Volumen deutlich vergrößert hat.

2. Anschließend den Teig auf einer leicht bemehlten Arbeitsfläche kurz durchkneten, in 12 gleich große Portionen teilen, zu Kugeln formen, mit einem Tuch abdecken und weitere 30 Min. gehen lassen. Dann die Kugeln mit Sesamsamen bestreuen.

3. Den Kugelgrill mit dem Stein aufheizen. Die Brötchen darin ca. 12–15 Min. backen.

Mein Tipp
Praktisch, dass der Kugelgrill die gleiche Backfunktion hat wie ein Umluftofen. Wer also nicht grillen möchte, kann die Buns deshalb auch im Backofen zubereiten. Einfach bei 200 °C Umluft oder 180 °C Ober- und Unterhitze ca. 15–18 Min. backen. Außerdem lassen sich die Brötchen sehr gut auf Vorrat einfrieren.

Herzhaft genießen

Herzhaft genießen

Kichererbsen-Mini-Muffins

Für ca. 36 Stück
Form: 24er-Mini-Muffinform
Backzeit: ca. 15 Min.
Standzeit: ca. 1 Std.

Zutaten
500 g Kichererbsenmehl
200 ml Olivenöl
300 ml Wasser
1 TL Backpulver
1 TL geröstete Fenchelsamen
1 TL geröstete Kreuzkümmelsamen
1 TL edelsüßes Paprikapulver
ca. 8 g grobes Meersalz

Außerdem
Butter für die Form

1. Das Kichererbsenmehl mit Olivenöl, Wasser, Backpulver, Fenchel, Kreuzkümmel, Paprika und Meersalz mit den Rührbesen eines Handrührgeräts glatt rühren. Den Teig mindestens 60 Min. abgedeckt quellen lassen.

2. Den Backofen auf 180 °C Ober- und Unterhitze vorheizen. Die Mulden der Mini-Muffinform mit Butter einfetten.

3. Den Teig gleichmäßig in die Mulden verteilen, jedoch nur zu ⅔ füllen. Die Form auf dem Rost auf mittlerer Schiene in den Backofen schieben und die Mini-Muffins ca. 15 Min. backen. Dann aus der Form stürzen und auf einem Kuchengitter auskühlen lassen. Den restlichen Teig auf die gleiche Weise backen.

Mein Tipp
Die in der Mini-Muffinform gebackenen mediterranen Küchlein aus Kichererbsenmehl passen als Beilage zu Fisch, Geflügel oder Lamm. Besonders gut schmecken Sie zu Antipasti, Tapenade oder Ziegenfrischkäse. Oder noch besser: einfach so.

Kartoffel-Coppa-Muffins

Für 12 Muffins
Form: Muffinblech
Backzeit: ca. 15 Min.
Standzeit: ca. 60 Min.

Muffins
160 g Pellkartoffeln
3 kleine Zwiebeln
1 EL Öl
50 g Butter
4 Eier
1 TL Salz
40 g Mie de Pain (geriebenes Toastbrot)
½ TL Pfeffer
2 EL Speisestärke
1 TL Backpulver
2 EL Weizenmehl
12 Scheiben Coppa

Außerdem
Butter für die Form

1. Die Kartoffeln schälen, durch die Kartoffelpresse drücken und ca. 60 Min. im Kühlschrank ruhen lassen.

2. Den Backofen auf 180 °C Ober- und Unterhitze vorheizen. Die Mulden des Muffinblechs mit Butter einfetten.

3. Die Zwiebeln schälen und in Streifen schneiden. Das Öl in einer Pfanne erhitzen, die Zwiebeln darin anbraten und auf einem Küchenpapier abtropfen lassen.

4. In einem kleinen Topf die Butter vorsichtig erhitzen und etwas braun werden lassen. Die Eier mit Salz aufschlagen und die warme braune Butter dazugeben. Dann das Mie de Pain mit Pfeffer, Stärke, Backpulver, Mehl und den Kartoffeln vermischen, die Eimasse zugeben und die Zwiebeln untermischen.

5. Zum Schluss das Muffinblech mit Coppa auslegen, den Teig hineinfüllen und im Ofen ca. 15 Min. backen. Herausnehmen, abkühlen lassen und lauwarm servieren

Mein Tipp
Saulecker diese Schinkenspezialität aus Italien! Coppa wird aus dem Schweinenackenmuskel gemacht und sorgt dafür, dass die herzhaften Muffins schön saftig sind. Wer keinen Coppa auftreiben kann, nimmt einfach Parma- oder Serranoschinken.

Chili-Mais-Muffins

Für 12 Muffins
Form: 12er-Muffinform oder
12 Muffin-Backförmchen
Backzeit: ca. 15 Min.

Zutaten
1 kleine grüne Paprikaschote
100 g Maismehl
180 g Weizenmehl
1 TL Backpulver
1 TL Salz
1 EL Chilifäden
1 Ei
2 EL Olivenöl
200 ml Milch
100 g saure Sahne

Außerdem
Butter für die Form
Chilifäden zum Dekorieren

1. Den Backofen auf 200 °C Ober- und Unterhitze vorheizen. Die Mulden der Form mit Butter einfetten oder alternativ Backförmchen bereitstellen.

2. Paprika waschen, Kerne und weiße Innenhäute entfernen und in sehr kleine Würfel schneiden. Mais- und Weizenmehl mit Backpulver, Salz und Chilifäden in einer Schüssel miteinander vermischen. In einer weiteren Schüssel Ei, Öl, Milch und saure Sahne mit einem Handrührgerät mit Rührbesen verrühren. Die Ei-Milch-Mischung und die Paprikawürfel zu der Mehlmischung geben und alles zu einem glatten Teig verrühren.

3. Den Teig etwa zwei Drittel hoch einfüllen und mit Chilifäden bestreuen. Im Backofen auf einem Blech im unteren Drittel ca. 15 Min. backen. Herausnehmen und auskühlen lassen.

Mein Tipp
Herzhaft pikant sind diese wunderbaren Muffins aus Maismehl, das sich auch prima für Mais-Tortillas verwenden lässt. Aber Vorsicht, nicht verwechseln mit Maisstärke! Maismehl findet man in gut sortierten Supermärkten und Fachgeschäften. Noch „maisiger" werden die Muffins mit einer kleinen Dose abgetropfter Maiskörner und noch schärfer mit 1/2 TL Chiliflocken.

Spaghetti-Carbonara-Muffins

Für 12 Muffins
Form: 12er-Muffinform
Backzeit: ca. 20 Min.

Zutaten
200 g Spaghetti
Salz
125 g Speckwürfel
5 Eier
200 ml Milch
75 ml Sahne
30 g frisch geriebener Parmesan
Salz, Pfeffer
Muskatnuss

Außerdem
Butter für die Form
50 g frisch geriebener Parmesan

1. Die Spaghetti nach Packungsangabe in ausreichend kochendem Salzwasser bissfest garen. Abschütten, abschrecken und sehr gut abtropfen lassen.

2. Den Backofen auf 200 °C Ober- und Unterhitze vorheizen. Die Mulden der Muffinform mit Butter einfetten.

3. Die Speckwürfel in einer Pfanne knusprig ausbraten. Eier, Milch, Sahne und Parmesan in eine Schüssel geben und mit einem Schneebesen verrühren. Mit Salz, Pfeffer und frisch geriebener Muskatnuss würzen. Vorsichtig würzen, da Parmesan sowie Speck bereits salzig sind.

4. Die Spaghetti als Nudelnester in die Mulden geben, Speckwürfel gleichmäßig darauf verteilen und die Eiermasse am besten mit einem Messbecher darüber gießen. Zum Schluss mit Parmesan bestreuen. Im Backofen auf dem Rost im unteren Drittel ca. 20 Min. stocken lassen. Dann herausnehmen, kurz abkühlen lassen und noch warm genießen.

Mein Tipp
Ein Rezept für jeden, der auf Herzhaftes mit Speck und Käse steht! Es geht ganz schnell und ist einfach zu zaubern, auch Kinder lieben es! Dadurch, dass es eine fettige Angelegenheit ist, lösen sich die Muffins sehr gut aus der Form. Man kann sie schön etwas auskühlen lassen, in die Hand nehmen und essen. Wenn's nach mir geht, gabel ich die noch warmen Muffins einfach auf und beiß dann ab!

Zwiebelkuchen-Muffins

Für 12 Muffins
Form: 12er-Muffinform
Backzeit: ca. 20–25 Min.

Zutaten
1 Packung Pizzateig aus dem Kühlregal (400 g)
150 g Speckwürfel
5 Zwiebeln, gewürfelt (ca. 300 g)
3 Eier
125 ml Sahne
Salz, Pfeffer
Muskatnuss

Außerdem
Butter zum Einfetten

1. Den Backofen auf 180 °C Ober- und Unterhitze vorheizen. Mulden der Muffinform einfetten.

2. Pizzateig entrollen, in 12 gleich große Vierecke schneiden und die Mulden damit auskleiden. Den Teigrand etwas einklappen oder ein wenig überstehen lassen.

3. Speckwürfel in einer Pfanne knusprig braten, Zwiebelwürfel zugeben und andünsten. Beides in die Muffinmulden füllen.

4. Eier und Sahne verquirlen, kräftig mit Salz, Pfeffer und frisch geriebener Muskatnuss würzen. Den Guss über die Zwiebel-Speck-Masse gießen. Im Backofen ca. 20–25 Min. backen. Dann sofort warm oder auch kalt genießen.

Mein Tipp
Die Zwiebelkuchen-Muffins sind perfekt zum Apéritif und schmecken auch prima mit Blätter- oder hauchdünnem Filoteig aus dem Kühlregal.

Käse-Spinat-Muffins

Für 12 Stück
Form: 12er-Muffinform
Backzeit: ca. 20 Min.

Zutaten
1 Würfel (60 g) tiefgekühlter Blattspinat
1 kleine Zwiebel
2 TL Butter
Salz, Pfeffer
Muskat
75 g Käse, z. B. Emmentaler, Cheddarkäse
1 Ei
100 ml Pflanzenöl
250 ml Buttermilch
250 g gesiebtes Weizenmehl
2 gestrichene TL Backpulver
Salz, Pfeffer

Außerdem
Butter und Weizenmehl für die Form
Papierbackförmchen, nach Belieben

1. Die Mulden der Muffinform fetten und mit Mehl bestäuben, überschüssiges Mehl abklopfen oder die Papierbackförmchen hineinsetzen. Den Backofen auf 180 °C Ober- und Unterhitze vorheizen.

2. Den Spinat auftauen lassen, gut ausdrücken und hacken. Die Zwiebel schälen und in kleine Würfel schneiden. In einer Pfanne die Butter zerlassen und die Zwiebelwürfel darin anschwitzen. Spinat zugeben und mitanschwitzen. Mit Salz, Pfeffer und 1 Prise Muskat würzen und etwas abkühlen lassen. Den Käse in kleine Würfel schneiden.

3. Für den Teig Ei, Öl, Buttermilch, ½ TL Salz und 1 kräftige Prise Pfeffer in einer Rührschüssel mit einem Schneebesen gut verrühren. Mehl und Backpulver gut unterrühren. Zum Schluss den Spinat und den Käse untermischen.

4. Den Teig auf die Mulden verteilen. Die Muffinform auf dem Rost ins untere Drittel des Backofens schieben und ca. 20 Min. backen.

5. Anschließend die Muffins aus der Form lösen und auf einem Kuchenrost erkalten lassen.

Mein Tipp
Die Teigmenge reicht auch für eine 24er-Mini-Muffinform aus. Außerdem lassen sich Muffins prima auf Vorrat zubereiten und anschließend einfrieren.

Herzhaft genießen

Windbeutel

Für ca. 12 Stück
Form: Backblech
Backzeit: ca. 25 Min.

Brandteig
125 ml Milch
125 ml Wasser
2 Prisen Zucker
60 g weiche Butter
2 Prisen Salz
Muskatnuss
200 g Weizenmehl
3 Eier

Füllung
5 Zweige Oregano
5 Stängel Basilikum
6 Scheiben Parmaschinken
250 g Naturfrischkäse
50 ml Olivenöl
Salz, Pfeffer

1. Für den Brandteig Milch, Wasser, Zucker, Butter, Salz und 1 Prise frisch geriebene Muskatnuss in einem Topf aufkochen. Das Mehl sieben und zugeben. Die Masse so lange rühren, bis sich ein Kloß bildet und eine flaumige Schicht im Topf entsteht.

2. Den Teig anschließend in einer Schüssel auskühlen lassen. Dann nach und nach die Eier mit einem Handrührgerät mit Knethaken unterkneten, bis eine glatte Masse entsteht.

3. Den Backofen auf 180 °C Ober- und Unterhitze vorheizen. Das Backblech mit Backpapier auslegen.

4. Den Teig in einen Spritzbeutel mit großer Sterntülle füllen und 12 Teighäufchen auf das Backblech spritzen. Im Backofen auf der mittleren Schiene ca. 25 Min. backen.

5. Während der ersten 15 Min. der Backzeit die Ofentür nicht öffnen, da das Gebäck ansonsten zusammenfällt. Die fertigen Windbeutel aus dem Ofen nehmen, sofort einen Deckel abschneiden und auf einem Kuchenrost auskühlen lassen.

6. Für die Füllung die Kräuter waschen, trocken schütteln, die Blättchen abzupfen und einige für die Dekoration beiseitelegen. Die restlichen Blättchen hacken. Den Schinken halbieren. Den Frischkäse mit dem Olivenöl cremig verrühren. Mit den Kräutern, Salz und Pfeffer abschmecken. Die Käsecreme mit einem Spritzbeutel auf die untere Hälfte der Windbeutel spritzen, jeweils einen Schinkenstreifen daraufverteilen, mit den Kräuterblättchen garnieren und dann den Deckel aufsetzen. Sofort servieren.

Mein Tipp
Wer hat eigentlich festgelegt, dass Windbeutel immer nur mit einer süßen Sahnecreme gefüllt werden sollten? Ich kann mir jedenfalls noch viele andere wunderbare Füllungen vorstellen. Finden auch Sie Ihre herzhafte Lieblingsfüllung.

Macarons
mit Lachs und Guacamole

Für ca. 10 Macarons
Form/Materialien: Backblech, Spritzbeutel mit Lochtülle
Backzeit: ca. 20–25 Min.

Macarons
160 g gemahlene Mandeln
160 g Puderzucker
4 Eiweiß
180 g Zucker
schwarze Lebensmittelfarbe (Pulver)

Füllungen
200 g Räucherlachs
175 g Frischkäse
1 reife Avocado
1 TL Zitronensaft
1 EL Joghurt
Salz, Pfeffer
1 Koriandergrün
6 Kirschtomaten
30 g Pinienkerne

1. Mandeln und Puderzucker mischen. Eiweiß mit den Rührbesen des Handrührgerätes steif schlagen, dabei nach und nach den Zucker einrieseln lassen. Das Farbpulver und die Mandel-Puderzucker-Mischung in den Eischnee rühren, bis zur gewünschten Konsistenz.

2. Den Backofen auf 120 °C Ober- und Unterhitze vorheizen. Ein Backblech mit Backpapier auslegen.

3. Die Masse in einen Spritzbeutel füllen und Kreise von ca. 3,5 cm Durchmesser auf das Backpapier spritzen. Das Blech leicht auf der Tischplatte aufklopfen, um Luftblasen aus der Masse zu entfernen. Dann die Oberfläche der Macarons etwas antrocknen lassen und im Backofen ca. 20–25 Min. backen.

4. Für die Lachsfüllung den Lachs in Stücke schneiden. Mit einem Spritzbeutel oder einem Messer etwas Frischkäse auf die Macarons streichen, mit dem Lachs belegen und die andere Macaronhälfte daraufsetzen.

5. Für die Guacamole die Avocado halbieren, den Kern entfernen, das Fruchtfleisch von der Schale lösen und mit einer Gabel zerdrücken. Mit Zitronensaft beträufeln und mit dem Joghurt zu einer cremigen Masse verrühren. Mit Salz und Pfeffer abschmecken. Koriander hacken, Tomaten waschen und würfeln. Die Pinienkerne in einer Pfanne rösten und grob hacken. Alle Zutaten zu einer Creme verrühren und auf die Macarons streichen.

Herzhaft genießen 341

Spargel-Kartoffel-Strudeltörtchen

Für 10 Törtchen
Form: 12er-Muffinform
Backzeit: ca. 15 Min.

Zutaten
250 g grüner Spargel
220 g festkochende Kartoffeln
2 EL Pflanzenöl
Salz, Pfeffer
3 Scheiben gekochter Schinken
250 g Kräuter-Crème-fraîche
2 EL Milch
2 Eier
1 Packung (250 g) Filo- oder Yufkateig aus dem Kühlregal

Außerdem
Pflanzenöl für die Form

1. Vom Spargel eventuell das untere Drittel schälen und die holzigen Enden abschneiden. Die Stangen waschen und in dünne Scheiben schneiden. Die Kartoffeln schälen, waschen und in sehr kleine Würfel schneiden.

2. In einer Pfanne das Öl erhitzen, Spargel und Kartoffeln darin bei mittlerer Temperatur bissfest braten, salzen und pfeffern.

3. Den Backofen auf 180 °C Ober- und Unterhitze vorheizen. Die Mulden der Form mit Öl einfetten.

4. Den Schinken in Würfel schneiden. Kräuter-Crème-fraîche mit Milch und 1 Ei verrühren, kräftig mit Salz und Pfeffer würzen. Das andere Ei mit 2 EL Wasser verrühren. Den Filoteig entrollen, die gesamten Teigblätter vierteln, jedes Quadrat mit verquirltem Ei bestreichen und sternförmig übereinanderlegen, sodass 10 Teigsterne entstehen.

5. Die Teigsterne in die geölten Mulden legen und vorsichtig hineindrücken. Die Spargel- und Kartoffelstücke sowie die Schinkenwürfel gleichmäßig darauf verteilen und mit der Crème-fraîche-Masse bedecken. Im Backofen auf dem Rost auf einer der unteren Schienen ca. 15 Min. backen. Herausnehmen und noch warm genießen.

Mein Tipp
Filo- oder auch Yufkateig genannt, gibt es im gut sortierten Supermarkt sowie in jedem türkischen Lebensmittelgeschäft.

Tartepäckchen «surprise»

Für 8 Mini-Tartepäckchen
Formen: 8 kleine Tarteförmchen (Ø 10 cm)

Senfsauce
50 g Butter
20 g Mehl
275 ml Milch
Salz, Pfeffer
5 EL Dijon-Senf

Tartepäckchen
2 rote Paprikaschoten
250 g Hähnchenbrustfilet
2 EL Olivenöl
2 gehackte Zwiebeln
1 Packung (250 g) Filo- oder Yufkateig aus dem Kühlregal

Außerdem
zerlassene Butter zum Bestreichen
getrockneter Oregano zum Bestreuen

1. Für die Senfsauce Butter schmelzen, Mehl darin anschwitzen, mit Milch ablöschen und kurz köcheln lassen. Mit Salz, Pfeffer und Senf würzig abschmecken.

2. Für die Füllung Paprika waschen, vierteln, Kerngehäuse entfernen und in Streifen schneiden. Das Hähnchenbrustfilet unter kaltem Wasser abspülen, trockentupfen und in Würfel schneiden. Öl in einer Pfanne erhitzen, die Zwiebeln und das Hähnchenbrustfilet zugeben, salzen und kurz anbraten. Paprika dazugeben und kurz mitdünsten. Die Füllung in eine Schüssel geben und mit der Senfsauce mischen.

3. Den Backofen auf 180 °C Ober- und Unterhitze vorheizen.

4. Die Tarteförmchen mit Butter einfetten. Jeweils 1 Blatt Filoteig hineinlegen. Füllung darauf verteilen. Ecken darüber schlagen, sodass die Füllung komplett bedeckt ist. Mit flüssiger Butter einstreichen und mit Oregano bestreuen. Im Backofen ca. 45 Min. backen.

Mein Tipp
In den kleinen Überraschungspäckchen lassen sich hervorragend allerlei Reste aus dem Kühlschrank verpacken.

Herzhaft genießen

Mini-Toastbrot-Quiches

Für 12 Mini-Quiches
Zubehör: Dampfgarer,
12er-Muffinform oder
6 Mini-Cocottes (Ø 10 cm)
Backzeit: ca. 30 Min.

Zutaten
6 Scheiben Sandwichtoastbrot
oder 12 Scheiben Toastbrot
½ Bund Petersilie
4 Eier
300 ml Milch
Salz, Pfeffer
250 g bissfest gegartes
Gemüse (z. B. Brokkoliröschen,
Kohlrabi- oder Möhrenwürfel)
100 g geriebener Gouda

Außerdem
Pflanzenöl zum Einfetten

1. Die Formen mit Öl einfetten. Von den Brotscheiben die Rinde abschneiden, dann nebeneinander legen und mit einer Teigrolle flach rollen. Die Scheiben in die entsprechenden Formen legen.

2. Petersilie waschen, trocken schütteln, Blätter abzupfen und fein hacken. Eier, Milch, Petersilie, Salz und Pfeffer verquirlen. Gemüse auf die Mulden verteilen. Eiermilch darüber gießen und Käse darauf verteilen. Die Quiches im Dampfgarer bei 160 °C und 60 % Feuchtigkeit ca. 25–30 Min. garen, bis die Eimasse gestockt ist. Kurz ruhen lassen, dann noch warm servieren.

Mein Tipp
Wer keinen Dampfgarer besitzt, kann die Mini-Quiches auch im vorgeheizten Backofen bei 160 °C Ober- und Unterhitze ca. 25–30 Min. backen.
Toll schmecken sie mir auch mit meinem selbst gebackenen Vollkorntoastbrot von Seite 375. Es hat einen leicht nussigen Geschmack und passt gut zum herzhaften Gouda.

Camembert-Päckchen
mit Mango-Chutney

Für 1 Camembert-Päckchen
Form: Backblech
Backzeit: ca. 20 Min.

Zutaten
1 Packung Blätterteig (aus dem Kühlregal)
2 EL Mango-Chutney
1 Camembert (250 g)

Außerdem
1 Ei zum Bestreichen
schwarze und helle Sesamsaat zum Bestreuen
Weintrauben, nach Belieben

1. Den Backofen auf 175 °C Ober- und Unterhitze vorheizen. Ein Backblech mit Backpapier auslegen.

2. Den Blätterteig auf das Backblech legen, einen schmalen Streifen zum Dekorieren abschneiden und zur Seite legen. Das Chutney auf dem Blätterteig verteilen, den Camembert in die Mitte setzen und den Teig über den Camembert einschlagen. Die Nahtstellen etwas andrücken und das Päckchen umdrehen.

3. Zum Verzieren aus dem Blätterteigstreifen kleine Blätter ausschneiden und das Päckchen damit dekorieren. Das Ei mit etwas Wasser verquirlen, die Oberfläche damit einstreichen und den Sesam darüber streuen.

4. Das Päckchen im Backofen ca. 20 Min. backen, kurz abkühlen lassen und wie eine Torte in 4 Stücke schneiden. Mit Mango-Chutney und Trauben servieren.

Mein Tipp
Mango-Chutney lässt sich auch schnell selbstmachen. Hierfür 2 feste Mangos schälen, das Fruchtfleisch vom Kern schneiden und fein würfeln. 40 g Ingwer schälen und fein reiben. 1 rote Chilischote entkernen und in feine Streifen schneiden. Saft von 3 Limetten mit 100 ml Apfelessig verrühren. 150 g Rohrzucker in einem Topf karamellisieren, Ingwer und Chilistreifen zugeben und vorsichtig mit der Limetten-Essig-Mischung ablöschen. Bei mittlerer Temperatur 2–3 Min. kochen. Mangowürfel zugeben und bei geringer Temperatur ca. 45 Min. köcheln lassen. Ab und zu umrühren und bei Bedarf etwas Wasser zugeben. Das Mangochutney noch heiß in Einmachgläser füllen. Hält sich im Kühlschrank ca. 1 Woche und schmeckt toll zu Käse jeder Art, aber auch zu gebratenem Fleisch!

PESTO

Pesto Pockets

Für 10 Pesto Pockets
Formen: Backblech, runder
Ausstecher (Ø 10 cm)
Backzeit: ca. 10–15 Min.
Standzeit: ca. 60 Min.

Mürbeteig
200 g weiche Butter
1 TL Salz
1 Ei
350 g Weizenmehl
1–2 EL kaltes Wasser

Pesto
1 kleine Knoblauchzehe
1 Bund Basilikum
30 g Pinienkerne
20 g Parmesan
75 ml Olivenöl
Salz

Außerdem
Weizenmehl zum Bearbeiten

1. Für den Mürbeteig alle Zutaten in eine Schüssel geben und mit den Knethaken des Handrührgerätes zu einem glatten Teig verarbeiten. Je nach Konsistenz noch kaltes Wasser zugeben. Den Teig zu einer Kugel formen, in Frischhaltefolie wickeln und ca. 60 Min. im Kühlschrank ruhen lassen.

2. Für das Pesto den Knoblauch schälen und klein schneiden. Basilikum waschen, trocken schütteln und die Blätter abzupfen. Die Pinienkerne in einer Pfanne ohne Fett rösten. Den Parmesan reiben. Basilikum, Knoblauch und Olivenöl mit einem Stabmixer pürieren. Pinienkerne und Parmesan zugeben, nochmals pürieren und mit Salz abschmecken.

3. Den Backofen auf 180 °C Ober- und Unterhitze vorheizen. Das Backblech mit Backpapier auslegen.

4. Den Teig auf einer leicht bemehlten Arbeitsfläche nicht zu dünn ausrollen. Zehn Kreise ausstechen. Auf eine Teigseite etwas Pesto geben und die andere Seite darüber klappen. Die Ränder mithilfe einer Gabel festdrücken. Die Pesto Pockets auf das Backblech legen und im Backofen ca. 10–15 Min. goldbraun backen. Herausnehmen und lauwarm genießen.

Mein Tipp
Zum St. Patrick's Day kann man die Pesto Pockets auch ganz stilecht in Form eines Shamrock ausstechen. Das Kleeblatt ist eines der Nationalsymbole Irlands und wird am St. Patrick's Day auch als Glückssymbol getragen. Dafür sind die Pesto Pockets zwar nicht geeignet, aber Glück bringen sie allemal!

Frühlingsrollen

Für 20 Stück
Backzeit: ca. 2–3 Min.

Frühlingsrollen
20 tiefgefrorene Frühlingsrollenteigblätter
(à ca. 21,5 × 21,5 cm)

Hähnchenfüllung
(für 10 Stück)
2 Karotten
3 cm Ingwerwurzel
200 g Sojasprossen
½ Bund Koriander
300 g Hähnchenbrustfilet
2 EL Pflanzenöl
5-Gewürze-Pulver
1–2 EL Sojasauce

Gemüsefüllung
(für 10 Stück)
100 g Champignons
200 g Chinakohl
1 kleine rote Paprikaschote
2 Frühlingszwiebeln
100 g Räuchertofu
2 EL Pflanzenöl
je 1 EL Sesamöl, Austern-
sauce, Sojasauce
5-Gewürze-Pulver

Außerdem
Pflanzenöl zum Frittieren
1 Eiweiß zum Bestreichen

1. Die Frühlingsrollenteigblätter auftauen lassen.

2. Für die Hähnchenfüllung die Karotten putzen, schälen und in dünne Stifte schneiden. Ingwer schälen und fein hacken. Sojasprossen waschen und gut abtropfen lassen. Koriander waschen, trocken schütteln und die Blättchen von den Stängeln zupfen. Hähnchenbrustfilets waschen, trocken tupfen und in sehr kleine Würfel schneiden oder fein hacken.

3. In einer Pfanne das Öl heiß werden lassen. Die Hähnchen-würfel darin braten. Karottenstifte zugeben und mitbraten. Sojasprossen, Koriander und Ingwer zugeben, kurz mitbraten und mit 5-Gewürze-Pulver und Sojasauce abschmecken. Die Füllung etwas abkühlen lassen.

4. Für die Gemüsefüllung Champignons putzen und in Wür-fel schneiden. Chinakohl putzen, Strunk herausschneiden, in Streifen schneiden, waschen und gut abtropfen lassen. Paprika waschen, Kerngehäuse und weiße Innenhäute entfernen und ebenfalls in Streifen schneiden. Frühlingszwiebeln putzen, waschen und in Ringe schneiden. Räuchertofu hacken.

5. In einer Pfanne das Öl heiß werden lassen. Den Tofu zuerst anbraten und herausnehmen. Das Gemüse anschließend biss-fest braten. Tofu wieder zugeben. Alles mit Sesamöl, Austern- und Sojasauce sowie mit 5-Gewürze-Pulver abschmecken. Die Füllung etwas abkühlen lassen.

6. Jeweils ca. 1–2 EL Füllung auf ein Teigblatt geben, die Ränder mit Eiweiß bestreichen, die Seiten leicht zur Mitte hin einschla-gen und fest aufrollen.

7. Ausreichend Pflanzenöl in einer Fritteuse oder – falls nicht vorhanden – in einer hohen Pfanne oder einem Topf zum Frit-tieren erhitzen. Um zu testen, ob das Öl heiß genug ist, einen Holzkochlöffelstiel oder Holzspieß in das Öl halten. Wenn sich daran kleine Bläschen bilden, ist die richtige Temperatur er-reicht. Die Frühlingsrollen portionsweise in das heiße Öl geben und ca. 2–3 Min. goldgelb ausbacken. Auf Küchenpapier ab-tropfen lassen und sofort heiß genießen oder auskühlen lassen.

Mein Tipp
Die Frühlingsröllchen sind in Sojasauce oder süße Chilisauce getaucht ein würziger Appetizer oder eine kleine, feine Vorspeise! Frühlingsrollenteigblätter gibt es im Asialaden und in gut sortierten Supermärkten.

Corn Dogs

Für 10 Corn Dogs
Zubehör: Topf oder Fritteuse,
10 Holzspieße
Frittierzeit: ca. 3–5 Min.

Zutaten
1 Tasse Weizenmehl
1 Tasse Maismehl
1 EL Zucker
½ Päckchen Backpulver
1 TL Salz
1 TL Chilipulver
2 Eier
1 Tasse Milch
¼ Tasse Sonnenblumenöl
5 Wiener Würstchen

Außerdem
Sonnenblumenöl zum
Frittieren
Senf und Ketchup

1. Erst alle trockenen Zutaten vermischen. Dann in einer kleinen Schüssel Eier, Milch und Sonnenblumenöl verrühren. Langsam die flüssigen Zutaten zu der Mehlmischung zugeben und alles mit den Rührbesen des Handrührgerätes zu einem glatten Teig verarbeiten.

2. Das Öl auf 180 °C erhitzen. Die Würstchen halbieren und auf Holzspieße stecken.

3. Die Würstchen durch den Teig ziehen und kurz abtropfen lassen, dann die Corn Dogs ca. 3–5 Min. goldgelb frittieren und auf Küchenpapier abtropfen lassen und mit Senf und Ketchup lauwarm servieren.

Mein Tipp
Vorsicht heiß und fettig! Zum Frittieren am Besten Sonnenblumenöl verwenden, denn es verträgt hohe Temperaturen. Vor dem Frittieren das Öl auf ca. 180 °C erhitzen, dann wird das Frittiergut schnell knusprig und saugt sich außerdem nicht so sehr mit Fett voll.

Schinken-Käse Hörnchen

Für 16 Stück
Form: Backblech
Backzeit: ca. 20–25 Min.
Standzeit: ca. 60 Min.

Quark-Öl-Teig
250 g weiche Butter
250 g Magerquark
½ TL Salz
250 g Weizenmehl

Füllung
2 Zwiebeln
1 EL Butter
250 g Schinkenwürfel
2 EL gehackte Petersilie
2 EL Crème fraîche
Salz, Pfeffer
100 g geriebener Käse

Außerdem
Weizenmehl zum Bearbeiten
1 Eigelb
3 EL Milch

1. Für den Teig die Butter, den Quark und Salz mithilfe eines Handrührgeräts verrühren. Das Mehl dazugeben und alles mit dem Handrührgerät mit Knethaken zu einem glatten Teig verkneten. Den Teig ca. 60 Min. kalt stellen.

2. Für die Füllung die Zwiebeln schälen und in feine Würfel schneiden. Butter in einer Pfanne erhitzen und die Zwiebeln darin glasig andünsten. Schinkenwürfel zugeben und kurz mitandünsten. Petersilie und Crème fraîche einrühren. Mit Salz und Pfeffer abschmecken. Die Masse erkalten lassen.

3. Den Backofen auf 180 °C Ober- und Unterhitze vorheizen. Ein Backblech mit Backpapier auslegen. Den Teig auf einer leicht bemehlten Arbeitsfläche kurz durchkneten, zu zwei Kreisen (Ø ca. 36 cm) ausrollen. Die Kreise in je 8 Dreiecke schneiden.

4. Jeweils etwas abgekühlte Masse auf das untere Drittel der Dreiecke setzen, mit geriebenem Käse bestreuen und diese von der langen Seite her zu Hörnchen aufrollen. Die Hörnchen auf das Backblech setzen.

5. Das Eigelb mit der Milch verquirlen, die Hörnchen damit bestreichen und dann im Backofen auf mittlerer Schiene ca. 20–25 Min. backen. Etwas abkühlen lassen und am besten noch lauwarm servieren.

Mein Tipp
Das Basisrezept der Hörnchen bietet unendlich viele Möglichkeiten für unterschiedliche Füllungen. Versuchen Sie z. B. auch Parmaschinken, Rucola und Oliven, getrocknete Tomaten, Schmand und glatte Petersilie oder gebratenes Hackfleisch und Frischkäse, abgeschmeckt mit etwas Curry.

Fenchel-Taralli

Für ca. 25 Taralli
Zubehör: Topf, Backblech
Kochzeit: ca. 30 Min.
Backzeit: ca. 20 Min.
Standzeit: ca. 2 Std.

Zutaten
500 g Weizenmehl
50 ml Olivenöl
50 ml Weißwein
1 TL Salz
1 Päckchen Trockenhefe
150 ml lauwarmes Wasser
4 TL Fenchelsaat

1. Das Mehl in eine Schüssel geben. Öl und Weißwein aufkochen, Salz zugeben, die Mischung zum Mehl geben und gut verrühren.

2. Die Hefe im Wasser auflösen und zur Mehlmischung geben. Alles mit den Knethaken des Handrührgerätes zu einem glatten, geschmeidigen Teig verkneten. Teig zu einer Kugel formen und abgedeckt ca. 2 Std. an einem warmen Ort gehen lassen.

3. Die Fenchelsaat unter den Teig kneten. Vom Teig kleine Stücke abnehmen, zu dünnen Strängen rollen und in ca. 9 cm lange Stücke teilen. Die Stränge zu Ringen formen, die Enden zusammendrücken und auf ein Brett legen.

4. Den Backofen auf 180 °C Ober- und Unterhitze vorheizen. Das Backblech mit Backpapier auslegen.

5. In einem großen Topf Salzwasser zum Kochen bringen. Die Teigkringel portionsweise hineingeben und nur solange darin garen, bis sie auf den Boden sinken und wieder an die Oberfläche steigen. Mit dem Schaumlöffel herausnehmen und gut abtropfen lassen. Danach die Taralli auf das Backblech legen und im Ofen auf mittlerer Schiene ca. 20 Min. backen, bis sie knusprig sind. Zwischendurch mehrfach mit Wasser bepinseln, so bekommen sie einen schönen Glanz. Die fertigen Taralli abkühlen lassen und in einer Keksdose aufbewahren.

Herzhafter Gugelhupf

Für 16 Stücke
Form: Rohrboden- oder
Gugelhupfform (Ø 24 cm)
Backzeit: ca. 75 Min.

Zutaten
250 g roher Schinken
250 g Weizenmehl
1 Päckchen Trockenhefe
4 Eier
125 ml Olivenöl
125 ml Weißwein
150 g geriebener Emmentaler
1 kräftige Prise Salz
1 kräftige Prise Pfeffer

Außerdem
Butter für die Form

1. Den Backofen auf 200 °C Ober- und Unterhitze vorheizen. Die Form mit Butter einfetten.

2. Den Schinken in kleine Würfel schneiden. Das Mehl in die Schüssel einer Küchenmaschine geben, die übrigen Zutaten zufügen und alles zu einem geschmeidigen Teig verkneten.

3. Den Teig in die Form füllen und im Backofen im unteren Drittel ca. 75 Min. backen. Anschließend die Form herausnehmen, kurz stehen lassen, den Kuchen auf ein Kuchengitter stürzen und auskühlen lassen.

Mein Tipp
Mal etwas Herzhaftes aus der guten alten Rohr- oder Gugelhupfform – der perfekte Begleiter zu einem Glas Wein, schmeckt auch fein mit Olivenringen, zerbröseltem Schafskäse und Kräutern der Provence. Hier können Sie übrigens ausnahmsweise die Hefe gleich weiter verarbeiten. Der Teig kann ohne Ruhephasen gleich in den Ofen.

Deftige Kartoffelwaffeln

Für ca. 10 Stück
Form: Waffeleisen
Standzeit: ca. 30 Min.

Zutaten
800 g gekochte Pellkartoffeln
1 Zwiebel
3 Stängel Petersilie
250 g Weizenmehl
½ Würfel Hefe (21 g)
300 ml lauwarme Milch
1 Ei
125 g geräucherte, durchwachsene Speckwürfel
Salz, Pfeffer

Außerdem
Pflanzenöl zum Einfetten

1. Die gekochten Kartoffeln schälen und fein reiben. Die Zwiebel schälen und fein würfeln. Die Petersilie waschen, trocken schütteln, die Blätter von den Stängeln zupfen und hacken.

2. Für den Hefeteig das Mehl in eine Schüssel geben, in die Mitte eine Mulde drücken. Die Hefe in etwas warmer Milch auflösen und in die Mulde gießen. Die restliche Milch zugeben und die Masse mit Ei, geriebenen Kartoffeln, Zwiebelwürfeln, gehackter Petersilie und Speckwürfeln zu einem cremigen Teig verrühren. Mit ½ TL Salz und einer kräftigen Prise Pfeffer würzen und den Teig abgedeckt an einem warmen Ort ca. 30 Min. gehen lassen.

3. Das Waffeleisen aufheizen, mit einem Pinsel leicht einfetten, dann zuerst eine kleine Probewaffel goldbraun ausbacken und eventuell den Teig nachwürzen. Aus dem restlichen Teig knusprige Waffeln backen.

Mein Tipp
Wunderbar knusprige Kartoffelplätzchen aus dem Waffeleisen einfach noch mit einem Klecks Kräuterquark verfeinern. Da können Rösti, Reibekuchen und Kartoffelecken einpacken.

Rotkohl-Maronen-Quiche

Für 1 Quiche
Form: 1 Tarteform (Ø 26 cm)
Backzeit: ca. 30 Min.
Standzeit: ca. 30 Min.

Quicheteig
300 g Weizenmehl
1 EL Salz
2 Eier
180 g weiche Butter

Füllung
1 Glas Rotkohl (370 ml)
100 g gekochte Maronen
200 ml Sahne
3 Eier
frisch geriebene Muskatnuss
Salz, Pfeffer

Außerdem
Weizenmehl zum Bearbeiten
Butter für die Form

1. Für den Quicheteig Mehl und Salz vermischen, die Eier und die Butter zugeben und alles zügig zu einem Teig verkneten. Den Teig in Folie einschlagen und an einem kühlen Ort mindestens 30 Min. ruhen lassen.

2. Den Rotkohl in ein Sieb geben und abtropfen lassen. Die Maronen in dünne Scheiben schneiden. Sahne, Eier, Muskat, Salz und Pfeffer miteinander verrühren.

3. Den Backofen auf 180 °C Ober- und Unterhitze vorheizen. Die Form mit Butter einfetten und mit Mehl bestäuben, überschüssiges Mehl abklopfen.

4. Den Quicheteig auf einer bemehlten Arbeitsfläche auf die Größe der Tarteform ausrollen, die Tarteform damit auslegen und den Rand leicht andrücken. Mit dem Rotkohl den Boden bedecken, die Maronen darüber verteilen und mit der Sahne-Ei-Masse bis knapp unter den Rand aufgießen. Die Quiche im Backofen ca. 25–30 Min. backen. Herausnehmen und lauwarm servieren.

Mein Tipp
Um Maronen nur auf dem Weihnachtsmarkt zu essen, sind sie viel zu schade. Mit den sogenannten Esskastanien lässt sich auch in der Küche experimentieren, diese himmlisch-leckere Quiche ist der beste Beweis.

356 Herzhaft genießen

Karotten-Quiche
mit Kräutern

Für 12 Quichestücke
Form: Tarte- oder Springform
(Ø 26 cm)
Backzeit: ca. 30–35 Min.
Standzeit: ca. 60 Min.

Mürbeteig
75 g weiche Butter
½ TL Salz
1 Ei
150 g Weizenmehl
½ TL Backpulver
2–3 EL kaltes Wasser

Füllung
600 g kleine Bundkarotten
Salz
je ½ Bund Kerbel, Petersilie
und Schnittlauch
200 g Schmand
3 Eier
100 ml Milch
Pfeffer
Muskatnuss

Außerdem
Butter für die Form
Weizenmehl zum Bearbeiten

1. Für den Mürbeteig Butter, Salz, Ei, Mehl, Backpulver und 2–3 EL kaltes Wasser in eine Rührschüssel geben und mit einem Handrührgerät mit Knethaken zu einem glatten Teig verkneten. Zu einer Kugel formen, in Frischhaltefolie wickeln und ca. 60 Min. kalt stellen.

2. Karotten putzen, schälen, der Länge nach halbieren und in ausreichend kochendem Salzwasser ca. 10 Min. bissfest garen. In einem Sieb gut abtropfen lassen. Kräuter waschen, trocken schütteln, Blätter von den Stängeln zupfen und fein hacken. Schnittlauch in feine Röllchen schneiden. Für den Guss Schmand, Eier und Milch verrühren. Kräuter zugeben und mit Salz, Pfeffer und frisch geriebener Muskatnuss kräftig würzen.

3. Den Backofen auf 180 °C Ober- und Unterhitze vorheizen. Die Form mit Butter einfetten.

4. Den Teig auf einer leicht bemehlten Arbeitsfläche etwas größer als die Form rund ausrollen, und so in die Form legen, dass auch der Rand bedeckt ist. Mit einer Gabel mehrmals einstechen, dann geht er gleichmäßig auf.

5. Karotten sternförmig auf dem Boden verteilen und den Guss darüber gießen. Im Backofen auf dem Rost auf einer der unteren Schienen ca. 30–35 Min. backen. Vor dem Servieren einige Minuten auskühlen lassen. Dazu passt toll ein Wildkräutersalat mit essbaren Blüten.

Mein Tipp
Der Mürbeteig lässt sich ideal am Vortag herstellen und in Frischhaltefolie im Kühlschrank aufbewahren. So gut gekühlt wird der Teig entspannter, lässt sich leichter ausrollen und man hat einen zeitlichen Vorsprung.

Gemüsequiche

Für 8 Stücke
Form: Spring- oder
Quicheform (Ø 26 cm)
Backzeit: ca. 55 Min.
Standzeit: ca. 30 Min.

Teig
200 g weiche Butter
300 g Weizenmehl
1 Ei
1 TL Salz

Belag
1 Möhre
Salz
1 Zucchini
1 rote Paprikaschote
2 EL Sonnenblumenöl
250 g Kirschtomaten
5 Eier
200 ml Sahne
Pfeffer
Muskatnuss
4 Stängel Petersilie
100 g Fetawürfel
100 g geriebener Emmentaler

Außerdem
Butter für die Form
Weizenmehl zum Bearbeiten

1. Aus den angegebenen Zutaten mit den Knethaken eines Handrührgeräts einen glatten Teig kneten. Den Teig zu einer Kugel formen, in Frischhaltefolie wickeln und ca. 30 Min. kalt stellen.

2. Den Backofen auf 180 °C Ober- und Unterhitze vorheizen. Die Form mit Backpapier auslegen und den Rand mit Butter einfetten. Den Teig auf einer leicht bemehlten Arbeitsfläche etwas größer als die Springform rund ausrollen und so in die Form legen, dass auch der Rand bedeckt ist. Den Boden mit einer Gabel mehrmals einstechen. Im Backofen auf dem Rost auf mittlerer Schiene ca. 10 Min. vorbacken und herausnehmen.

3. Für den Belag die Möhre putzen, schälen, in Stifte schneiden und in ausreichend kochendem Salzwasser ca. 2–3 Min. garen. Abgießen, mit kaltem Wasser abschrecken und gut abtropfen lassen. Die Zucchini putzen, waschen und ebenfalls in nicht zu kleine Stifte schneiden. Die Paprika waschen, putzen, weiße Innenhäute und Kerne entfernen und in Streifen schneiden. In einer Pfanne das Öl erhitzen und die Zucchini sowie Paprika ca. 2–3 Min. braten. Anschließend abkühlen lassen. Möhre, Zucchini und Paprika auf dem Quicheboden verteilen. Die Kirschtomaten waschen und abtropfen lassen.

4. Für den Guss die Eier mit der Sahne verquirlen und mit Salz, Pfeffer sowie Muskatnuss würzen. Die Petersilie waschen, trocken schütteln, Blätter von den Stängeln zupfen, fein hacken und zur Ei-Sahne-Masse geben. Die Masse über das Gemüse gießen und die Kirschtomaten darauf verteilen. Alles mit den Fetawürfeln und dem Emmentaler bestreuen. Die Quiche im Backofen auf mittlerer Schiene ca. 40–45 Min. backen. Herausnehmen und lauwarm genießen.

Mein Tipp
Dieses Rezept eignet sich sehr gut zur Resteverwertung. Sie können nahezu alles, was der Kühlschrank hergibt, verwenden: Schmand, Crème fraîche, verschiedene Käsesorten, besonders auch Blauschimmelkäse wie z. B. Gorgonzola, Speck, Schinken und Wurst und natürlich alle möglichen Gemüsesorten von Pilzen über verschiedene Wurzelgemüse, bis zu Lauch und Zwiebeln.

Herzhaft genießen 359

Frankfurter-7-Kräuter-Wähe

Für 12 Stücke
Form: Tarteform (Ø 26 cm)
Backzeit: ca. 30–35 Min.

Teig
1 Packung frischer Quiche- und Tarteteig aus dem Kühlregal (300 g)

Kräutermasse
1 Packung Kräutermischung für Frankfurter Grüne Soße (200 g)
4 Eier
500 g Ricotta
100 ml Sahne
Salz, Pfeffer
Chilipulver

Außerdem
Butter zum Einfetten

1. Den Backofen auf 180 °C Ober- und Unterhitze vorheizen. Die Form mit Butter einfetten und mit dem Teig so auslegen, dass auch der Rand bedeckt ist. Mit einer Gabel mehrfach einstechen.

2. Für die Füllung die Kräuter waschen, trocken schütteln, Blättchen abzupfen und fein hacken. 1 Ei trennen, das Eigelb und die 3 übrigen Eier gründlich mit Ricotta und Sahne verrühren. Die Kräuter untermengen und die Masse kräftig mit Salz, Pfeffer und etwas Chilipulver würzen. Das Eiweiß mit einem Handrührgerät mit Rührbesen steif schlagen und unter die Ricottamasse heben.

3. Die Kräutermasse gleichmäßig auf dem Teig verteilen. Die Tarte im Backofen auf dem Rost im unteren Drittel ca. 30–35 Min. backen, bis sie leicht gebräunt und fest ist. Dann herausnehmen und sofort warm oder auch kalt genießen.

Dazu schmeckt ein bunter Kirschtomatensalat.

Mein Tipp
In der Frankfurter Kräutermischung sind folgende Kräuter enthalten: Pimpinelle, Kresse, Kerbel, Schnittlauch, Petersilie, Borretsch und Sauerampfer. In gut sortierten Supermärkten oder auch auf dem Wochenmarkt bekommt man diese Kräutermischung entsprechend abgepackt.

Tomatentarte
mit Ziegenkäse

Für 12 Tartestücke
Form: Tarteform (Ø 30 cm)
Backzeit: ca. 25 Min.

Zutaten
1 Packung Blätterteig aus dem Kühlregal (270 g)
400 g Kirschtomaten
4 Zweige Thymian
200 ml Sahne
4 Eier
3 EL Olivenöl
1 TL Lavendelblüten
Salz, Pfeffer
200 g Ziegenfrischkäse

Außerdem
Butter für die Form

1. Den Backofen auf 180 °C Ober- und Unterhitze vorheizen. Die Form mit Butter einfetten.

2. Den Blätterteig ausrollen, etwas größer als die Form rund ausschneiden und hineinlegen, sodass auch der Rand bedeckt ist.

3. Die Tomaten waschen und abtropfen lassen. Den Thymian waschen, trocken schütteln und die Blättchen von den Zweigen zupfen. Die Sahne mit Eiern, Olivenöl und Lavendelblüten verrühren. Kräftig mit Salz und Pfeffer würzen.

4. Die Tomaten auf dem Blätterteig verteilen, den Guss darübergießen und mit zerbröseltem Ziegenfrischkäse sowie Thymian bestreuen.

5. Im Backofen ca. 25 Min. backen. Die Tarte vor dem Servieren ca. 5 Min. abkühlen lassen und warm auftischen oder auch kalt genießen.

Mein Tipp
Besonders hübsch und schmackhaft wird die Tarte, wenn Sie verschieden farbige und andere Formen von Kirschtomaten mischen, probieren Sie doch mal Dattel- oder Pflaumentomaten und die Farben von gelb über orange bis lila aus.

Herzhaft genießen

Zwiebelkuchen

Für 12 Stücke
Form: rundes Backblech
(Ø 28 cm)
Backzeit: ca. 50 Min.
Standzeit: ca. 10 Min.

Quark-Öl-Teig
200 g Weizenmehl
½ Päckchen Backpulver
½ TL Salz
125 g Magerquark
75 ml Milch
50 ml Sonnenblumenöl

Zwiebelfüllung
750 g gemischte Zwiebeln
(z. B. weiße, rote, Gemüse-,
Frühlingszwiebeln,
Schalotten)
2 EL Sonnenblumenöl
150 g Crème fraîche
1 Ei
250 ml Milch
25 g Speisestärke
100 g Schinkenwürfel
Salz, Pfeffer

Außerdem
Butter für die Form
Weizenmehl zum Bearbeiten

1. Für den Quark-Öl-Teig das Mehl mit dem Backpulver mischen. Alle Zutaten zufügen und mit einem Rührgerät mit Knethaken erst auf niedrigster, dann auf höchster Stufe kurz zu einem glatten Teig verarbeiten. (Nicht zu lange kneten, der Teig klebt sonst!) Zu einer Kugel formen, in Frischhaltefolie wickeln und ca. 60 Min. kalt stellen.

2. Den Backofen auf 180 °C Ober- und Unterhitze vorheizen. Das runde Backblech mit Butter einfetten.

3. Für die Füllung die Zwiebeln schälen, halbieren und klein schneiden. Die Frühlingszwiebeln putzen, waschen und in Stücke schneiden. Das Öl in einer Pfanne erhitzen und die Zwiebeln darin glasig dünsten. Crème fraîche, Ei, Milch und Speisestärke in einer Rührschüssel verrühren und unter die Zwiebelstreifen heben. Schinken unterrühren und kräftig mit Salz und Pfeffer würzen.

4. Den Teig auf einer leicht bemehlten Arbeitsfläche etwas größer als die Form ausrollen. So in die Form legen, dass auch der Rand mit Teig bedeckt ist. Die Zwiebelfüllung auf dem Boden verteilen und im Backofen auf dem Rost auf mittlerer Schiene ca. 50 Min. backen.

5. Nach der Backzeit den Zwiebelkuchen noch ca. 10 Min. stehen lassen, dann erst aus der Form lösen und anschneiden. Schmeckt warm oder auch kalt.

Mein Tipp
Der Clou des Rezepts sind die vielen Zwiebeln in verschiedenen Sorten und Farben. Schneiden Sie die Zwiebelstücke nicht zu klein, sie können ruhig stückig bleiben. Das bringt den guten Geschmack und sieht richtig toll aus. Quark-Öl-Teig eignet sich sehr gut zum Einfrieren, machen Sie doch einfach die doppelte Menge, dann haben Sie gleich einen Vorrat für den nächsten Kuchen.

Rote-Bete-Tarte
mit Feta

Für 12 Tartestücke
Form: Tarteform (Ø 26 cm)
Backzeit: ca. 40–50 Min.
Standzeit: ca. 30 Min.

Mürbeteig
100 g Butter
1 Prise Zucker
1 gestrichener TL Salz
1 Ei
100 g Weizenmehl
100 g Dinkelmehl (Type 630)
1 gestrichener TL Backpulver

Rote-Bete-Masse
1 rote Zwiebel
2 Knollen (ca. 400 g) vakuumierte, gegarte Rote Bete
½ Bund Thymian
1 TL Olivenöl
3 EL heller Balsamicoessig
Salz, Pfeffer
1 EL brauner Zucker
Kreuzkümmelpulver
100 ml Wasser

Guss
2 Eier
150 ml Milch
150 g Feta

Außerdem
Butter zum Einfetten
Weizenmehl zum Bearbeiten
Hülsenfrüchte zum Blindbacken

1. Für den Teig die Zutaten mit einem Handrührgerät mit Knethaken zu einem geschmeidigen Teig verkneten. Zu einer Kugel formen, in Frischhaltefolie wickeln und ca. 30 Min. kalt stellen.

2. In der Zwischenzeit die Füllung zubereiten. Dafür die Zwiebel schälen und in Würfel schneiden. Die Roten Beten auf einer Reibe grob raspeln. Thymian waschen, trocken schütteln, Blätter abzupfen und fein hacken. Das Öl in einer Pfanne erhitzen, Zwiebelwürfel darin anschwitzen. Rote-Bete-Raspel zugeben und mitanschwitzen. Balsamico zugießen und mit Salz, Pfeffer, Zucker und Kreuzkümmel kräftig abschmecken. Mit Wasser aufgießen und bei geringer Temperatur ca. 10–15 Min. kochen. Dann etwas abkühlen lassen.

3. Den Backofen auf 180 °C Ober- und Unterhitze vorheizen. Die Tarteform mit Butter einfetten.

4. Den Teig auf einer leicht mit Mehl bestäubten Arbeitsfläche etwas größer als die Tarteform rund ausrollen. So in die Form legen, dass auch der Rand bedeckt ist. Den Boden mit einer Gabel mehrmals einstechen, mit einem Bogen Backpapier belegen und die Hülsenfrüchte darauf verteilen. Im Backofen auf dem Rost im unteren Drittel ca. 10 Min. blindbacken. Dann herausnehmen und etwas abkühlen lassen.

5. Die Rote-Bete-Masse auf dem Boden verteilen. Für den Guss Eier und Milch verrühren und darüber gießen. Feta darüber bröseln. Bei gleicher Temperatur in ca. 35–40 Min. fertig backen. Dann lauwarm oder kalt genießen.

Mein Tipp
Bei der Zubereitung der Roten Beten unbedingt Handschuhe tragen, sie färben extrem. Zum Reinigen der Unterlage hilft zum Bespiel Zitronensaft.

366 Herzhaft genießen

Pfannkuchentorte
mit Lachs und Spinat

Für 8–12 Stücke
Form: beschichtete Pfanne

Pfannkuchen
300 ml Milch
200 g Weizenmehl
3 Eier
40 g flüssige Butter
oder 2 EL Pflanzenöl
Salz
½ Bund Schnittlauch

Füllung
1 kleine Zwiebel
1 Knoblauchzehe
200 g frischer Spinat
1 EL Butter
Salz, Pfeffer
Muskatnuss
400 g Naturfrischkäse
1 gehäufter EL Sahnemeerrettich (aus dem Glas)
200 g Räucherlachs
in Scheiben

1. Für die Pfannkuchen Milch, Mehl, Eier und Butter bzw. Öl zu einem flüssigen Teig verrühren und mit 1 Prise Salz würzen. Schnittlauch waschen, trocken schütteln, in Röllchen schneiden und unter den Teig heben. In einer kleinen beschichteten Pfanne portionsweise dünne Pfannkuchen ausbacken und abkühlen lassen.

2. Für die Füllung die Zwiebel und den Knoblauch schälen und in kleine Würfel schneiden. Den Spinat waschen und trocken schleudern. In der Pfanne die Butter bei mittlerer Temperatur zerlassen. Zwiebel- und Knoblauchwürfel darin andünsten. Den Spinat zugeben und zusammenfallen lassen. Mit Salz, Pfeffer und 1 Prise Muskatnuss würzen. Die Pfanne beiseitestellen und den Spinat etwas abkühlen lassen.

3. Den Frischkäse mit dem Sahnemeerrettich cremig verrühren. Nach Geschmack mit Salz und Pfeffer würzen. Einen Pfannkuchen mit etwas Frischkäsemasse bestreichen, darauf etwas Spinat und einige Räucherlachsscheiben legen. Mit einem weiteren Pfannkuchen bedecken. So weiter verfahren, bis alle Pfannkuchen und die restlichen Zutaten aufgebraucht sind. Die letzte Lage sollte Frischkäse mit Spinat und Räucherlachs sein.

4. Nach Belieben die Pfannkuchentorte kalt stellen oder in Stücke schneiden und sofort genießen.

Mein Tipp
Diese herzhafte Variante ist eine Abwandlung der süßen schwedischen Pankakstårta. Füllen Sie die Pfannkuchen nach Belieben – probieren Sie auch die Kombination aus Ziegenfrischkäse, rohem Schinken und frischen Basilikumblättern.

Birnen-Gorgonzola-Kuchen

Für 24 Kuchenstücke
Form: tiefes Backblech
Backzeit: ca. 20 Min.
Standzeit: ca. 30 Min.

Quark-Öl-Teig
150 g Magerquark
7 EL Milch
6 EL Sonnenblumenöl
1 TL Salz
300 g Weizenmehl
1 Päckchen Backpulver

Belag
200 g Schalotten
100 g Frühstücksspeck in Scheiben
3 reife Birnen
2 EL Zitronensaft
50 g Walnusskerne
1 Glas (212 ml) Wildpreiselbeeren im eigenen Saft
300 g cremiger Gorgonzola
4 Eier
Salz, Pfeffer

Außerdem
Butter für die Form
Weizenmehl zum Bearbeiten

1. Alle Zutaten für den Teig in einer Küchenmaschine mit Knethaken zu einem geschmeidigen Teig verkneten. Zu einer Kugel formen, in Frischhaltefolie wickeln und ca. 30 Min. im Kühlschrank kalt stellen.

2. Den Backofen auf 180 °C Ober- und Unterhitze vorheizen. Das Blech mit Butter einfetten.

3. Für den Belag Schalotten schälen und in Scheiben schneiden. Frühstücksspeck halbieren. Birnen schälen, vierteln, Kerngehäuse entfernen und in Spalten schneiden. Mit Zitronensaft beträufeln. Walnusskerne grob hacken. Die Preiselbeeren in einem Sieb abtropfen lassen. Gorgonzola klein schneiden, mit einer Gabel zerdrücken und mit den Eiern gut verrühren. Mit Salz und Pfeffer würzen.

4. Den Teig auf einer leicht bemehlten Arbeitsfläche rechteckig ausrollen, das Blech damit auslegen und einen Rand hochdrücken. Die Gorgonzola-Masse gleichmäßig auf den Teig streichen. Birnenspalten, Schalotten, Frühstücksspeck und Preiselbeeren darauf verteilen und mit Walnüssen bestreuen. Im Backofen auf mittlerer Schiene ca. 20 Min. backen. Herausnehmen und nach Belieben warm oder auch kalt genießen.

Mein Tipp
Oh ja, Quark-Öl-Teig! Der ist so super! Die Konsistenz ist ähnlich wie beim Hefeteig, aber schneller zu machen, da er nicht gehen muss. Ein sehr unkomplizierter Genosse!
Im Kühlschrank darf er sich richtig schön ausruhen, bis er weiterverarbeitet wird. Die Arbeitsfläche leicht mit Mehl ausstreuen, denn Quark-Öl-Teig kann auch mal richtig kleben!

Orientalischer Spinatstrudel

Für 4 Stück
Form: Backblech
Backzeit: ca. 30–35 Min.

Zutaten
1 kg frischer Spinat
150 g Schalotten
2 Knoblauchzehen
2 EL Butter
Salz, Pfeffer
Muskatnuss
50 g Sultaninen
3 EL Apfelsaft
60 g geröstete Pinienkerne
200 g Schafskäse
je 1 Msp. Nelkenpulver,
Zimtpulver, Pimentpulver,
Korianderpulver,
Ingwerpulver
½ TL Kreuzkümmelpulver
1 Ei
100 ml Sahne
8 Filoteigblätter

Außerdem
125 g flüssige Butter
Sesamsamen, nach Belieben

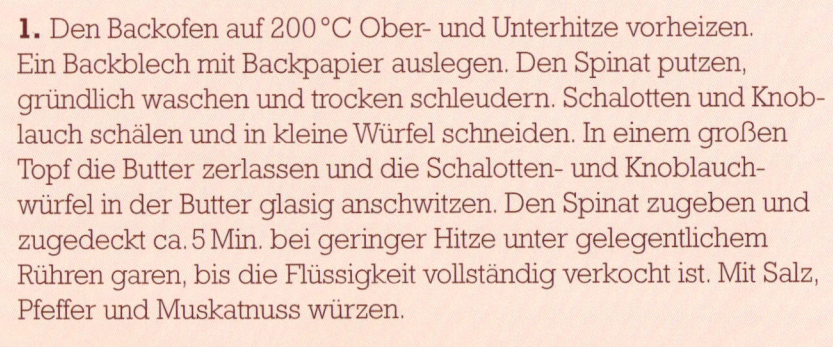

1. Den Backofen auf 200 °C Ober- und Unterhitze vorheizen. Ein Backblech mit Backpapier auslegen. Den Spinat putzen, gründlich waschen und trocken schleudern. Schalotten und Knoblauch schälen und in kleine Würfel schneiden. In einem großen Topf die Butter zerlassen und die Schalotten- und Knoblauchwürfel in der Butter glasig anschwitzen. Den Spinat zugeben und zugedeckt ca. 5 Min. bei geringer Hitze unter gelegentlichem Rühren garen, bis die Flüssigkeit vollständig verkocht ist. Mit Salz, Pfeffer und Muskatnuss würzen.

2. Die Sultaninen in Apfelsaft einweichen. Die Pinienkerne mit den trocken getupften Sultaninen in einer Küchenmaschine zerkleinern. Den Schafskäse klein würfeln und mit der Rosinen-Pinienkern-Masse unter den leicht abgekühlten Spinat mengen. Mit den Gewürzen pikant abschmecken.

3. Ei und Sahne miteinander verrühren und kräftig mit Salz, Pfeffer und Muskatnuss würzen. 4 Filoteigblätter mit der flüssigen Butter bestreichen und mit einem zweiten Teigblatt übereinander legen. Die Spinatmasse vierteln und jeweils auf das untere Drittel des Teigblatts verteilen. Seitlich zur Mitte hin einschlagen und aufrollen. Mit dem Ende nach unten auf das Backblech legen. Die Strudel mit zerlassener Butter und der Ei-Sahne-Mischung bestreichen. Nach Belieben mit Sesam bestreuen. Die Strudel im Backofen auf der mittleren Schiene ca. 30–35 Min. goldbraun backen. Herausnehmen und noch warm genießen.

Mein Tipp
Ein tolles vegetarisches Gericht, mit dem Sie Ihre vegetarischen Freunde, aber auch notorische Fleischesser glücklich machen können. Anstelle des Spinats können Sie auch Mangold verwenden.

Sauerkraut-Hack-Strudel

Für 2 Strudel
Form: Backblech
Backzeit: ca. 25–30 Min.

Zutaten
1 Zwiebel
3 Stängel Majoran
1 Dose (314 g) Sauerkraut
2 EL Sonnenblumenöl
400 g gemischtes Hackfleisch
1 EL Tomatenmark
1 Schuss Weißwein
Salz, Pfeffer
edelsüßes Paprikapulver
Zucker
1 Packung Filo- oder Yufkateig aus dem Kühlregal (250 g)

Außerdem
50 g flüssige Butter
1 Eigelb
2 EL Milch

1. Die Zwiebel schälen und in Würfel schneiden. Majoran waschen, trocken schütteln, Blättchen von den Stängeln zupfen und hacken. Das Sauerkraut abtropfen lassen.

2. In einer Pfanne das Öl heiß werden lassen. Die Zwiebelwürfel darin braten, Hackfleisch zugeben und krümelig braten. Das Tomatenmark zugeben, kurz anrösten und mit dem Weißwein ablöschen. Sauerkraut untermischen, heiß werden lassen und kochen, bis die Flüssigkeit verdunstet ist. Kräftig mit Salz, Pfeffer, Paprikapulver und 1 Prise Zucker abschmecken.

3. Den Backofen auf 200 °C Ober- und Unterhitze vorheizen. Ein Backblech mit Backpapier auslegen.

4. Den Filoteig entrollen. Jeweils 5 Blatt übereinanderlegen und dabei dünn mit Butter bestreichen. Die Füllung gleichmäßig darauf verteilen, dabei rundum einen 1 cm breiten Rand freilassen. Die Teigränder leicht zur Mitte hin einschlagen und zu einem Strudel aufrollen. Beide Strudel vorsichtig mit der Naht nach unten auf das Blech geben. Das Eigelb mit der Milch verquirlen, die Strudel gut damit bestreichen und im Backofen auf mittlerer Schiene ca. 25–30 Min. backen. Herausnehmen, etwas abkühlen lassen, mit einem Sägemesser in Scheiben aufschneiden und warm oder auch kalt genießen.

Mein Tipp
Dazu einen Dip! Eine Handvoll frische Kräuter der Saison hacken, unter leichte Crème fraîche rühren und mit einem Klecks Senf, Salz und Pfeffer würzig abschmecken.

Herzhaft genießen

Brot, Schrippen & Co.

Brot, Schrippen & Co.

Sauerteigbrot
aus dem Holzbackrahmen

Für 1 Brot
Form: Holzbackrahmen
(23 × 11 × 9,5 cm)
Backzeit: ca. 75–85 Min.
Standzeit: ca. 70–80 Min.

Zutaten
500 g Roggenmehl
(Type 1150)
250 g Weizenmehl
(Type 1050)
1 Päckchen (75 g) Natursauerteig (z. B. von Seitenbacher)
1 Päckchen Trockenhefe
2 TL Salz
500 ml lauwarmes Wasser

Außerdem
Pflanzenöl zum Einfetten
Weizenmehl zum Bearbeiten

1. Beide Mehlsorten mit Natursauerteig, Hefe und Salz in der Rührschüssel einer Küchenmaschine mischen. Lauwarmes Wasser zugießen und mit dem Knethaken ca. 10 Min. gründlich verkneten. Dann den Teig abgedeckt an einem warmen Ort ca. 20 Min. gehen lassen.

2. Den Holzbackrahmen an den Innenseiten leicht einölen. Den Teig auf einer leicht mit Mehl bestäubten Arbeitsfläche nochmals kurz durchkneten und zu einem länglichen Brotlaib passend für den Holzbackrahmen formen. Den Holzbackrahmen auf ein mit Backpapier belegtes Backblech stellen und den Brotlaib hineingeben. Nochmals ca. 50–60 Min. gehen lassen.

3. Den Backofen auf 240 °C Ober- und Unterhitze vorheizen.

4. Den Brotlaib im Backofen im unteren Drittel ca. 15 Min. backen. Dann die Temperatur auf 180 °C reduzieren und weitere 60–70 Min. backen. Herausnehmen und auskühlen lassen. Um die Feuchtigkeit im Backofen zu erhöhen, am besten eine Schale mit Wasser unten auf den Backofenboden stellen oder vor der Temperaturreduktion eine halbe Tasse auf den Boden schütten, dass Wasser verdampft dann sofort.

Mein Tipp
Das Backen im Holzbackrahmen, den man sich im Internet bestellen oder selbst machen kann, hat den Vorteil, dass man sowohl unten wie oben eine wunderbare Kruste bekommt und das Brot durch das Holz einen einzigartigen Geschmack erhält. Der Holzbackrahmen isoliert das Brot. Daher ist eine recht lange Backzeit nötig.

Vollkorntoastbrot

Für 1 Brot
Form: Kastenform (30 cm)
Backzeit: ca. 25–30 Min.
Standzeit: ca. 70 Min.

Zutaten
1 Würfel Hefe (42 g)
500 ml lauwarmes Wasser
20 g Zucker
2 EL Zuckerrübensirup
100 ml Olivenöl
20 g grobes Meersalz
250 g Weizenvollkornmehl
500 g Weizenmehl (Type 550)

Außerdem
Butter zum Einfetten
Weizenmehl zum Bestäuben und Bearbeiten

1. Die Hefe im lauwarmen Wasser auflösen. Mit den restlichen Zutaten mithilfe einer Küchenmaschine mit Knethaken zu einem glatten Teig kneten. Abgedeckt an einem warmen Ort ca. 40 Min. gehen lassen.

2. Die Kastenform mit Butter einfetten und mit Mehl bestäuben, überschüssiges Mehl abklopfen. Den Teig auf einer leicht mit Mehl bestäubten Arbeitsfläche nochmals kurz durchkneten, zu einem Laib formen und in die Form geben. Abgedeckt weitere ca. 30 Min. gehen lassen.

3. Den Backofen auf 200 °C Ober- und Unterhitze vorheizen.

4. Das Brot mit ein wenig Wasser bestreichen und im Backofen auf dem Rost auf mittlerer Schiene ca. 25–30 Min. backen. Dann herausnehmen, etwas abkühlen lassen, stürzen und auf einem Kuchengitter auskühlen lassen.

Mein Tipp
Mein absolutes Lieblingsbrotrezept! Einfach herzustellen, perfekt für Sandwiches und natürlich auch supergut zu toasten. Wer nicht so viel auf einmal essen kann, backt einfach zwei Brote daraus und friert eins davon ein.

Mein Tipp
Brezeln mit Obatzda schmecken nicht nur zur Oktoberfestzeit!
Mit einem kühlen Bierchen, knackigen Radieschen und einigen
Scheiben würzigem Schinken, sind sie die idealen Begleiter für
ein zünftiges Picknick im Grünen.

Brezeln
mit Obatzda

Für 10 Stück
Formen: Backbleche
Backzeit: ca. 15–20 Min.
Standzeit: ca. 60 Min.

Brezeln
400 g Weizenmehl
1 Päckchen Trockenhefe
1 TL Zucker
1 TL Salz
250 ml lauwarmes Wasser
grobes Salz
Sonnenblumenkerne,
nach Belieben
Kürbiskerne, nach Belieben

Natronlauge
1 l Wasser
40 g Natron

Obatzda
5 Frühlingszwiebeln
250 g zimmerwarmer reifer Camembert
250 g Naturfrischkäse
Abrieb von ½ unbehandelten Zitrone
1 TL Kümmelpulver
1 TL edelsüßes Paprikapulver
½ TL Korianderpulver
Salz
Cayennepfeffer

Außerdem
Weizenmehl zum Bearbeiten

1. Für die Brezeln das Mehl mit der Hefe, Zucker und Salz vermischen. Nach und nach das lauwarme Wasser zugießen und mit einem Handrührgerät mit Knethaken ca. 5 Min. zu einem glatten Teig verkneten. Mit einem feuchten Küchenhandtuch bedeckt an einem warmen Ort ca. 60 Min. gehen lassen, bis sich das Volumen sichtbar vergrößert hat.

2. Den Backofen auf 200 °C Ober- und Unterhitze vorheizen. Backbleche mit Backpapier belegen.

3. Den Teig auf einer leicht bemehlten Arbeitsfläche noch einmal kurz durchkneten und in 10 gleich große Portionen teilen. Diese zu langen Strängen formen, zu Brezeln schlingen und die Enden gut andrücken.

4. Für die Lauge das Wasser in einem hohen Topf aufkochen und von der Kochstelle nehmen. Vorsichtig nach und nach das Natron einrühren, da es stark sprudelt. Brezeln ca. 30 Sek. in das Natronwasser legen, herausnehmen und gut abtropfen lassen. Auf die Backbleche setzen, an der verdickten Stelle einschneiden, mit Salz und nach Belieben noch mit Sonnenblumen- oder Kürbiskernen bestreuen. Die Brezeln blechweise nacheinander im Backofen auf mittlerer Schiene ca. 15–20 Min. backen.

5. Für den Obatzda die Frühlingszwiebeln putzen, waschen und in feine Ringe schneiden. Den Camembert mit einer Gabel zerpflücken und mit dem Frischkäse vermengen. Frühlingszwiebelringe, Zitronenabrieb, Kümmel, Paprika und Koriander zugeben und mit Salz und Cayennepfeffer abschmecken.

Traditionelles Baguette

Für 8 Baguettes
Zubehör: Bäckerleinen, Backblech
Backzeit: ca. 20–30 Min.
Standzeit: ca. 16 Std.

Zutaten
1 kg Baguettemehl
(T65 Label Rouge, alternativ Weizenmehl Type 550)
700 ml Wasser (ca. 18 °C)
1 Päckchen (75 g) Natursauerteig (z. B. von Seitenbacher)
16 g frische Hefe
22 g Salz

Außerdem
Baguettemehl zum Bearbeiten

1. Das Mehl in die Rührschüssel einer Küchenmaschine geben, das Wasser zugießen und beides zu einer homogenen Masse verrühren. Dann ca. 30 Min. bei Zimmertemperatur quellen lassen.

2. Anschließend Natursauerteig, Hefe und Salz zufügen und in einer Küchenmaschine mit dem Knethaken auf geringer Stufe ca. 12 Min. kneten. Den Teig bei Zimmertemperatur abgedeckt ca. 2 Std. 30 Min. gehen lassen. Während der ersten Stunde den Teig 1–2 Mal kurz durchkneten. Dann ca. 12 Std. abgedeckt in den Kühlschrank stellen.

3. Den Teig auf einer leicht bemehlten Arbeitsfläche nochmals kurz durchkneten, 8 Portionen von ca. 200 g abstechen und zu länglichen Baguettes formen. In Bäckerleinen ca. 1 Std. ruhen lassen.

4. Den Backofen mit einer Schale Wasser darin auf 240 °C Ober- und Unterhitze vorheizen. Die Baguettes einschneiden und jeweils 4 Baguettes gleichzeitig ca. 20–30 Min. je nach gewünschter Farbe backen.

Mein Tipp
Das Baguettemehl bekommt man in diversen Internetshops, ebenso das Bäckerleinen (Couche). Alternativ hierzu kann man auch andere Leintücher oder aber feste Küchenhandtücher verwenden. Der Vorteil des Leinens ist die Formstabilität der Teiglinge und dass das Leinen die Feuchtigkeit besser aufnimmt.

Wurzelbrot

Für 4 Brote
Form: Backblech
oder Backstein
Backzeit: ca. 18 Min.
Standzeit: ca. 2 Tage
und 30 Min.

Vorteig
1 l kaltes Wasser
½ Würfel Hefe (21 g)
1 kg Weizenmehl (Type 1050)

Hauptteig
1 kg Weizenvorteig (s. o.)
500 g Weizenmehl (Type 550)
25 g Salz
10 g frische Hefe
200 ml Wasser

Außerdem
Olivenöl zum Bestreichen
Weizenmehl (Type 1050)
zum Bearbeiten

1. Für den Vorteig das Wasser in eine Glasschüssel gießen. Die zerbröselte Hefe ins Wasser geben und mit einem Schneebesen so lange rühren, bis die Hefe sich vollständig aufgelöst hat. Das Mehl komplett zugeben und weiter zu einem glatten Brei verrühren. Die Schüssel bei Raumtemperatur ca. 1 Std. offen stehen lassen. Anschließend mit einem Teller abdecken und für ca. 24 Std. in den Kühlschrank stellen.

2. Vorteig, Mehl, Salz, Hefe und Wasser in die Rührschüssel einer Küchenmaschine mit Knethaken geben. Zuerst ca. 6 Min. bei niedriger Stufe rühren, dann ca. 12 Min. bei mittlerer Stufe kneten. Eine große Plastikschüssel mit Olivenöl ausstreichen und den Teig hineinlegen. Die Oberseite des Teigs ebenfalls großzügig mit Olivenöl einpinseln. Abgedeckt ca. 24 Std. in den Kühlschrank stellen.

3. Den Teig mindestens 3 Std. vor dem Backen aus dem Kühlschrank nehmen und bei Raumtemperatur gehen lassen. Den Backofen mit Backblech, am besten mit einem Backstein, falls vorhanden, bei 250 °C Ober- und Unterhitze ca. 1 Std. vorheizen. Beim Aufheizen eine leere Metallschale mit auf den Backstein oder auf den Backofenboden stellen.

4. Eine Arbeitsfläche ausreichend mit Mehl bestäuben. Den Teig darauf geben, die Oberseite ebenfalls mit Mehl bestreuen und in vier gleich große Rechtecke teilen. Die einzelnen Stücke an den Enden greifen und in sich verdrehen, bis sie die längliche Form eines Baguettes annehmen. Unter einem Küchentuch mindestens noch einmal ca. 30 Min. gehen lassen. Die Teigstücke auf das vorgeheizte, mit Backpapier ausgelegte Backblech oder den Backstein legen. Eine halbe Tasse Wasser in die Metallschale gießen, um den Backraum zu befeuchten. Die Stangen ca. 12 Min. bei voller Temperatur, anschließend ca. 6 Min. bei 200 °C backen.

Mein Tipp
Ein aufwendiges, aber dafür umso köstlicheres Vergnügen, dieses Wurzelbrot! Für eine rustikale Variante 50 g Sesamsaat und 50 g Leinsamen miteinander mischen und vor der letzten Ruhezeit die Teigstücke damit bestreuen.

Fladenbrot
vom heißen Stein

Für ca. 20 Stück
Zubehör: Holzkohle-
oder Gaskugelgrill,
Back-/Pizzastein
Backzeit: ca. 3–5 Min.

Zutaten
2 EL Fenchelsamen
2 EL Anissamen
500 ml Butter- oder Dickmilch
200 g flüssiger Honig
350 g Weizenmehl (Type 550)
550 g Roggenmehl (Type 997)
2 TL Salz
1 Päckchen Natron

1. Fenchel- und Anissamen in einem Mörser zerstoßen. Butter- oder Dickmilch mit dem Honig verquirlen.

2. Alle trockenen Zutaten mischen, dann mit den feuchten Zutaten mit einem Handrührgerät mit Knethaken zu einem Teig verkneten.

3. Den Teig in 20 Portionen teilen, zu Kugeln formen, diese ausrollen und die Fladen mehrfach mit einer Gabel einstechen.

4. Einen Kugelgrill mit Backstein vorheizen. Die Fladen nacheinander auf dem heißen Stein von beiden Seiten kross backen. Auf Kuchengittern abkühlen lassen.

5. Mit beliebigen Zutaten füllen und zu Wraps aufrollen oder so zum Essen genießen.

Mein Tipp
Die Fladen lassen sich auch prima in einer beschichteten Pfanne zubereiten. Einfach nacheinander bei mittlerer Temperatur auf jeder Seite einige Minuten backen. Schmeckt auch super zu indischen Gerichten.

Pitabrot
mit Gurken-Minz-Zaziki

Für 8 Pitabrote
Form: Backblech
Backzeit: ca. 8–10 Min.
Standzeit: ca. 60 Min.

Hefeteig
500 g gesiebtes Weizenmehl
2 gestrichene TL Salz
1 gehäufter TL Zucker
3 EL Olivenöl
½ Würfel Hefe (21 g)
300 ml lauwarmes Wasser

Gurken-Minz-Zaziki
150 g Salatgurke
250 g Speisequark (20 % Fett)
150 g griechischer Joghurt
1 Stängel Minze
Salz, Pfeffer
1 gehackte Knoblauchzehe, nach Belieben

Außerdem
Olivenöl zum Bestreichen
Weizenmehl zum Bearbeiten

1. Mehl, Salz, Zucker, Olivenöl, Hefe und Wasser in die Schüssel einer Küchenmaschine geben und mit Knethaken kurz auf kleiner Stufe kneten, bis sich die Zutaten gut vermischt haben. Dann auf höherer Stufe ca. 5 Min. zu einem glatten und geschmeidigen Teig verkneten. Mit einem feuchten Küchenhandtuch abgedeckt an einem warmen Ort ca. 60 Min. gehen lassen, bis sich das Volumen deutlich vergrößert hat.

2. Für das Zaziki die Salatgurke putzen, schälen und raspeln. Die Raspel gut ausdrücken. Den Speisequark mit dem Joghurt verrühren. Die Minze waschen, trocken schütteln, die Blätter abzupfen und fein hacken. Die Gurkenraspel mit der Minze zugeben und mit Salz und Pfeffer abschmecken. Nach Belieben noch etwas fein gehackten Knoblauch zugeben.

3. Den Backofen auf 180 °C Ober- und Unterhitze vorheizen. Ein Backblech mit Backpapier belegen und zusätzlich noch mit etwas Öl bestreichen.

4. Den Teig auf einer leicht bemehlten Arbeitsfläche mit den Händen durchkneten, dann in 8 Portionen teilen und zu Kugeln rollen. Diese leicht mit Mehl bestäuben und mit der Handinnenfläche zu kleinen runden Fladen flach drücken.

5. Teigfladen auf das Blech legen und im Backofen auf mittlerer Schiene ca. 4–5 Min. backen, dann wenden und weitere 4–5 Min. backen. Sie sollten keine Farbe annehmen und weich bleiben. Nach dem Backen die Fladen bis zur weiteren Verarbeitung in Folie aufbewahren, damit sie nicht trocken und hart werden.

Mein Tipp
Wenn die Pitabrote frisch aus dem Ofen kommen, kann ich nicht widerstehen! Nicht nur das Gurken-Minz-Zaziki, schmeckt toll dazu, sondern auch Hummus oder eine Auberginencreme. Mit Wasser wird der Hefeteig übrigens knuspriger als mit Milch. Mit ihr wird der Teig eher weich und feinporig.

Stockbrot

Für ca. 10 Stockbrote
Zubehör: Holzkohle- oder Gaskugelgrill, Back-/Pizzastein, 10 Holzkochlöffel oder dickere -stiele
Backzeit: ca. 15–20 Min.
Standzeit: ca. 1 Std.

Zutaten
500 g Weizenmehl
2 TL Salz
3 TL Zucker
1 Päckchen Trockenhefe
320–340 ml lauwarmes Wasser

Außerdem
Weizenmehl zum Bearbeiten

1. Die angegebenen Zutaten in die Rührschüssel einer Küchenmaschine geben und mit dem Knethaken ca. 10 Min. zu einem geschmeidigen Teig kneten. Abgedeckt an einem warmen Ort ca. 1 Std. gehen lassen.

2. Anschließend den Teig auf einer leicht mit Mehl bestäubten Arbeitsfläche kurz durchkneten und in 10 gleich große Portionen teilen.

3. Einen Kugelgrill mit dem Backstein vorheizen. Die Teigportionen zu Strängen rollen und um die Stiele der Kochlöffel wickeln. Auf den Stein legen und unter mehrmaligem Wenden ca. 15–20 Min. backen.

Mein Tipp
Kinder finden es super, wenn sie die Brote an Stöcken über offenes Feuer halten oder über dem Grill garen dürfen. Dabei nur aufpassen, dass das Brot nicht schwarz wird (und die Kinder immer unter Aufsicht sind). Der Klassiker schlechthin schmeckt lecker beim Picknick zu Gegrilltem oder einfach so mit Kräuterbutter. Wenn es mal regnet, kann man die Brote auch in den Backofen schieben.

Rosenblüten-stangen

Für 15 Stück
Form: Backblech
Backzeit: ca. 20 Min.
Standzeit: ca. 40 Min.

Zutaten
4 g getrocknete Rosenblüten
500 g Weizenmehl
15 g Salz
2 EL Rosenwasser
15 g frische Hefe
20 g Zucker
300 ml lauwarmes Wasser

Außerdem
Weizenmehl zum Bearbeiten
1 Eiweiß

1. Die Rosenblüten in den Händen zerreiben. Mehl, Salz, Rosenblüten und Rosenwasser vermengen. Hefe und Zucker im lauwarmen Wasser auflösen und zum Mehl geben. Die Zutaten ca. 5 Min. mit einem Handrührgerät mit Knethaken zu einem glatten Teig verkneten. Den Teig abgedeckt an einem warmen Ort ca. 40 Min. gehen lassen, bis sich sein Volumen deutlich vergrößert hat.

2. Den Backofen auf 220 °C Ober- und Unterhitze vorheizen. Das Backblech mit Backpapier auslegen. Den Teig auf einer leicht bemehlten Arbeitsfläche nochmals durchkneten, in 15 gleich große Portionen teilen und zu gleichmäßigen Stangen formen.

3. Die Stangen auf dem Backblech auf der mittleren Schiene in den Backofen schieben und ca. 12–15 Min. backen. Noch heiß mit einer Mischung (1:1) aus dem Eiweiß und der entsprechenden Menge Wasser einpinseln.

Mein Tipp
Die Rosenstangen sind sehr „girly" und schmecken rosig-orientalisch. Wer es da etwas handfester mag, gibt einfach anstatt der Rosenblüten 1 TL Fenchelsamen oder rosa Beeren in den Teig und ersetzt das Rosenwasser durch Olivenöl.

Das einfachste Brot der Welt

Für 1 Stück
Form: ofenfester Topf mit Deckel (Ø 24 cm)
Backzeit: ca. 35 Min.

Brotteig
225 g Vollkorn- oder Dinkelmehl
225 g Weizenmehl
½ TL Salz
1 TL Zucker
350 ml Buttermilch
1 TL Natron
50 g gewürfelte Soft-Tomaten
50 g geriebener Parmesan
2 gehackte Zweige Rosmarin

Außerdem
Weizenmehl zum Bestäuben

1. Backofen mit Topf und Deckel auf 220 °C Ober- und Unterhitze vorheizen.

2. Die Mehlsorten mit Salz, Zucker und Buttermilch in einer Küchenmaschine ca. 15 Min. zu einem glatten Teig kneten. Zum Schluss das Natron und die weiteren Zutaten zugeben und kurz unterkneten.

3. Aus dem Teig einen runden Fladen formen. Den heißen Topf aus dem Ofen nehmen, den Boden mit etwas Mehl bestäuben, den Teigfladen in den heißen Topf geben, den Deckel aufsetzen und ca. 35 Min. backen. Herausnehmen, aus dem Topf nehmen und auskühlen lassen.

Mein Tipp
Endlich eigenes Brot backen und das ohne Brotbackautomat, Vorteig, Ruhezeiten, Hefe oder sonstige Komplikationen. Einfach zusammenrühren und 35 Minuten in den Ofen – fertig! Sie werden sich fragen, warum Sie dieses Brot nicht immer schon gebacken haben. Tausend Variationsmöglichkeiten: Finden Sie selbst Ihr Lieblingsrezept heraus und experimentieren Sie mit weiteren Zutaten wie Körner und Samen, Kräuter und Gemüsestückchen, Nüsse und Trockenobst, Gewürze und Käsesorten.

Schnelles Käse-Buttermilch-Brot

Für 1 Brot
Form: Kastenform
(23,5 × 13,5 cm)
Backzeit: ca. 45 Min.

Zutaten
350 g Weizenmehl (Type 550)
½ Päckchen Backpulver
1 TL Salz
250 ml Buttermilch
1–2 EL flüssiger Honig
100 g fein geraspelte Pastinake
½ Bund fein gehackte Petersilie
3 EL Thymianblättchen
100 g geriebener Gouda oder Cheddar

Außerdem
Butter zum Einfetten
Weizenmehl zum Bearbeiten und Bestäuben

1. Den Backofen auf 200 °C Ober- und Unterhitze vorheizen. Die Kastenform mit Butter einfetten und mit Mehl bestäuben, überschüssiges Mehl abklopfen.

2. Alle Zutaten für den Teig zunächst mit einer Küchenmaschine mit dem Knethaken zu einem glatten Teig verkneten. Diesen auf einer leicht bemehlten Arbeitsfläche nochmals durchkneten, zu einem Laib formen und in die Kastenform geben.

3. Den Brotlaib mit einem scharfen Messer der Länge nach ca. ½ cm tief einschneiden und leicht mit Mehl bestäuben. Im Backofen im unteren Drittel ca. 45 Min. goldbraun backen. Brot herausnehmen, leicht abkühlen lassen, stürzen und auf einem Rost auskühlen lassen.

Mein Tipp
Ein unkompliziertes Brot ohne Hefe, das leicht gelingt und sehr schnell geht. Buttermilch bringt Frische und Lockerheit ins Brot, der Käse eine leckere Würze, die Pastinaken sorgen für Saftigkeit und die Kräuter für viel Aroma. Nur noch etwas gesalzene Butter drauf, lecker!

Brot im Tontopf

Für 4 Brote
Formen: 4 Tontöpfe
(à Ø 11 cm), Backblech
Backzeit: ca. 50 Min.
Standzeit: ca. 60–90 Min.

Zutaten
375 g Roggenvollkornmehl
250 g Weizenvollkornmehl
½ EL Korianderpulver
½ EL Kümmelsamen
½ EL Fenchelsamen
1 Msp. Muskatnuss
30 g frische Hefe
400 ml lauwarmes Wasser
½ EL flüssiger Honig
1 gehäufter TL Meersalz

Außerdem
Weizenmehl zum Bearbeiten
4 EL lauwarme Milch
zum Bestreichen
1 EL Kardamomsamen
zum Bestreuen

1. Die beiden Mehlsorten zusammen mit den Gewürzen in die Rührschüssel einer Küchenmaschine geben und gut vermischen. In die Mitte eine Mulde drücken, die Hefe hineinbröckeln und Wasser, Honig und Salz zufügen. In einer Küchenmaschine mit Knethaken ca. 10 Min. zu einem glatten Teig verkneten, bis er sich von der Schüssel löst. Den Teig mit einem feuchten Küchenhandtuch abgedeckt an einem warmen Ort ca. 60 Min. gehen lassen, bis sich das Teigvolumen sichtbar vergrößert hat.

2. Die Tontöpfe ca. 30 Min. bedeckt mit kaltem Wasser stehen lassen, damit sie beim Backen nicht springen. Tontöpfe herausnehmen und abtrocknen.

3. Den Backofen auf 200 °C Ober- und Unterhitze vorheizen. Den Boden und den Rand der Tontöpfe mit Backpapier auskleiden.

4. Den Teig auf einer leicht bemehlten Arbeitsfläche noch einmal gut durchkneten, in 4 Portionen teilen, zurechtformen und in die Tontöpfe füllen. Mit der Milch bestreichen und mit Kardamom bestreuen. Eine feuerfeste Schale mit heißem Wasser auf den Boden des Ofens stellen. Die Tontöpfe auf dem Rost auf mittlerer Schiene ca. 50 Min. backen.

5. Die Brote aus dem Ofen nehmen, sofort mit heißem Wasser bestreichen, damit sie glänzen. Mit einem Küchentuch bedeckt auf einem Kuchenrost auskühlen lassen.

Mein Tipp
Mit einer bunten Manschette oder Schleife ein tolles Mitbringsel und Geschenk für alle, die gutes, frisches Brot lieben! Macht sich aber auch toll auf dem Tisch, wenn Freunde zum Essen kommen. Statt Kardamom kann man auch Kümmelsamen oder Sonnenblumenkerne zum Bestreuen nehmen.

Kürbisbrot

Für 1 Stück
Form: Kastenform (25 cm)
Backzeit: ca. 55 Min.

Zutaten
350 g Weizenmehl
1½ TL Backpulver
je ¼ TL Natron, Salz, Zimtpulver, Ingwerpulver
1 großzügige Prise Nelkenpulver
1 großzügige Prise Muskatnuss
125 g flüssige Butter
130 g Zucker
1 Päckchen Bourbon-vanillezucker
2 Eier
175 ml Milch
250 g fein geraspelter Kürbis (z. B. Hokkaido)
60 g gehackte Walnüsse
60 g gewürfelte Datteln

Außerdem
Butter und Weizenmehl für die Form

1. Backofen auf 180 °C Ober- und Unterhitze vorheizen. Die Kastenform mit Butter einfetten und mit Mehl bestäuben, überschüssiges Mehl abklopfen.

2. In der Rührschüssel einer Küchenmaschine Mehl, Backpulver, Natron, Salz und die restlichen Gewürze miteinander vermischen. Die Butter mit Zucker, Vanillezucker, Eiern und Milch in der Küchenmaschine verrühren. Kürbisraspel und Mehlmischung untermengen. Zum Schluss die Walnüsse und Datteln untermischen.

3. Den Teig in die Kastenform füllen und im Backofen auf dem Rost auf mittlerer Schiene ca. 55 Min. backen. Anschließend ca. 10 Min. auskühlen lassen, das Brot aus der Form stürzen und kalt werden lassen.

Mein Tipp
Das Kürbisbrot ist eine leckere Alternative zum Hefezopf und Dank Zimt, Ingwer, Walnüssen, Datteln und Muskat ein wahres Aroma-Wunder. Das Brot schmeckt mit Fruchtgelee bestrichen oder zu Weichkäsesorten wie Brie und Camembert besonders gut. Süß oder herzhaft – ein tolles Brot zu einem ausgedehnten Frühstück oder Brunch.

Lorbeerbrot

Für 3 Stück
Formen: 3 Kastenformen (à 15 cm)
Backzeit: ca. 25 Min.

Zutaten
10 Lorbeerblätter
500 g Dinkelmehl (Type 630)
1 Päckchen Weinsteinbackpulver
1–2 TL Meersalz
50 g Mohn
50 g Sesamsaat
50 g Butterschmalz
350 ml Milch
150 g saure Sahne
1 EL flüssiger Honig

Außerdem
Butter für die Formen
Dinkelmehl zum Bearbeiten
6 Lorbeerblätter

1. Den Backofen auf 200 °C Ober- und Unterhitze vorheizen. Die Kastenformen mit Butter einfetten.

2. Die Lorbeerblätter klein hacken. Mit Mehl, Weinsteinbackpulver, Meersalz, Mohn und Sesam in einer Schüssel gut miteinander vermischen. Das Butterschmalz zugeben und mit den Knethaken eines Handrührgerätes verkneten. Danach die Milch, saure Sahne sowie den Honig dazugeben und weiter zu einem glatten Teig kneten.

3. Den Teig auf einer leicht bemehlten Arbeitsfläche noch einmal mit den Händen durchkneten, in drei gleich große Portionen teilen, zu kleinen Laiben formen und in die Formen geben. Jeweils 2 Lorbeerblätter auf die Brote legen, und die Brote nebeneinander auf dem Rost auf mittlerer Schiene im Backofen ca. 25 Min. backen.

Mein Tipp
Wenn Sie lieber ein großes Brot backen möchten, nehmen Sie eine große Kastenform (30 cm). Nach einer Backzeit von etwa 60 Minuten machen Sie dann eine Garprobe, ob das Brot fertiggebacken ist.

Mein Tipp
Ein etwas zeitintensives Brot, aber die zusätzliche Zeit einzuplanen, damit der Hefeteig gehen kann, lohnt sich. Denn das Brot sieht nicht nur toll aus, es ist einfach köstlich. Und das Allerbeste: Es ist ganz leicht zu machen!

Kartoffelbrot
mit Rosmarin

Für 1 Brot
Form: Kastenform
(23,5 × 13,5 cm)
Backzeit: ca. 35–45 Min.
Standzeit: ca. 70 Min.

Zutaten
600 g Weizenmehl (Type 550)
1 Päckchen Trockenhefe
2 TL feines Meersalz
2 TL gehackte Rosmarinnadeln
300 ml lauwarmes Wasser
5 EL Olivenöl
2 mehligkochende Kartoffeln

Außerdem
Olivenöl zum Einfetten
2 TL Meersalzflocken
5 kleine Zweige Rosmarin
50 g frisch geriebener Parmesan

1. Das Mehl, die Trockenhefe, das feine Salz und den gehackten Rosmarin in die Rührschüssel einer Küchenmaschine geben. Wasser und 3 EL Öl zugießen. Dann ca. 10 Min. zu einem glatten elastischen Teig kneten. Abgedeckt an einem warmen Ort ca. 45 Min. gehen lassen.

2. Die Kastenform mit Öl einfetten. Die Kartoffeln schälen, in sehr dünne Scheiben hobeln und die Hälfte beiseitelegen. Den Teig nochmals kurz durchkneten und die Kartoffelscheiben einarbeiten. Den Teig zu einem Laib formen und in die Kastenform setzen.

3. Die beiseitegestellten Kartoffelscheiben mit dem restlichen Öl bestreichen und die Oberfläche des Brotteigs damit belegen. Mit den Meersalzflocken bestreuen und mit gewaschenen Rosmarinzweigen belegen. Den Parmesan darüber streuen und den Laib mit einem sauberen Küchentuch bedeckt ca. 25 Min. gehen lassen.

4. Den Backofen auf 220 °C Ober- und Unterhitze vorheizen. Das Brot auf dem Rost im unteren Drittel ca. 35–45 Min. goldbraun backen.

5. Herausnehmen und kurz abkühlen lassen. Dann aus der Form lösen und auf einem Kuchengitter abkühlen lassen. Passt prima zu einer herzhaften Brotzeit.

Supersaftiges Süßkartoffelbrot

Für 1 Brot
Form: Kastenform (26 cm)
Backzeit: ca. 50–60 Min.

Zutaten
500 g Süßkartoffeln
60 g weiche Butter
120 g Rohrohrzucker
1 Ei
100 ml Ahornsirup
1 TL Zimt
½ TL Salz
1 Msp. gemahlene Vanille
1 kleines Stück Ingwer
3 EL Milch
300 g Dinkelmehl (Type 630)
3 TL Backpulver
100 g gehackte Walnüsse

Außerdem
Butter für die Form

1. Die Süßkartoffeln schälen, in kleine Stücke schneiden und ca. 15 Min. in kochendem Wasser weich kochen. Abgießen, etwas abkühlen lassen und zu Püree zerstampfen.

2. Den Backofen auf 180 °C Ober- und Unterhitze vorheizen. Die Kastenform mit Butter einfetten.

3. Butter, Rohrohrzucker und Ei schaumig schlagen. Ahornsirup, Zimt, Salz und Vanille zugeben und zu einem glatten Teig verarbeiten. Ingwer schälen, fein reiben und mit der Milch sowie dem Süßkartoffelpüree unter den Teig rühren. Das Mehl und Backpulver mischen und nach und nach unter den Süßkartoffelteig rühren. Die Walnüsse hinzufügen.

4. Den Teig in die Kastenform geben und im Backofen ca. 50–60 Min. backen.

Gut zu wissen!
Dieses Brot mit Süßkartoffelpüree würde bei uns wohl eher als Rührkuchen gelten. Bei Amerikanern hingegen ist dieses süße Brot sowohl zum Frühstück als auch als Snack am Nachmittag beliebt. Am besten mit einem großen Glas kalter Milch!

Banana Bread

Für 12 Kuchenstücke
Form: Kastenform (25 cm)
Backzeit: ca. 45–50 Min.

Zutaten
2 mittelgroße, reife Bananen
150 g weiche Butter
200 g Zucker
1 Päckchen Bourbon-vanillezucker
1 Prise Salz
2 Eier
125 ml Milch
1 gestrichener TL Zimtpulver
100 g gehackte Walnusskerne
250 g Weizenmehl
½ Päckchen Backpulver

Außerdem
Butter für die Form

1. Den Backofen auf 180 °C Ober- und Unterhitze vorheizen. Die Kastenform mit Butter einfetten.

2. Die Bananen schälen und mit einer Gabel fein zerdrücken. In einer Schüssel die Butter mit dem Zucker, Vanillezucker und Salz schaumig rühren. Dann Eier, Bananenmus, Milch, Zimt und Walnüsse unterrühren.

3. Mehl und Backpulver darauf sieben und vorsichtig unter die Bananenmasse heben.

4. Den Teig in die Form füllen und im Backofen auf dem Rost im unteren Drittel ca. 45–50 Min. backen. Falls es zu dunkel wird, einfach mit einem Bogen Backpapier abdecken. Ob der Kuchen gar ist, prüft man am einfachsten mit einem Holzspieß.

Mein Tipp
Aufpeppen kann man den Teig dieses köstlichen Bananenbrots noch mit 1–2 EL Ahornsirup. Dann noch als Deko nach Lust und Laune zusätzlich mit Zuckerguss überziehen und mit Bananenchips belegen. Echt lecker!

Dinkelbrioche

Für 1 Stück
Form: Kastenform (30 cm)
Backzeit: ca. 35–40 Min.
Standzeit: ca. 90 Min.

Hefeteig
250 ml Milch
30 g frische Hefe
80 g Zucker
500 g Dinkelmehl (Type 630)
2 Eier
1 TL Zitronenabrieb
2 TL Bourbonvanillezucker
2 Prisen Salz
100 g weiche Butter

Außerdem
Butter für die Form
Weizenmehl zum Bearbeiten
1 Ei

1. Für den Teigansatz die Milch in einem Topf erwärmen. Hefe in eine Schüssel bröckeln und 1 Prise Zucker zugeben. Die Hälfte der warmen Milch zugießen und mit 100 g Mehl gut verkneten. Den Teig in der Schüssel zu einem Ballen formen und mit einem feuchten Tuch abgedeckt bei Zimmertemperatur ca. 15 Min. gehen lassen.

2. Die weiteren Zutaten, bis auf die restliche Milch und die Butter, in die Rührschüssel einer Küchenmaschine geben. Den Teigansatz dazugeben und miteinander verkneten. Die restliche Milch zugießen und den Teig weitere 10 Min. kneten, bis er sich von der Schüssel löst. Dann die Butter zugeben und wiederum so lange weiter kneten, bis sich der Teig erneut von der Schüssel löst. Den Teig zu einem Ballen formen und nochmals mit einem feuchten Tuch abgedeckt an einem warmen Ort ca. 60 Min. gehen lassen.

3. Die Kastenform mit etwas Butter einfetten. Den Teig auf einer leicht bemehlten Arbeitsfläche nochmals durchkneten, passend für die Form zurechtformen und den Teig hineingeben. Mit verquirltem Ei zum ersten Mal bestreichen. Weitere 15 Min. an einem warmen Ort ruhen lassen.

4. In der Zwischenzeit den Backofen auf 180 °C Ober- und Unterhitze vorheizen. Die Brioche mit dem restlichen Ei bestreichen. Auf dem Rost im unteren Drittel in den Backofen schieben und ca. 35–40 Min. goldgelb backen. Anschließend kurz stehen lassen, stürzen, wenden und auf einem Kuchengitter auskühlen lassen.

Mein Tipp
HEFEZOPF: Den Teig in 6 gleich große Stücke teilen und zu Strängen rollen. Je 3 Teigstränge zu einem Zopf flechten und die Enden leicht zusammendrücken. Backzeit ca. 25 Minuten.

ROSINEN- ODER SCHOKOBRÖTCHEN: Unter den Teig 3-4 EL Rosinen bzw. backfeste Schokoladen-Drops unterkneten. In 15 gleich große Kugeln formen. Backzeit ca. 15-20 Minuten.

Brot, Schrippen & Co.

Knuspriges Eiweißbrot

Für 1 Brot
Form: Kastenform (25 cm)
Backzeit: ca. 50 Min.

Zutaten
100 g gemahlene Mandeln
100 g geschrotete Leinsamen
4 EL Weizenkleie
5 EL Dinkelvollkornmehl
1 Päckchen Backpulver
1 TL Salz
300 g Magerquark
8 Eiweiß

Außerdem
Butter für die Form
je 2 EL Kürbis- und Sonnenblumenkerne zum Aus- und Bestreuen

1. Den Backofen auf 180 °C Ober- und Unterhitze vorheizen. Die Kastenform mit Butter einfetten und mit Backpapier auslegen. Den Boden der Form mit einigen Kürbis- und Sonnenblumenkernen ausstreuen.

2. Mandeln, Leinsamen, Weizenkleie, Mehl, Backpulver und Salz mischen. Quark und Eiweiße zugeben und mit einem Handrührgerät mit Knethaken zu einem glatten Teig verkneten.

3. Den Teig in die Form füllen und mit den übrigen Kernen bestreuen. Im Backofen auf dem Rost auf einer der unteren Schienen ca. 50 Min. backen. Herausnehmen, ca. 10 Min. abkühlen lassen, dann vorsichtig aus der Form stürzen und vollständig auskühlen lassen.

Mein Tipp
Dieses köstliche Eiweißbrot enthält kaum Kohlenhydrate, dafür aber viel Eiweiß. Mit Mini-Salami, Bergkäse, Tomaten und Essiggurken eine wunderbare Brotzeit!

Bircher-Müslibrötchen

Für 15 Brötchen
Formen: Backbleche
Backzeit: ca. 20 Min.
Standzeit: ca. 100 Min.

Zutaten
500 ml Milch
1 Würfel Hefe (42 g)
1 großer Apfel
150 g Roggenmehl (Type 997)
200 g Dinkelvollkornmehl
350 g Dinkelmehl (Type 630)
300 g Bircher Müsli
(trockene Fertigmischung)
150 g Agavendicksaft

Außerdem
Dinkelmehl zum Bearbeiten
Sonnenblumenkerne, nach Belieben
Leinsamen, nach Belieben
Kürbiskerne, nach Belieben
Haferflocken, nach Belieben
Dinkelmehl zum Bestäuben

1. Die Milch in einem Topf erwärmen, die Hefe in die Milch bröckeln und auflösen. Den Apfel waschen, schälen und grob reiben.

2. In einer großen Schüssel alle Mehlsorten, das Bircher Müsli, Agavendicksaft, geriebener Apfel und die warme Milch mit einem Handrührgerät mit Knethaken zu einem glatten Teig kneten. Abgedeckt an einem warmen Ort ca. 40 Min. ruhen lassen.

3. Den Teig auf einer leicht bemehlten Arbeitsfläche nochmals durchkneten und gleich große Kugeln daraus formen. Die Teigkugeln auf die mit Backpapier ausgelegten Backbleche verteilen. Die Brötchen nach Belieben mit Sonnenblumenkernen, Leinsamen, Kürbiskernen und Haferflocken bestreuen und mit Mehl leicht bestäuben. Abgedeckt weitere 60 Min. ruhen lassen.

4. Den Backofen auf 200 °C Ober- und Unterhitze vorheizen. Die Bleche nacheinander im Backofen auf mittlerer Schiene ca. 20 Min. backen. Herausnehmen und auskühlen lassen.

Mein Tipp
Hier ist der Backerfolg garantiert – endlich ein Rezept zum Brötchenselberbacken, das garantiert und völlig unkompliziert funktioniert. Die Bircher-Müslibrötchen schmecken wahnsinnig lecker und gesund sind sie auch noch. Perfekt für ein Sonntagsfrühstück, zum Sandwichmachen für die Arbeit oder zum Mitnehmen auf ein Picknick.

Süßes Brötchen-Rad

Für 20 Brötchen
Form: Backblech
Backzeit: ca. 20 Min.
Standzeit: ca. 60 Min.

Hefeteig
500 g Weizenmehl
1 Msp. Salz
1 Ei
60 g Zucker
50 g Butter
250 ml Milch
1 Würfel Hefe (42 g)

5 Varianten
50 g getrocknete Soft-Aprikosen
50 g gehackte Mandeln
50 g Rosinen
30 g Hagelzucker
50 g backfeste Schokotröpfchen

Außerdem
Weizenmehl zum Bearbeiten
1 Eigelb und 1 EL Sahne zum Bestreichen

1. Für den Hefeteig Mehl in die Rührschüssel einer Küchenmaschine mit Knethaken sieben und mit Salz, Ei, Zucker, Butter, Milch und Hefe ca. 10 Min. zu einem glatten Teig verkneten, bis er sich von der Schüssel löst. Mit einem feuchten Küchenhandtuch abgedeckt an einem warmen Ort ca. 60 Min. gehen lassen, bis sich der Teig sichtbar vergrößert hat.

2. Den Backofen auf 200 °C Ober- und Unterhitze vorheizen. Ein Backblech mit Backpapier auslegen.

3. Den Teig auf einer leicht bemehlten Arbeitsfläche nochmals gut durchkneten. Die Soft-Aprikosen klein schneiden. Den Teig in 5 Portionen teilen. In je eine davon jeweils die Mandeln, Rosinen, Hagelzucker, Schokotröpfchen und Aprikosenstückchen unterkneten. Aus jedem dieser Teigstücke vier runde Brötchen formen. Auf dem vorbereiteten Backblech dicht nebeneinander zu einem Kreis legen.

4. Das Eigelb mit der Sahne verquirlen und die Brötchen damit bestreichen. Im Backofen auf mittlerer Schiene ca. 20 Min. backen. Herausnehmen und auskühlen lassen.

Mein Tipp
Das Brötchen-Rad lässt sich super für Feste vorbereiten und dann einfrieren. Dann hat man überhaupt keinen Stress mehr, wenn die Gäste kommen! Toll ist das Brötchen-Rad auch als herzhafte Variante! Einfach den Teig des Rezepts der Tontopf-Brote von Seite 368 zubereiten und mit allerlei Zutaten wie z. B. Nüsse, Samen, getrockneten Tomaten usw. verkneten und dann wie beschrieben backen.

Bagels

Für ca. 10 Bagels
Formen: Backbleche
Backzeit: ca. 10–15 Min.
Standzeit: ca. 25 Min.

Zutaten
500 g gesiebtes Weizenmehl
1 EL Zucker
1 TL Salz
1 EL Rapsöl
1 Päckchen Trockenhefe
ca. 350 ml lauwarmes Wasser

Außerdem
Weizenmehl zum Bearbeiten
Sesamsaat, Mohnsaat und
Haferflocken zum Bestreuen,
nach Belieben

1. Alle Zutaten in eine Schüssel geben und mit einem Handrührgerät oder in einer Küchenmaschine mit Knethaken ca. 10 Min. zu einem glatten Teig verkneten. Abgedeckt ca. 15 Min. ruhen lassen.

2. Den Backofen auf 220 °C Ober- und Unterhitze vorheizen. Backbleche mit Backpapier auslegen.

3. Den Teig auf einer leicht bemehlten Arbeitsfläche nochmals kurz kneten und den Teig in gleich große Portionen teilen, zu Strängen rollen und die Enden zum Bagel-Ring zusammenführen. Nochmals ca. 10 Min. gehen lassen.

4. In einem großen Topf ausreichend Wasser zum Kochen bringen. Die Bagel-Ringe portionsweise darin ca. 1 Min. kochen, dann wenden und 1 weitere Min. kochen lassen, dabei die Kochzeit genau timen. Die Bagels herausnehmen und auf einem Küchenhandtuch abtropfen lassen.

5. Die Bagels auf Backbleche legen und nach Belieben mit Sesam, Mohn oder Haferflocken bestreuen. Nacheinander im Backofen auf mittlerer Schiene ca. 10–15 Min. backen. Herausnehmen, auskühlen lassen und nach Herzenslust belegen.

Mein Tipp
Klassisch mit Cream Cheese und Räucherlachs oder anderen leckeren Zutaten ein wirklich tolles Frühstück, um in den Tag zu starten!

Mein Tipp.
In Italien ist die Focaccia ursprünglich ein traditioneller Teil des Frühstücks. Mittlerweile hat sie sich auch dort zu einer populären Zwischenmahlzeit entwickelt. Das Rezept funktioniert z. B. auch mit geriebener Zucchini, Kartoffelscheiben, etwas Feta und Rosmarin, Birnenscheiben und Honig oder Aprikosen und Mandeln.

Focaccia
mit Trauben

Für 1 Stück
Form: Backblech
Backzeit: ca. 25 Min
Standzeit: ca. 110 Min.

Zutaten
500 g Weizenmehl
1 Päckchen Trockenhefe
4 EL Olivenöl
300–350 ml lauwarmes Wasser
200 g Trauben
6 Zweige Thymian
1 EL grobes Meersalz

Außerdem
Weizenmehl zum Bearbeiten

1. Mehl und Trockenhefe in einer Rührschüssel vermischen. 3 EL Olivenöl zugeben und mit einer Küchenmaschine mit Knethaken verkneten. So viel lauwarmes Wasser zugießen, bis ein glatter, geschmeidiger Teig entsteht. Falls er zu feucht ist, noch etwas Mehl zugeben und weitere 5 Min. kneten.

2. Den Teig mit einem feuchten Tuch abgedeckt an einem warmen Ort ca. 90 Min. gehen lassen. Anschließend auf einer leicht bemehlten Arbeitsfläche nochmals durchkneten, zu einer ovalen Teigplatte formen und auf ein backblechgroßes Stück Backpapier legen. Zugedeckt weitere 20 Min. gehen lassen.

3. Den Backofen mit einem Backblech auf 220 °C Ober- und Unterhitze vorheizen. Die Trauben waschen, von den Rispen zupfen und trocknen. Den Thymian waschen, trocken schütteln und die Blättchen von den Zweigen zupfen. Den Teig mit den Fingerknöcheln eindrücken. Mit dem restlichen Öl einpinseln, die Trauben in die Mulden geben und mit Thymian und Meersalz bestreuen.

4. Das Backpapier mit der Focaccia auf das heiße Backblech ziehen. Im Backofen auf mittlerer Schiene ca. 25 Min. backen, bis die Oberfläche leicht gebräunt ist. Lauwarm servieren.

Burger-Brötchen mit Belag

Für 12 Stück
Form: Backbleche
Backzeit: ca. 20 Min.
Standzeit: ca. 75 Min.

Vorteig
1 Würfel Hefe (42 g)
250 ml lauwarme Milch
750 g gesiebtes Weizenmehl
60 g Zucker
200 g weiche Butter
2 gestrichene TL Salz
1 Msp. Brotgewürz
5 Eier

Außerdem
Weizenmehl zum Bearbeiten
2 Eigelb
6 TL geriebener Käse

Belag
4 Tomaten
4 Gewürzgurken
1 Zwiebel
1,2 kg Rinderhackfleisch
Salz, Pfeffer
edelsüßes Paprikapulver
4 EL Sonnenblumenöl
4 EL Senf
4 EL Ketchup
6 EL Mayonnaise
12 Salatblätter
12 Scheiben Käse
(z. B. Cheddar)

1. Die Hefe in der lauwarmen Milch auflösen. Das Mehl mit den anderen Teigzutaten in die Rührschüssel einer Küchenmaschine geben. Den Teig mit dem Knethaken ca. 10 Min. kneten. Abgedeckt an einem warmen Ort ca. 45 Min. gehen lassen, bis sich das Volumen deutlich vergrößert hat.

2. Die Backbleche mit Backpapier auslegen. Den Teig auf einer leicht bemehlten Arbeitsfläche noch einmal durchkneten und in gleich große Portionen teilen. Zu Kugeln formen, etwas flach drücken und auf die Backbleche legen. Mit einem Tuch abgedeckt weitere 30 Min. gehen lassen.

3. Den Backofen auf 200 °C Ober- und Unterhitze vorheizen. Die Oberseite der Burger-Brötchen mit Eigelb bestreichen, mit dem Käse bestreuen und die Bleche nacheinander im Backofen auf mittlerer Schiene ca. 20 Min. backen. Herausnehmen und auskühlen lassen.

4. In der Zwischenzeit Tomaten waschen, Strünke entfernen und in Scheiben schneiden. Gurken in Scheiben schneiden. Zwiebel schälen und ebenfalls in dünne Scheiben schneiden. Hackfleisch mit Salz, Pfeffer sowie Paprikapulver würzen und aus der Masse 12 flache Frikadellen formen.

5. 2 EL Öl in einer beschichteten Grillpfanne erhitzen und die Frikadellen portionsweise von jeder Seite ca. 4–5 Min. grillen, herausnehmen und warmhalten. Die verbliebenen Frikadellen in dem restlichen Öl auf die gleiche Weise zubereiten.

6. Senf und Ketchup verrühren. Die Burger-Brötchen aufschneiden, die Unterseite mit der Senf-Ketchup-Mischung und die Oberseite mit Mayonnaise bestreichen. Salatblätter waschen und trocken tupfen. Die untere Brötchenhälfte mit je einem Salatblatt sowie Tomaten- und Gurkenscheiben belegen. Frikadellen daraufgeben, mit je einer Käsescheibe belegen, Zwiebelscheiben darüber verteilen und die Brötchenhälfte auflegen.

Mein Tipp
Die Burger-Brötchen lassen sich übrigens sehr gut einfrieren. Einfach bei Zimmertemperatur auftauen lassen und vor dem Servieren noch einmal kurz im Backofen aufbacken.

Brot, Schrippen & Co.

Oliven-Salami-Brot

Für 1 Brot
Form: Kastenform (25 cm)
Backzeit: ca. 60 Min.

Quark-Öl-Teig
500 g Weizenmehl
1 Päckchen Backpulver
1 TL Salz
250 g Magerquark
3 Eier
170 ml Olivenöl

Füllung
150 g eingelegte getrocknete Tomaten
50 g schwarze Oliven ohne Stein
50 g grüne Oliven ohne Stein
100 g Fenchelsalami
100 g geraspelter Gouda

Außerdem
Butter für die Form
Weizenmehl zum Bearbeiten
Milch zum Bestreichen
grobes Kräutersalz zum Bestreuen

1. Den Backofen auf 180 °C Ober- und Unterhitze vorheizen. Die Kastenform mit Butter einfetten.

2. Mehl mit Backpulver und Salz in einer großen Rührschüssel mischen. Quark, Eier und Olivenöl dazugeben. Alles mit den Knethaken des Handrührgerätes zu einem glatten Teig verkneten und kurz ruhen lassen.

3. Für die Füllung die abgetropften getrockneten Tomaten in Streifen und die Oliven in Ringe schneiden. Den Brotteig auf einer bemehlten Arbeitsfläche zu einem Rechteck ausrollen, mit Salami, Tomaten und Oliven belegen und mit dem Gouda bestreuen. Den Teig mit der Füllung aufrollen und mit der Naht nach unten in die Kastenform legen. Die Oberfläche mehrfach mit einem Messer einritzen, mit etwas Milch bestreichen und mit dem Kräutersalz bestreuen.

4. Zum Schluss das Brot im Backofen auf der 2. Schiene von unten ca. 60 Min. backen. Danach kurz abkühlen lassen und aus der Form stürzen. Das Brot kann warm oder kalt serviert werden.

Mein Tipp

Das Brot schmeckt solo, eignet sich aber auch hervorragend zum Dippen. Einfach ein paar Kräuter hacken, mit einem Becher saurer Sahne verrühren und mit einem Klecks Senf, sowie Salz und Pfeffer würzig abschmecken. Für ein Picknick im Grünen die perfekte deftige Begleitung!

Gefülltes Brot
Tortano vom Grill

Für 1 Brot
Zubehör: runde Form (Ø 28 cm), Holzkohle- oder Gaskugelgrill
Backzeit: ca. 15–20 Min.
Standzeit: ca. 1 Std.

Teig
250 g Weizenmehl (Type 550)
150 g Pizzamehl (Type 00)
15 g frische Hefe
2 EL Olivenöl
1 EL flüssiger Honig
250 ml lauwarmes Wasser
1 EL grobes Meersalz

Füllung
200 g Mozzarella
1 Bund Basilikum
200 g Parmaschinken
10 entsteinte schwarze Oliven

Außerdem
Weizenmehl zum Bearbeiten und Bestäuben
Olivenöl zum Einfetten

1. Für den Teig aus den angegebenen Zutaten mithilfe einer Küchenmaschine mit Knethaken einen glatten Hefeteig kneten. Die Schüssel abdecken und den Teig an einem warmen Ort ca. 30 Min. gehen lassen.

2. Nach der Gehzeit den Teig auf einer leicht mit Mehl bestäubten Arbeitsfläche zu einem ca. 1 cm dicken Rechteck ausrollen. Den Teig nicht mehr kneten, da er sonst seine Lockerheit verliert.

3. Für die Füllung den Mozzarella in Scheiben schneiden. Basilikum waschen, trocken schütteln und die Blätter abzupfen. Beides zusammen mit Parmaschinken und Oliven auf das untere Drittel des Teigrechtecks verteilen.

4. Den Teigrand mit Wasser bestreichen, dann aufrollen und rund formen. Mit Mehl bestäuben, abdecken und nochmals ca. 30 Min. gehen lassen.

5. Den Kugelgrill vorheizen. Die Form mit Olivenöl ausstreichen und leicht mit Mehl bestäuben. Das Brot hineingeben, Deckel schließen und im geschlossenen Grill ca. 20–25 Min. backen.

6. Das fertig gebackene Brot herausnehmen und abkühlen lassen. Dann noch warm oder kalt genießen.

Mein Tipp
Statt im Grill lässt sich das Rezept auch prima im Backofen zubereiten. Hierzu den Backofen auf 250 °C Ober- und Unterhitze vorheizen. Das Brot hineingeben, dann die Temperatur auf 200 °C reduzieren und ca. 25–30 Min. backen.

406 Brot, Schrippen & Co.

Deftige Hackfleischbrötchen

Für 6 Brötchen
Form: Backblech
Backzeit: ca. 20–25 Min.
Standzeit: ca. 90 Min.

Brotteig
500 g Brotbackmischung für Bauernbrot

Füllung
3 rote Zwiebeln
6 große Champignons
3 Stängel Staudensellerie mit Grün
5 Stängel glatte Petersilie
12 getrocknete Tomaten in Öl
600 g Rinderhackfleisch
2 Eier
Salz, Pfeffer

Außerdem
Olivenöl zum Braten und Bestreichen
Weizenmehl zum Bearbeiten

1. Den Brotteig in einer Küchenmaschine nach Packungsangabe zubereiten und an einem warmen Ort mit einem feuchten Küchenhandtuch abgedeckt ca. 60 Min. gehen lassen, bis er sich sichtbar vergrößert hat.

2. Die Zwiebeln schälen und in Würfel schneiden. Champignons putzen und ebenfalls in Würfel schneiden. Staudensellerie putzen, waschen und in kleine Würfel schneiden. Staudenselleriegrün und Petersilie waschen, trocken schütteln, Blättchen von den Stängeln zupfen und hacken. Die getrockneten Tomaten klein hacken. Das Hackfleisch mit den Eiern vermischen und kräftig mit Salz und Pfeffer würzen.

3. Aus der Hackfleischmasse 6 gleich große Kugeln formen und etwas flach drücken. In einer Pfanne in heißem Öl ca. 1 Min. von jeder Seite anbraten und herausnehmen. Zwiebel-, Champignon- und Selleriewürfel sowie die getrockneten Tomaten in dem restlichen Öl anbraten. Abkühlen lassen und mit dem gehackten Selleriegrün und Petersilie vermischen. Nochmals abschmecken.

4. Den Brotteig auf einer leicht bemehlten Arbeitsfläche nochmals durchkneten. In 6 gleich große Portionen teilen, flach drücken und rund ausrollen. Etwas Füllung, dann die Hackbällchen und abermals etwas Füllung darauf geben, die Teigränder nach oben zusammendrücken und zu runden Brötchen formen. Die Brötchen auf ein mit Backpapier belegtes Backblech legen und abgedeckt an einem warmen Ort ca. 30 Min. gehen lassen.

5. Den Backofen auf 200 °C Ober- und Unterhitze vorheizen. Die Brötchen mit Olivenöl einpinseln. Im Backofen auf mittlerer Schiene ca. 10 Min. backen, dann die Temperatur des Ofens auf 180 °C reduzieren und 10–15 Min. weiter backen. Herausnehmen und lauwarm oder auch kalt genießen.

Mein Tipp

Zum Anbeißen lecker! Der Clou ist die herzhafte Füllung, den würzigen Kick geben die eingelegten getrockneten Tomaten. Für eine einfachere Variante die Füllung mit dem Hackfleisch vermengen, zu Bällchen formen, anbraten und damit die Brötchen füllen. Super geeignet ist auch der kräftige Brotteig der Tontopf-Brote auf Seite 386.

Stulle
mit Paprika-Ei-Blume

Für 4 Stullen
Zubehör: beschichtete Pfanne
Backzeit: ca. 12 Min.

Zutaten
1 große rote Paprikaschote
4 Scheiben selbst gebackenes Vollkorntoastbrot (s. S. 375)
2 EL Butter
4 Eier
Salz, Pfeffer
2 TL Schnittlauchröllchen

1. Das Stielende der Paprika herausschneiden, die Kerne entfernen, Paprika waschen und in 4 dicke Ringe mit ca. 2 cm Stärke schneiden.

2. Die Brotscheiben in einer heißen Pfanne von beiden Seiten rösten und herausnehmen oder in einem Toaster knusprig toasten. In der Pfanne 1 EL Butter zerlassen und die Paprikaringe darin pro Seite ca. 1 Min. braten.

3. Eier nacheinander aufschlagen und in jeweils 1 Paprikaring gleiten lassen. Abgedeckt bei geringer Temperatur ca. 10 Min. stocken lassen. Mit Salz und Pfeffer würzen.

4. Die Brotscheiben mit der restlichen Butter bestreichen, mit den fertigen Paprika-Spiegeleiern belegen und mit Schnittlauch bestreut servieren.

Mein Tipp
Toll für Kinder, um ihnen spielerisch Gemüse schmackhaft zu machen oder sie selbst (unter Aufsicht!) kochen zu lassen! Funktioniert natürlich auch mit gekauftem Toastbrot oder anderem Brot, das sowieso schon im Haus ist.

Mein Tipp
Funktioniert natürlich auch im Backofen: dann bei 200 °C Ober- und Unterhitze ca. 25–30 Min. backen.

Pikante Minibrote
vom Grill

Für 8 Stück
Zubehör: 8 Mini-Cocottes (Ø 10 cm), Holzkohle- oder Gaskugelgrill
Backzeit: ca. 20 Min.

Zutaten
300 g Kirschtomaten
1 rote Zwiebel
½ rote Chilischote
1 Zweig Rosmarin
3 EL Olivenöl
75 g Schinkenwürfel
Salz, Pfeffer
400 g Weizenmehl (Type 550)
3 TL Backpulver
1 gehäufter EL Tomatenmark
180 ml zimmerwarmes Bier

Außerdem
Olivenöl zum Einfetten
Weizenmehl zum Bestäuben und Bearbeiten

1. Die Kirschtomaten waschen und vierteln. Die Zwiebel schälen und klein würfeln. Chilischote putzen, waschen, entkernen und ebenfalls klein würfeln. Rosmarin waschen, trocken schütteln, Nadeln abzupfen und fein hacken.

2. In einer Pfanne 1 EL Olivenöl erhitzen. Die Zwiebelwürfel darin anschwitzen. Schinkenwürfel zugeben und darin knusprig braten. Zum Schluss die Chiliwürfel unterrühren. Die Kirschtomatenviertel nur kurz durchschwenken. Kräftig mit Salz und Pfeffer würzen.

3. Den Kugelgrill vorheizen. Die Mini-Cocottes mit Öl einfetten und mit Mehl bestäuben, überschüssiges Mehl abklopfen.

4. In einer großen Schüssel Mehl, Backpulver, Rosmarin, ½ TL Salz und Tomatenmark vermischen. Mit dem restlichen Öl sowie dem Bier zu einem Teig verarbeiten. Diesen auf einer leicht bemehlten Arbeitsfläche zu einem ca. 20 × 35 cm großen Rechteck ausrollen.

5. Den Pfanneninhalt gleichmäßig auf dem Rechteck verteilen. Dann von der langen Seite her so zusammenrollen, dass die Füllung eingeschlossen wird. Die Teigrolle in gleich große Stücke schneiden und in die Mini-Cocottes setzen. Diese auf dem Grill platzieren und bei geschlossenem Deckel ca. 20 Min. backen. Anschließend herausnehmen, abkühlen lassen und genießen.

Rezeptregister

Rezept-register

Æbleskiver	231
Angel Food Cake	136
Anpan (Japanische Brötchen)	248
Apfel-Birnen-Sorbet	168
Apfelkuchen, gedeckter	95
Apfelkuchen im Glas	42
Apfelkuchen mit Amarettostreuseln	96
Apfelkuchen mit Eierlikör-Guss	155
Apfelrosen-Pie	146
Apple Wacky Cake	295
Apple-Pie-Pops	29
Aprikosen-Clafoutis	215
Aprikosen-Marzipan-Kuchen	149
Backmischung für Butterscotch-Brownies	268
Backmischung für Gewürzkuchen	269
Bagels	399
Baguette, traditionelles	378
Baklava	229
Banana Bread	393
Beeren-Smoothie	326
Beeren-Topfen-Gratin	161
Beerentartelettes, kleine	13
Berliner mit Herz	124
Bierteig	22
Bircher-Müslibrötchen	397
Birnen-Gorgonzola-Kuchen	368
Birnen-Röllchen	49
Birnentartelettes „Helene"	160
Biskuitmasse	18
Blätterteig-Lollis	26
Blaubeerküchlein mit Chia-Samen	306
Blaubeertarte	150
Blinis	247
Blitz-Apfelstreusel	165
Blitz-Orangen-Gugels	40
Brandteig	20
Bread- & Butter-Pudding	245
Brezeln mit Obatzda	377
Brigadeiros	237
Brioche mit Nussfüllung, keltische	88
Brot, das einfachste der Welt	384
Brot im Tontopf	386
Brot, gefülltes (Tortano vom Grill)	405
Brötchen-Rad, süßes	398
Brownies	190
Bruffins süß & herzhaft	250
Brunsviger (Brauner-Zucker-Kuchen)	230
Bubble Buns	76
Bûche de Noël	290
Bunte Mini-Schokokuss-Torte	187
Burger Buns vom Grill	329
Burger-Brötchen mit Belag	402
Buttermilch-Waffeln	86
Butterstollen, einfacher	284
Camembert-Päckchen mit Mango-Chutney	345
Cannoli Siciliani	218
Cantuccini-Trio	71
Cappuccino-Küchlein, gedämpfte	304
Carrot-Cheesecake	270
Chai-Latte-Cupcakes	73
Cheesecake New York Style	224
Cheesecake Whoopies	50
Chia-Milchshake	320
Chili-Mais-Muffins	334
Chocolate Chip Cookie Shots mit Pannacotta-Füllung	203
Chocolate-Chip-Banana-Mookies	60
Christstollen-Pudding mit Schokosauce	285
Churros	234
Cookie-Crumble mit Äpfeln und Cranberrys	48
Corn Dogs	350
Cranberry-Haferflocken-Cookies	61
Cranberry-Zopf	15
Cronuts	79
Crunchy-Kiba-Bienenstich	114
Cupcakes, fruchtige	74
Dattel-Mamoul	235
Dinkelbrioche	394
Donauwellen	110
Doppeldecker, fruchtige	68
Dörrobst-Schnitten	163
Double Cheesecake mit Schokoguss	175
Dreikönigs-Kuchen	291
Dresdner Eierschecke	113

Eierlikör	118
Eierlikörgugels mit Himbeersahne	39
Eierlikörkuchen	119
Eisbombe, himmlische	131
Eiweißbrot, knuspriges	396
Energiebällchen mit Matcha	310
English Muffins	246
Erdbeer-Biskuit-Herz	104
Erdbeer-Charlotte	18
Erdbeer-Mascarpone-Espresso-Torte	138
Erdbeer-Pfirsich-Smoothie	322
Erdbeer-Tiramisu im Glas	122
Espresso-Törtchen	75
Exotik-Torte mit Kokosbiskuit	142
Faworki	233
Fenchel-Taralli	352
Festtags Cupcakes	286
Fladenbrot vom heißen Stein	380
Focaccia mit Trauben	401
Frankenstein-Marshmallows	279
Frankfurter-7-Kräuter-Wähe	360
Frischkäsetorte mit Löffelbiskuit	139
Fritole veneziane	232
Frozen Strawberry Yoghurt	167
Frühlingsrollen	348
Gemüsequiche	358
Germknödel aus dem Dampfgarer	129
Gingerbread-People	66
Glühwein, dänischer	280
Grießkuchen, getränkter	227
Grüner Smoothie	326
Gugelhupf, herzhafter	353
Gurken-Trauben-Kaltschale	319
Gyokpo Palep Lugpa (schnelle gedämpfte Brote)	328
Hackfleischbrötchen, deftige	407
Haferflocken-Johannisbeer-Schnitten mit Baiser	154
Haselnuss-Barfi	238
Hefeteig, pikanter	16
Hefeteig, süßer	15
Hot Caipi	280
Holunderpunsch	280
Ingwer-Shortbread-Fingers	34
Ingwer-Orangen-Daiquiri	280
Ingwergugelhupf, kleiner	41
Kalter Hund	193
Kammerjunker à la Enie	240
Kardamom-Cantuccini	70
Karotten-Quiche mit Kräutern	357
Karottenkuchen, saftiger	298
Kartoffel-Coppa-Muffins	333
Kartoffelbrot mit Rosmarin	391
Kartoffelwaffeln, deftige	354
Käse-Buttermilch-Brot, schnelles	385
Käse-Soufflés	54
Käse-Spinat-Muffins	337
Käsekuchen ohne Boden	100
Käsekuchen-Mini-Gugels	36
Käsekuchen, japanischer	225
Käsekuchen, veganer	296
Käseküchlein, ziegige	44
Kastanien-Erdmandel-Muffins mit Feigen	305
Kichererbsen-Mini-Muffins	332
Kirschblüten-Cupcakes	158
Kirschtaschen, rosige	157
Kokosmilchreis mit Früchten, gedämpfter	317
Konfetti-Kekse	63
Konfetti-Layer-Cake	259
Kuchen im Topf	267
Kürbis-Gugelhupf	276
Kürbis-Pie	277
Kürbisbrot	388
Kürbiswaffeln mit Zimt und Ingwer	87
Lagkage – Dänischer Schichtkuchen	214
Lebkuchen	289
Lemon Curd	208
Lemon Curd Tarte	209
Lemonies	105
Liebesknochen mit Brombeersahne, gefüllte	82
Liebesknochen mit Chili-Schoko-Creme	83

Limetten-Kokos-Käsekuchen	297
Linzer Torte	93
Lorbeerbrot	389
Low-Carb-Apfelkuchenmuffins	307
Macadamia-Florentiner	69
Macarons mit Lachs und Guacamole	340
Magic Cake (Dreischichtiger Zauberkuchen)	258
Mandarinenkuchen	301
Mandeldrink-Smoothie mit Orangen und Banane	324
Mandelküchlein mit Matcha	309
Mandeltorte, schwedische	212
Marshmallow Cookie Sammies	64
Matcha-Cupcakes	308
Mein Autochen	264
Melonen-Beeren-Wasser	321
Milchreis mit Erdbeeren, gebackener	121
Mini-Gugels Paprika & Olive	37
Mini-Guinness-Schoko-Gugels	201
Mini-Piraten-Amerikaner	265
Mini-Toastbrot-Quiches	344
Mini-Veilchen-Charlottes	85
Mini-Wickeltorte	141
Minibrote vom Grill, pikante	409
Mochi (Japanische Reisbällchen)	311
Möhrengugelhupf mit Käsekuchenfüllung	274
Mohnkuchen, türkischer	228
Monster-Cake-Pops	278
Mürbeteig	12
Müsliriegel mit Cranberrys	313
Mutti-Frutti-Torte	255
Naankhatai	239
Naked Cake mit Mascarponecreme	135
Nusskuchen, italienischer	300
Obstkuchen	102
Oliven-Salami-Brot	404
Ombre Cake	256
Orangen-Zimt-Kuchen mit kandierten Zitrusschalen	152
Orangenkuchen, französischer	211
Orangenkuchen, saftige	11
Osterhäschen im Nest, verdrehte	275
Otoshi-yaki (Japanische Cookies)	242
Pain au chocolat	200
Pakorateig	23
Pancakes «Suzette»	244
Parmesan-Lollis	27
Pavlovas mit Beeren	217
Pesto Pockets	347
Petit Fours, knallige	32
Pfannkuchentorte mit Lachs und Spinat	367
Pfirsichkuchen mit Rosmarin-Zitronen-Streuseln	151
Pink-Champagner-Torte	261
Piroggen	249
Pitabrot mit Gurken-Minz-Zaziki	381
Pizzateig	17
Prasselkuchen	109
Protein Brownies	302
Push-up-Cake-Pops, karibische	30
Push-up-Cake-Pops, Roastbeef	31
Quark-Auflauf mit Kirschen	156
Quinoa-Porridge mit Pflaumenkompott	314
Raspberry-Muffins, upside-down	159
Red-Velvet-Push-up-Cake-Pops	166
Rhabarber-Joghurt-Törtchen	47
Ricotta-Feigen-Tartes	53
Rosenblütenstangen	383
Rosinenbuchteln	128
Rote-Bete-Tarte mit Feta	364
Rote-Grütze-Biskuitrolle	115
Rotkohl-Maronen-Quiche	355
Rüeblikuchen im Glas	43
Rührkuchen, dreierlei	116
Rührteig	10
Russischer Zupfkuchen	101

Sauerkraut-Hack-Strudel	371
Sauerteigbrot aus dem Holzbackrahmen	374
Schaum-Clowns	266
Schinken-Käse-Hörnchen	351
Schmandkuchen mit Birnen	99
Schneebälle	35
Schoko-Blumentopf-Cupcakes	196
Schoko-Cookies, zweierlei	65
Schoko-Fudge	192
Schoko-Ingwer-Kuchen	188
Schoko-Karamell-Schnitten	183
Schoko-Käsekuchen mit Haselnuss-Streuseln	176
Schokoküchlein, halbflüssiges	199
Schoko-Mango-Panettone	184
Schoko-Minz-Torte	179
Schoko-Osterlamm	273
Schoko-Tafeln	204
Schokokuchen mit Zucchini, supersaftiger	299
Schokoladen-Orangen-Tarte	172
Schokosahne mit beschwipsten Bananen	180
Schokotarte salt & pepper	173
Schwäne, beschwipste	21
Schwarzwälder Kirschtorte	107
Schwarzwälder Trifle	198
Schwimmbad-Torte	262
Scones mit Lemon Curd	236
Smoothie, beeriger	323
Smoothie, exotischer	325
Smoothie Bowl	315
Spaghetti-Carbonara-Muffins	335
Spargel-Kartoffel-Strudeltörtchen	342
Spekulatius-Bratapfel-Trifle	288
Spiegeleimuffins	271
Spinatstrudel, orientalischer	370
Stachelbeer-Torte	145
Stachelbeercrumble	164
Stockbrot	382
Stulle mit Paprika-Ei-Blume	408
Sunoboru Kukki (Schneeball-Plätzchen)	243
Superfood-Knuspermüsli	312
Süßkartoffelbrot, supersaftiges	392
Tartepäckchen «surprise»	343
Tassenkuchen vom Blech	108
Tempurateig	22
Tomaten-Wassermelonen-Gazpacho	318
Tomatentarte mit Ziegenkäse	361
Topfenstrudel	126
Trinkschokolade am Stiel	205
Vollkorntoastbrot	375
Wassermelonen-Limonade	326
Weinteig	22
White-Chocolate-Cupcakes, geeiste	195
White-Chocolate-Peanutbutter-Blondies	191
Whoopies, wonderful	80
Windbeutel	339
Winterapfel-Torte mit Schneetannen	283
Wurzelbrot	379
Zigarrenröllchen süß & pikant	57
Zimtschnecken	125
Zitronen-Biskuitrolle, italienische	221
Zitronenlimo	327
Zitronen-Thymian-Soufflés	169
Zuccotto – Italienische Kuppeltorte	222
Zwetschgenkompott mit Kartoffelstreuseln	123
Zwetschgenkuchen	92
Zwiebelkuchen	363
Zwiebelkuchen-Muffins	336

Impressum

Sweet & Easy – Enie backt
Mein großes Backbuch

© 2018 ProSiebenSat.1 TV Deutschland GmbH
Lizenz durch: ProSiebenSat.1 Licensing GmbH
www.prosiebensat1licensing.de

Herausgeber
Ralf Frenzel

1. Auflage
© 2018 Tre Torri Verlag GmbH, Wiesbaden
www.tretorri.de

Idee, Konzeption und Umsetzung:
Tre Torri Verlag GmbH, Wiesbaden

Food- und Produktfotografie: Maria Brinkop, Hildesheim/Berlin
außer Seite 40, 48, 49, 51, 64, 89, 105, 118, 127, 129, 134, 151, 167, 168, 174, 177, 202, 204, 205, 208–210, 219, 220, 225, 242–244, 248, 250, 251, 257–259, 274, 288, 294, 296–301, 303-307, 310–316, 318–325, 328, 329, 336, 344, 360, 365, 374, 375, 378, 380, 382, 385, 390, 391, 405, 408, 409: Meike Bergmann, Berlin
Peoplefotografie: Seite 2, 4, 90, 125, 132, 170, 252, 292, 410 © sixx/Claudius Pflug, Berlin; außer Seite 80 © sixx/Marc Rehbeck; U1, 70, 112, 163, 190 Oliver Drerup, Berlin
Gestaltung: Gaby Bittner, Wiesbaden
Reproduktion: Lorenz & Zeller, Inning a. A.

ISBN 978-3-96033-046-2

FSC MIX Papier aus verantwortungsvollen Quellen FSC® C020353

Printed in Slovakia
Gedruckt wurde auf FSC®-zertifiziertem
135 g/qm Bilderdruckpapier

Haftungsausschluss
Die Inhalte dieses Buchs wurden von Herausgeber und Verlag sorgfältig erwogen und geprüft. Dennoch kann eine Garantie nicht übernommen werden. Die Haftung des Herausgebers bzw. des Verlags für Personen-, Sach- und Vermögensschäden ist ausgeschlossen.
Für Überarbeitungen und Ergänzungen der vorliegenden Auflage besuchen Sie uns unter: www.tretorri.de